냉탕 · 온탕 · 바나나우유

냉탕 · 온탕 · 바나나우유

미디어아티스트 홍석진,
다원예술 10년

감만기억

부식풍경2

워킹감만

스트리밍시티

다이얼로그

콜링감만

어반쉘

바디 오브 프로젝션스

부식풍경

초량비트

쿰바카

책을 펴내며

2024년 여름에 <부식풍경 2> 전시를 마무리하고 여느 때처럼 워크북 작업을 준비하고 있을 때 마침 2014년 <쿰바카> 이후 10년이 되었으니, 그동안의 작업을 돌아보는 단행본을 발간해 보지 않겠냐는 호밀밭 출판사 장현정 대표의 제안을 받고 고민했다. 지금까지의 작업이 모두 하나의 실험이었고 현재 진행형인데 지금 책으로 낼 만한 것인지, 또 앞으로 해보고 싶은 작품들도 많고 그 작품들이 어떤 방향으로 나아갈지 확신할 수 없는 상황에서 기록으로 남겨두는 게 맞는지 확신이 서지 않았다. 하지만 10년이라는 시간이 주는 의미도 있고 이쯤에서 하나의 마디를 매듭지어놓으면 새로운 마음으로 새 작업을 준비하는 데도 도움 될 것 같아 부끄럽지만 그동안의 작업을 정리해 봤다.

아주 오래전의 일이 떠오른다. 우연히 온라인에서 건물에 프로젝션 맵핑하는 것을 보았다. 영상을 건물에 투사함으로써 건물이 요동치고 무너졌다가 재건되었다. 영상이라는 표피를 쓰고 건물의 물성이 변하는 것을 목격한 뒤 이 프로젝션 맵핑이 너무나 하고 싶어졌다. 그때가 15년 전 즈음이었는데 당시에는 건물에 맵핑을 한다는 것이 엄청난 자본이 있어야만 가능한 일이어서 어쩔 수 없이 포기하고 마음속 깊숙이 넣어 두기만 했었다.

그리고 시간이 흘러 허경미라는 무용수를 만나 무용과 영상의 협업 프로젝트를 하게 되었다. 당시 나는 개인적으로도 허경미 무용수와 막 연애를 시작한 시점이었기 때문에 아주 열심히 작업하는 모습을 보여주고 싶었다. 그래서 내가 가진 모든 소프트웨어를 풀가동해 멋진 작업을 만들어야 한다는 강박 속에서 허덕이다가 갑자기 옛날에 보았던 프로젝션 맵핑을 떠올렸다. 건물에 영상을 투사한다는 것은 너무도 큰 프로젝트이지만, 사람에 영상을 투사해서 그 사람의 물성을 변화시키고 변형/복제하는 것은 해볼 만하겠다는 생각을 하게 되었고, 또 재미있겠다는 느낌이 들었다. 그렇게 허경미 무용수와 처음으로 협업한 <쿰바카>라는 작품이 나왔다.

<쿰바카>로 열심히 하는 모습을 어필할 수 있었고 또 허경미 안무가 덕분에 작품도 잘 나왔다.

그래서 나에게 <쿰바카>라는 작품은 특별하다. 사랑하는 사람에게 점수를 따게 해주었고, 앞으로 무용과 영상을 매개로 많은 작업을 할 수 있게 된 초석도 돼 주었기 때문이다. 그렇게 시작한 허경미 선생님(갈수록 존칭이 높아지고 있는데...)과의 다원예술 작업이 어느덧 10년의 세월 동안 10번의 협업으로 이어졌다. 그리고 내년에는 결혼(!)이라는 11번째 프로젝트를 같이 하게 되었다. 그냥 열심히 하는 것도 중요하지만 여성 앞에서 열심히 하는 것은 더 중요하다고 생각해 왔다. 덕질에 성공한 사람을 성덕이라고 표현한다는데, 나의 경우는 여성을 향한 작업과 예술로서의 작업에 모두 성공하게 되었으니 스스로 '동시작업러'로서의 자부심을 가져볼 만하다고 생각한다.

그동안 재미있고 신나게 많은 다원예술 작품의 작업을 무사히 해낼 수 있었던 것은 허경미 감독을 비롯해 허성준, 엄효빈, 강동환, 허종원, 박은지, 박세준, 뽕잡화점, 이재은, 김평수, 이종원, 조은정, 하현봉, 김기석, 이연승, 송지훈, 김보민, 김프로, 안성환, 배태성, 박병민 등 늘 자기 일처럼 도와준 파트너들의 덕이 크다. 정말로 그들이 있어서 그나마 여기까지 올 수 있었다. 또 이 책의 출간을 제안해 주고 이것저것 귀찮은 일들을 도맡아 준 호밀밭 대표이자 40년 친구 장현정에게도 고맙다는 말을 전하고 싶다.

제목을 <냉탕 · 온탕 · 바나나우유>로 한 이유는 나의 작업 밑바탕에 깔린 개념이 아날로그와 디지털 영역을 오가며 그사이에 중첩되는 영역 또는 경계에 관한 연구와 관련 있기 때문이다. 냉탕과 온탕을 왔다 갔다 반복하면 혈액 순환이 좋아진다는데 현대 사회에서의 감정과 정보들도 아날로그와 디지털 사이를 왔다 갔다 하면서 좋아지는 점이 있는지, 아니라면 어떻게 변형/압축/치환되는지에 관해 나는 작업으로 꾸준히 질문을 던져왔다. 그리고 바나나우유는 목욕이 끝나고 뜨거운 몸을 식혀 주는 최고의 음료로써 목욕에 대한 달콤한 보상이랄 수 있는데 이 바나나우유는 또한 갈수록 디지털 영역이 확장되는 현대 사회에서 두 영역 사이 어딘가에 있을 아늑한 보금자리를 뜻하는 것이기도 하다. 지금까지 만든 바나나우유들을 한 번 정리해 봤다. 맛있게 마셔주시면 고맙겠다. 앞으로도 시원하고 달달하고 고소하고 부드러운 바나나우유를 계속 만들어보겠다.

2024년을 보내며

홍석진

CONTENTS

부식풍경 2

2024

2024년 8월 7일(수)부터 11일(일)까지 부산시민공원 다솜 전시실에서 열린 멀티미디어 이머시브(Multi-Media Immersive) 공연으로 1일 4회, 회당 4명의 관객과 함께 40분의 공연을 진행했다.

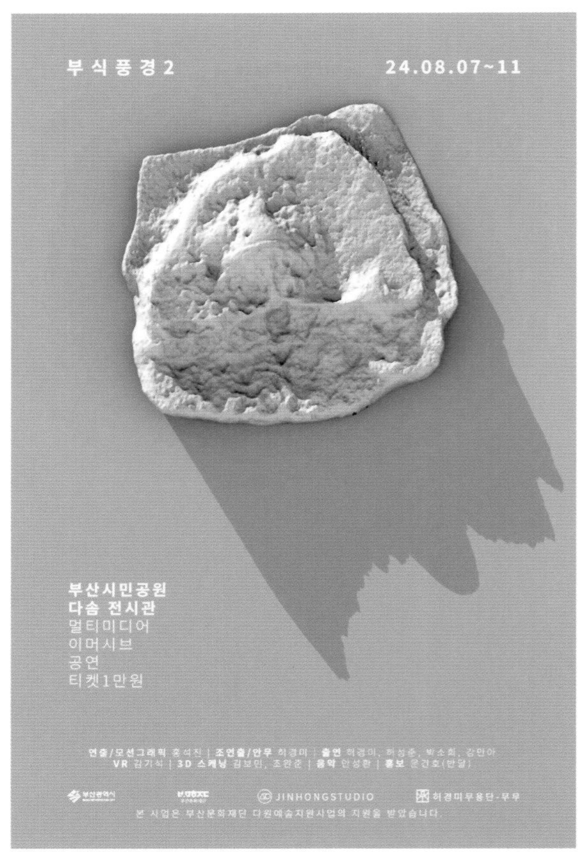

연출/모션그래픽: 홍석진 **조연출/안무/출연:** 허경미 **출연/안무:** 허경미, 강민아, 박소희 **출연:** 허성준 **3D 스캐닝:** 김보민, 조완준 **음악:** 안성환 **VR:** 김기석 **모션캡처:** 고혜진 **홍보/진행:** 문건호(반달)

〈부식풍경 2〉를 기획하며 (홍석진)

현대의 도시는 기억상실증에 걸렸다. 재개발이 확정되면 기존 마을은 흔적도 없이 소멸되고, 폭력적인 방식으로 과거와 단절된 새로운 마을이 들어서게 된다. 결과적으로 그 지역의 역사적, 문화적 문맥은 끊어진다. 이런 현상에 대한 성찰을 위해 우리는 감만동 지역의 과거, 현재 그리고 미래에 연속성을 부여하고자 이번 프로젝트를 기획한다. <부식풍경>은 예술적인 방법으로 재개발로 인하여 없어질 감만동을 무용, 영상 및 여러 가지 뉴미디어를 이용하여 아카이빙하고 재구성하여 그 결과물을 감만동 주민 그리고 재개발 이후의 새로운 주민들과 공유하는 작업이다.

집은 시간을 흡수한다. 그리고 시간을 부식으로 발현한다. 그렇게 만들어진 부식의 공간은 떨어져 나간 것들, 떠나보낸 것들의 총합이다. 비어 있는 부식의 공간을 바라본다

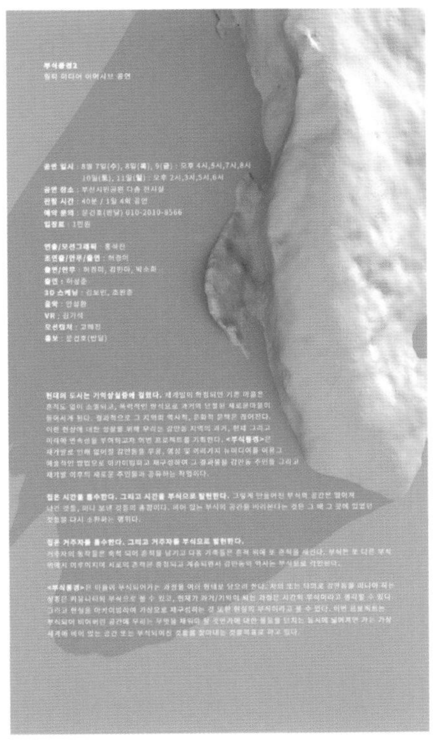

는 것은 때 그곳에 있었던 것들을 다시 소환하는 행위다.

집은 거주자를 흡수한다. 그리고 거주자를 부식으로 발현한다. 거주자의 동작들은 축척 되어 흔적을 남기고 다음 가족들은 흔적 위에 또 흔적을 새긴다. 부식은 또 다른 부식 위에서 이루어지면서 서로의 흔적은 중첩되고 계승되면서 감만동의 역사는 부식으로 각인된다.

<부식풍경>은 마을이 부식되어 가는 과정을 여러 형태로 담으려 한다. 자의 또는 타의로 감만동을 떠나야 하는 상황은 커뮤니티의 부식으로 볼 수 있고, 현재가 과거/기억이 되는 과정은 시간의 부식이라고 생각할 수 있다. 그리고 현실을 아카이빙하여 가상으로 재구성하는 것 또한 현실의 부식이라고 볼 수 있다. 이번 프로젝트는 부식되어 비어버린 공간에 우리는 무엇을 채워야 할 것인가에 대한 물음을 던지는 동시에 넓어져만 가는 가상 세계에 비어 있는 공간 또는 부식되어진 것들을 찾아내는 것을 목표로 하고 있다.

Critique 1

부식풍경 속에서 만난 감만의 기억

김재환 (경남도립미술관 학예연구팀장)

미술계에 종사하는 나는 전시 관련 글을 쓸 때, 한 달 정도 묵혀 놓는 습관이 있다. 전시실의 작품은 전시 중 언제라도 볼 수 있고, 이를 기록한 사진이나 영상을 활용하면 전시실을 찾았을 때의 기억과 느낌을 되새김질할 수 있는 시간을 확보할 수 있기 때문이다. 이번에도 그러한 습관 때문에 한 달을 그냥 묵혀두었다. 그런데 내가 간과한 사실이 있었다. 이번 글은 전시가 아닌 디지털 이미지와 아날로그 몸짓 그리고 설치 미술이 한 데 섞인 다매체 융합 퍼포먼스에 대한 것이었다. 더군다나 관객이 무대 안으로 깊숙이 들어가 출연자들과 함께 무대에 개입하는 일종의 이머시브(Immersive) 공연이었으니 이를 관찰하거나 머릿속에 기억할 여유가 없었다. 애초에 공연은 전시와 달리 휘발성이 강해 시간이 지날수록 이를 기록하고 리뷰하는 것이 상대적으로 어렵다는 사실을 글을 적고 있는 지금에서야 깨닫게 된 것이다.

그래서 나는 부식된 기억과 느낌을 보완하기 위해 '부식풍경 2'의 흔적을 쫓았다. 다행히 연출가인 홍석진과 안무가인 허경미의 SNS에 남겨진 글과 링크를 통해 그 흔적을 채취할 수 있었다. 제일 먼저 발견한 것은 '현대판 굿'과 '사라져 가는 동네에 지내는 천도재'라는 표현이었다.(고윤정) 이곳에 살았던 사람들의 안위와 행복을 기원하는 것으로도 이해되고, 사라져 가는 감만동 마을 자체에 대한 애도로도 해석되는데 충분히 공감이 가는 말이다. 그다음은 일종의 리뷰인데, "그곳에 살았던 사람들의 일상과 기억을 다양한 감각"으로 느낄 수 있었고, "보고 만지고 듣고, 체온이 느껴졌다가 희미해지기도 하고, 그러면서 마을이 점점 사라지고 있는 것이 실감 났다."라는 진술이다.(하은지) 이 역시 공연에 참여한 관객이라면 모두가 동의할 만한 기억이지 않을까 싶다. 그도 그럴 것이 공연이 펼쳐지는 곳에는 무대와 관객석의 구분이 없고 감만동 마을을 물리적으로 본뜬 지점토와 3D 출력물이 설치된 공간, 디지털 영상이 세 면에 투사되는 상영장, 그리고 중간 지대인 공연 공간이 있을 뿐이다. 네 명의 관객은 네 명의 춤꾼과 그 중간 지대를 공유하고 접촉하고 있었으니, 보고 만지고 듣고 체온을 느끼는 다중 감각이 발현될 수밖에 없었다.

웹진 더 프리뷰에 실린 「허경미와 홍석진 '부식풍경 2'」는 이미지 존재론에 입각해 춤꾼의 물리성과 디지털 영상의 가상성을 면밀히 탐구하고 있는데 마지막 글귀가 기억에 남는다. "차마 알지 못했던, 미처 감응하지 못하고 지나쳤던 공동의 기억을 각인"시키는 공연이라는 평가가 그것이다.(하영신) 생각해 보면 <부식풍경 2>를 통해 남겨진 기억, 이미지, 느낌은 감만동이라는 구체적 장소와 사람이라기보다는 우리가 원형(原型)으로 기억하는 어떤 고향에 대한 상실감과 애도와 맞닿아 있는 것이 아닐까. 이는 이 공연에 대해 "우리네 삶과 별반 다르지 않았을 감만의 많은 사연들을 기억하고 있는 골목과 흔적들을 만날 수 시간이 될 것"이라고 소개한 글에서도 추측할 수 있는 부분이다.(허경미)

그렇다고 공연의 내용이 감만동의 역사성과 장소성을 구체화하지 않았다는 이야기는 아니다. 실제로 공연의 구성을 보면 구체화의 작업을 최대한으로 밀어붙인 노력이 엿보인다. 그 과정은 꽤 섬세하게 구성되어 있다. 공연장에 처음 들어가서 만나게 되는 것은 무언가를 본떴거나 틈새의 요철 부분을 양각하듯 찍어낸 파편들인데 자세히 보면 흰색 지점토와 3D 출력물임을 알 수 있다. 하지만 이것이 정확히 무엇과 연관된 지표인지는 알 도리가 없다. 궁금증이 커질 무렵 반대편의 스크린에는 영상이 투사되기 시작하는데, 구체성이 표백된 흰색 배경과 사물이 정면과 좌우 두 면을 가득 채운다. 오랫동안 방치되어 거칠어진 집과 벽, 마당과 거리를 뒹구는 파편들(로 상상되는 것들)은 서로 겹치고 가라앉고 사라진다. 개별적으로 존재하던 사물들은 만나고 뒤섞이고 갈라서기를 반복한다. 개별자인 점토(로 보이는 것)들이 결국은 배경과도 섞이고 다른 점토들과도 섞인다. 결국 배경과 점토가 구분되지 않는 상황마저 연출하는 이 영상은 마치 불교의 '인드라망'을 연상케 한다. 인드라망은 불교의 연기법을 상징적으로 표현하는 개념인데, 불교의 세계관을 함축적으로 담고 있다. 모든 존재는 각자 개별성을 가지고 있으면서 동시에 서로 연결되어 있음을 말하는 인드라망은 개별자로서의 점토가 배경과 하나이면서 또 따로인 모습을 연출하는 이 영상과 상당히 유사한 세계관을 공유한다. '부식풍경 2'가 재개발되는 감만동의 이야기를 담고 있다는 사실을 알고 있었으니, 이쯤 되면 설치물들과 영상이 감만의 개별 존재들과 우리를 이어주기 위한 포석임을 짐작할 수 있게 된다.

그래서일까. 무용수들은 영상의 끝과 함께 등장하면서 파편들의 사연을 읊조리기 시작한다. "이것은 감만동에서 가장 큰 대추나무가 있던 집 담벼락의 틈을 본뜬 조각입니다." "이것은 감만동 좁은 골목길에서 본뜬 부식 조각입니다." "조각에 붙은 흔적들은 아스팔트 같은 이물질이 묻어 나온 결과입니다." 네 명의 무용수는 네 명의 관객에게 조각들이 머금고 있는 존재들에 대해서 차근차근 설명한다. 조각에 대한 이러한 구체적인 발화는 감만동의 역사가 우리 모두의 역사이자 나의 역사로 치환되는 효과를 발휘한다. 더군다나 네 명의 무용수의 손에 이끌려 조각의 무대로 발을 들여놓은 관

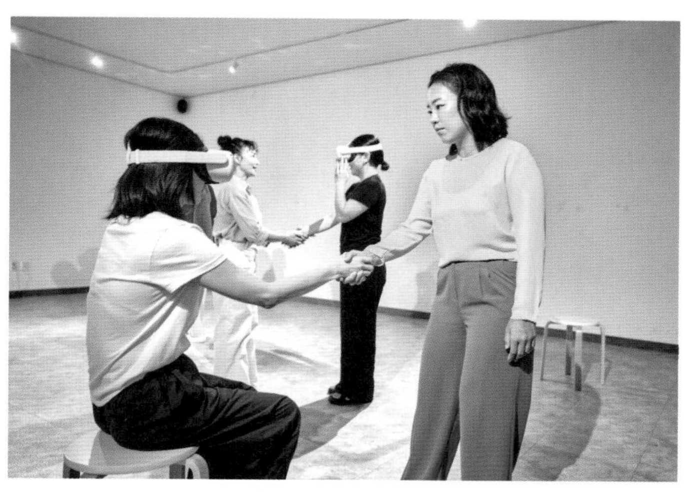

객은 무용수와의 연대감마저 형성하게 되고 조각의 위치를 직접 바꾸는 퍼포먼스를 통해 감만동의 역사에 간접적으로 개입하는 순간도 경험하게 된다.

감만동은 물론 무용수들과의 공감대가 형성된 상태에서 들어간 VR 영상 속은 그렇게 낯설거나 어색하지 않았다. 조금 과장을 해보자면 부식된 감만동의 세계에 거주하는 하나의 캐릭터로 들어간 느낌이랄까. 구멍이 숭숭 뚫릴 골목길 담벼락 사이를 거닐 듯 이동하다 보면 어느새 울창한 숲과 만나게 된다. 이 숲은 재조합된 풍경인데 폐허가 되어가는 감만동의 미래를 담고 있는 상상의 결과물로 읽힌다. 동네의 풍경은 부식되어 사라져 가는 과정을 고려해서인지 구멍이 숭숭 뚫린 껍데기로만 재현되는 데 반해 숲은 울창하고 빽빽하게 그리고 세밀한 재현을 바탕으로 구현되어 있다. 인간이 만들어 놓은 동네는 사라지고 자연으로서의 숲은 자체의 치유력으로 더욱 울창해진다. 이러한 사색에 빠질 틈도 없이 갑자기 나의 위치가 산동네를 모두 조망할 수 있는 높은 곳으로 이동한다. 아래를 내려다보면 아찔함마저 느껴져 내가 무대에 안전하게 있다는 사실을 잊을 정도다. 짜릿함을 느끼며 폐허 속에서 춤추는 무용수들을 발견하고 있을 즈음 실제 무용수가 다가와 VR 안경을 벗겨주며 나의 상태를 확인해 준다. 안도감이 밀려오는 순간이다. 천천히 의자까지 안내를 해주더니 어깨에 손을 얹혔다가 손을 마주 잡기도 하면서 연결을 시도한다. 그 연결은 다시 무용수들끼리의 얽힘으로 이어지고 서로 지탱하고 의지하는 몸짓을 만들어 낸다. 동네 할머니들이 했을 법한 대사를 읊조리면서.

정확히 어떤 감정 상태인지 알 수는 없으나 마음이 울컥해지는 순간이었다. 감만동의 사라짐이 아쉬워서였을까. 무용수들과의 교감이 성공해서였을까. 이 모든 상황이 감동적인 미적 쾌를 불러일으키고 있었다. 같이 공연에 참여한 일행은 "아름답다."라는 말을 남겼다. 일행의 말에 의하면 이런 감동이 가능했던 건 사라짐에 대한 부정성을 강조하지 않고 사라짐 자체를 들여다보고 이해하려는 태도 때문이었다고 한다. 구체성이든 부정성이든 그것을 강조하는 순간 예술은 개념화되고 규범화되면서 정보전달을 위한 텍스트와 별반 다르지 않은 무엇이 되고 만다. 그 순간 실재는 가려지고 우리가 보고 느끼고 공감하고자 하는 어떤 것에는 다가가지 못하게 된다. '부식풍경 2'는 바로 이 지점에서 예술이 예술로서 성취해야 할 순간, 즉 실재와의 접촉을 40분에 걸쳐 이루어 내었다. 그것이 어떤 실천과 변화를 모색할지는 모르겠으나 마음이 그곳에 닿도록 한 것만은 분명하다. 그렇다면 이번 공연에서 펼쳐진 설치 작업과 디지털 영상, 그리고 실체로서 무용수들의 몸짓 그리고 발화의 융합은 예술이 성취해야 할 감응의 순간을 성공적으로 발휘한 흔치 않은 사례라고 말할 수 있지 않을까.

Critique 2

안녕, 감만동

- 사라진 마을에 대한 예술적 기억투쟁

박소윤 (부산문화재단 정책연구센터장, 국제학 박사)

그림 1. 감만동 전경, 멀리 감만 부두와 부산항대교가 보인다. © 김정

마을 꼭대기에 이르렀을 때, 왔던 길보다 푸르른 바다가 먼저 보였다. 바다가 이토록이나 가까이 있는 줄 몰랐다. 감만부두의 컨테이너와 크레인은 바다의 한 면을 채우고도 남았고, 인근 용당동 중공업 지역도 멀리 보였다. 공단과 이어지는 부두의 풍경에서는 일하는 바다의 땀내가 물씬 풍겼다.

이곳을 적기(赤崎)라고도 하였다. 땅의 모습이 붉고(赤), 바다로 길쭉하게 내민(崎) 생김새였던 모양이다. 1934년 일본 기업 이케다가 적기만 매축 사업에 공식적으로 뛰어들어 A, B, C, D, E, F, G 일곱 개 구역으로 나누어 매축을 시작하였다. 저유 시설부지 필요에 따라 시작된 적기만 매축 사업은 1937년 8월에 완성되어 총 12만 평의 새로운 부지가 조성되었다.[•] 이후 1937년 6월부터 1944년까지 두 차례의 추가 매축을 통해 5만 평을 더 조성하였다.[••] 일제는 이곳에 생산기지를 들여앉힐 요량이었다. A 구역은 대동 석유 B 구역은 일본 화학공업, 산야 흑연, 남선 미유가 부지를 사들였다. C 구역은 동양척식, 소궁 흑연, 조선 운송, 동아 약화학, 일본 화학공업 D 구역은 일본 목재, 조선 연탄, 삼정 물산, 조선 미곡 창고 E 구역은 경상남도 농회 (농업창고, 비료 배급소), 조선농회 E 구역은 조선 화학공업 주식회사, 중서 철공소, 약협 제재소 F 구역에는 조선 와사전기 (남선 합동전기), 조선 질소 비료가 자리 잡을 계획이었다. G 구역은 서조 철공소, 일본 목재의 자리였다.[•••] 하지만 이 기업들은 '적을 쳐 이길 감(戡)' 자와 '남방의 오랑캐 만(蠻)' 자를 쓰는 감만동 지명의 내력처럼 이 땅에는 발도 디디지 못했다. 1945년 한반도가 해방을 맞이했기 때문이다.

감만동은 광복 후 얼마 있지 않아 발발한 한국전쟁으로 외부로부터의 변화를 다시 맞게 되었다.[••••] 1952년 감만동 바닷가에는 미군 항만수송사령부가 꾸려졌고, 대연동 석포여중 뒷산에는 미군 유류 저장시설이 지어졌다. 해안 절개지 옆과 비탈진 산으로는 피란민들의 판자촌 집들이 들어섰다. 또 지금 감만동 홈플러스 맞은편 옛 부산외국어대학교 쪽 언덕 아래에 있던 일본인 막사도 피란민수용소가 되었다.

산으로 올라간 피란민들은 묘지들을 끌어안고 살림집을 꾸렸다. 공동묘지에 삶터를 차렸던 곳으로 아미동 비석마을이 알려져 있으나, 감만동 홍곡산에 있던 공동묘지[•••••] 역시 피란민들의 둥지가 되었다. 묘지는 죽은 이의 거처였으나

• 배석만, 「1930년대 부산 적기만 매축 연구」, 『항도 부산』(28), 2012, 95쪽.
•• 배석만, 위의 책 「1930년대 부산 적기만 매축 연구」, 『항도 부산』(28), 2012, 95쪽.

••• 배석만, 앞의 책 83쪽 참고.
•••• 박수웅(남, 1940년생, 감만동 출생 및 거주), 채록일 2019.5.15, 『피란 시절 남구의 기억-한국전쟁 피란 시기 부산 남구 사진 · 증언 모음집』, 부산광역시 남구, 2020, 265쪽.
••••• 안태군(남, 76세) 조사일시 2017.7.18, 조사장소 부산광역시 남구 신선로 165 현대 2차 경로당, 정규식 외, 「감만동 민속조사 결과보고서」, 부산문화재단, 2017, 16쪽.

전쟁이라는 소용돌이 가운데 산 사람의 거처로 재구성되었다.

피란 온 사람은 많고, 도시 기반은 채 갖추어지지 못한 상태였지만 피란민들이 정착하고, 산업화의 시대를 지나면서 인구는 늘어났다. 감만동은 항만 부두와 군부대에서 일하는 노동자들로 붐비는 지역이 되었다.

> 전에는 여기 이 길이 출퇴근 시간이면 빽빽했어. 저 윗동네까지 집에 사람들이 가득해서, 젊은 사람들이 일한다꼬 내내 오르내리고 그 시절이 좋았어.[•]

이곳에서 태어나 평생 거주하고 있는 주민 정두순(1948년생)이 감만동을 추억했는데, 그것은 감만동이 지나온 길이기도 했다.

> *나는 여기가 고향이거든. 어릴 때 여름이면 저어기 뒤에 바닷가*[••] *에 가서 친구들이랑 물놀이를 하고 오는데 어짤 때는 모래밭에서 옷을 찾을라 하면 없어지가꼬 그냥 안 왔나. 그라면 우리 엄마가 옷 잊어뿌따고 막 머라 했거든. 우리 집에는 밭이 있었어. 겨울에는 배고프면 밭에 가서 배추 뿌리를 파 가지고 와서 쓱쓱 깎아 묵었지. 국민학교 댕길 때 피란민들이 들어왔는데 나는 내 친구들이 묵는 옥수수 죽이 너무 묵고 싶어서 내 도시락하고 바까 묵었다 아니가. 그때는 동네가 마 온통 뻘밭에 엉망 아이가. 성당*[•••]*이 생겼는데 하 안토니오 신부님*[••••]*이 너무 좋은 분이신 거라. 그분이 자전거 타고 다니면서 성당에 오라 해가지고 필요한 물건들도 갈라 주고 고아들도 거두고 그랬거든. 내가 거기 가서 심부름을 잘하고 하니까 운동화를 주던데 흰색이다 아이가. 까만 고무신만 신다가 얼마나 좋은지. 나는 우리 신랑하고 이 동네에서 만나가 결혼하고 이때까지 살고 있다. 우리 집 뒤에 소화영아재활원에서 몇 년 동안 봉사도 했는데 너무 힘들어서 지금은 안 한다. 수녀님이 진짜 고생하셔서 마음이 짠하지만 나도 은자는 힘이 들어서... 은자 마 아*

[•] 식당 <가마솥> (부산 남구 우암로 45) 주인 정두순 (1948년생)과 필자 인터뷰. (2023.5.30)

[••] 감만동의 남쪽 바닷가에는 하얀 모래가 많아 산책하거나 해수욕하는 사람도 많았다고 한다. 감만 1동의 29, 30통 일명 모래구찌라 불리는 지역이었는데 지금은 현대아파트가 들어섰다.『남구지』, 부산직할시 남구, 1994, 243쪽, 245쪽 참고. 용당동과 감만동의 경계를 이루는 큰골까지 소나무가 많아서 솔포(송포) 또는 솔개해수욕장이라고 했다고 하며, 지금의 호남정유 자리다.『남구의 민속과 문화』, 부산남구민속회, 2001, 324쪽.

[•••] 동항성당. 한국전쟁 중인 1951년 신부가 상주하지 않는 공소(公所) 신자들과 피란 온 신자들이 천막으로 지었다가 전쟁 후 1954년 이태준 신부가 초대 주임 신부로 부임하면서 본당이 설립된 곳이다.

[••••] 독일인인 하안토니오 신부는 1959년 동항성당의 3대 주임 신부로 부임하여 피란민을 포함하여 지역의 어려운 살림살이를 거들고 보살폈다. 2005년 가톨릭 고위 성직자인 몬시뇰로 추대된 그는 2011년 부산 명예시민이 되었으며, 이곳에서 2017년 11월 14일 선종하였다.

- 식당 <가마솥>(부산 남구 우암로 45) 주인과 필자 인터뷰. (2023.5.30)
- •• 전상후, 「부산 감만1동 전국 최대 9,092 가구 뉴스테이 연계 사업 승인」, 『세계일보』, 2018.07.18. https://www.segye.com/newsView/20180717003328?OutUrl=naver (검색일: 2013.8.15) 참고.
- ••• 감만시장 옷수선집 주인 강가매 (1936년생 추정)와 필자 인터뷰. (2023.8.15)

아들도 다 커가 나가 살고……. 이 동네 둘러보면 기억이 훤하지.•

제조업이 고기술 산업 및 서비스업으로 전환되는 산업구조의 재편이 이루어지면서 젊은 주민들은 이 지역을 떠났고, 그나마 남아있던 주민들은 노년을 맞았다. 그러던 것이 2016년 8월 국토교통부가 선정하는 뉴스테이 연계형 정비사업에 감만 1구역이 지정되면서 감만1동 일대 부지 41만 8,719㎡에 지하 4층, 지상 45층 규모의 아파트 66개 동 9,092개 가구가 건립돼 전국 뉴스테이 중 최대 규모가 될 것 같다••는 보도가 쏟아진 이후, 동네 재개발과 관련한 논의들이 들끓다가 마침내 남아있던 주민들도 하나둘 떠나기 시작했다.

감만 시장 어귀에서 옷 수선집을 운영하는 주민 강가매(1936년생 추정)는 50년째 살고 있다. 아버지가 귀애하는 딸에게 꽃같이 살라며 '아름다울 가(嘉)' 자와 '매화 매(梅)' 자를 이름으로 주셨다고 했다. 고향은 하동 악양리다.

> 나는 감만동 온 지가 50년 됐어. 아 다섯을 데꼬 여개 와 가지고 옷 수선집 하면서 다 키았어. 여개 와 가지고 살림도 일고, 아저씨 상(喪), 아들 혼사 큰일을 일곱 개나 쳤어. 은자 딸 서이, 아들 둘 모두 나가서 잘 살고, 증손자들도 여섯이라. 우리 손녀딸들은 내가 피아노 한 대석 다 사줬어. 우리 딸들 애렸을 때 어렵어 가지고 못가르쳤거등. 그게 한이 되가꼬 손녀 서이는 다 한 대씩 사줬어. 내가 옷 수선집 해가지고 그래 한건데 은자 이 동네가 없어진다항께 걱정이라.•••

동네를 돌아보면 같은 모양의 집이 없고, 집이 있는 곳 어디에나 나 있는 골목길은 자꾸 걸음을 멈추게 했다. 여기로 가면 길이 있을까? 어떤 집이 있을까? 이런 골목길을 박차고 달렸던 아이들의 상상력과 감성은 똑같은 구조의 집에서 살고, 직선형 길만 걷는 지금의 세대들과는 달랐을 것만 같았다. 골목길은 어디로든 길이 나 있어 막힘이 없었다.

감만동은 곧 철거될 마을이기 전에, 오랜 역사 동안 순후한 농어촌 마을이었고, 일제 침략의 전략 지역이었다. 한국전쟁 후에는 피란민의 보금자리였고, 산업화 시기에는 다른 지역에서 일자리를 찾아온 이주민들의 생활 터전이었다. 즉 개인의 흔적을 넘어 부산의 역사를 증거하는 장소인 것이다.

따라서 이곳을 기억하는 것은 우리가 지나온 길을 잊지 않기 위한 일이다. 사라져가는 감만동을 예술작업으로 아카이빙하는 멀티미디어 퍼포먼스 <감만기억>은 이러한 지역 미시사에 대한 예술기록이다. 세대의 장소에서 추모의 장소, 추모의 장소에서 회상의 장소로 넘어가면서, 다시 말해 '기억의 터'에서 '기억의 장소'로 넘어가면서 문화적 의미의 틀과 사회적 맥락의 해체, 파괴가 초래[•]되는데 감만동은 삶의 장소에서 추모의 장소로, 이제 작품을 통해 회상의 장소로 변화하게 된다.

• 알라이다 아스만, 변학수·채연숙 역, 『기억의 공간』, 그린비, 2018, 467쪽.

•• 부산문화재단 2018년 다원 예술에 선정된 멀티미디어 퍼포먼스 작품. Part 1은 11월 4일 감만창의문화촌에서 시작하여 관객과 함께 감만동을 돌면서 진행하였고, Part 2는 11월 18일 동항교회 옆 물레방아 식당 주차장에서 진행했다.

비어 있지 않은, 빈집

여자가 옥상에서 빨래를 넌다. 빨래는 이 집에 살았던 사람의 온기이고 냄새다. 여자는 널어 둔 빨래들 사이를 오가다가 겉옷 하나를 껴안고 경쾌하게 춤춘다. 옥상은 햇빛이 찬란히 내리 비치는 무도회장이 된다. 여자는 이제부터 이 옷 주인인- 지금은 떠난- 옛 주민의 이야기를 춤으로 들려줄 모양이다.

안무가 허경미와 미디어 작가 홍석진의 협업 프로젝트 <감만 기억 Part 1>[••]은 감만창의문화촌에서 시작하여 감만동 여기저기를 다니며 춤 퍼포먼스로 동네를 아로새긴다. 춤추는 자들은 감만동의 지리 속으로 관객을 안내한다. 춤꾼들은 모두 흰옷을 입고 있다. 그들은 차마 빈집을 떠나지 못하는 정령들만 같다.

좁은 골목길, 어느 집 대문 위 좁고 평평한 자리에 남자가 서성이고 있다. 비탈진 골목길 1층에서 2층으로 올라가는 중간 자리이기도 하다. "때가 되면 다시 필 것, 서러워 말아요."라는 노랫말이 흘러나오고 남자는 어떤 아쉬운 작별의 순간인 듯 그 누군가에게 손을 흔들며 춤춘다.

또 다른 빈집, 2층으로 올라가는 중간 턱에는 풀이 무성하다. 남자는 2층의 닫힌 문 앞에 잠시 서 있다가 돌아서고, 할 말이 남은 듯 다시 문 앞으로 흔들리면서 아주 천천히 다가갔다가 돌아 나온다. 그러고는 벽을 짚으면서 더욱 천천히 문 앞으로 다가간다. 체념한 듯 돌아서서 계단을 내려오다가 다시 올라간다. 난간대 옆만 이리저리 헤매다가 계단에 주저앉고 만다. 남자가 2층 문을 두드리지 못하고 있는 동안 여자가 대문 앞 골목길에서 춤춘다. 큰 걸음으로 오르내리면서 망설이다가 남자의 집 대문을 두드린다. 여자가 대문을 두드릴수록 남자의 춤은 격렬해진다. 남자는 서둘러 계단을 내려온다. 하지만 대문을 열지 못하고, 여자는 떠난다.

공연의 마지막 장소는 집이 헐린 빈터. 관객들은 옆집들로 둘러싸인 그곳에 들어가 한 바퀴 돈다. 담장 너머로 춤꾼들이 빈터를 들여다보거나 시멘트 담장에 팔을 걸치고 있다. 관객들은 춤꾼의 시선을 따라 무대인 그곳을 바라본다. 여자는 손금 같은 금이 있는 담장과 바닥을 어루만지며 빈터의 이야기에 귀를 기울인다. 바닥에 귀를 대고 간절히.

이때 동네 주민의 구술이 음향으로 흘러나온다. 이 동네에서 집을 지었던 내력이며 집안의 구조에 대해 들려주는 목소리가 음악 대신 흐른다. 여자는 옛 주민의 이야기를 빈터 바닥에 그려간다. 큰방, 건넌방, 부엌, 마루, 욕실, 마당…….

분필을 잡은 여자의 퍼포먼스로 집이 다시 지어진다. 정령들은 분필로 그린 집 안으로 들어와 이곳저곳을 돌아다니며 기대고, 앉는다. 방으로 들어가 드러눕거나 마루를 닦기도 하면서 집안에서 노닌다. 부산항이 한눈에 보여서 너무 좋았다는 이야기를 끝으로 음악이 다시 흐르면 네 명의 춤꾼들은 분필로 추억해 낸 집에서 춤을 춘다.

여자는 분필로 그린 집 마당 자리에 흙을 붓고, 꽃을 심고, 물을 준다. 정령들은 죽음의 땅을 되살리는 무당들이고 춤은 한판 굿이다. 굿이 끝나자 메마른 시멘트 바닥은 생명의 젖이 도는 따뜻한 흙이 되었다. 집터를 돌아다니며 추는 춤은 생명에의 축원이다. 이윽고 집을 다 지은 여자는 방안에 편안히 몸을 누인다.

밖에서 "경미야, 노올자."라고 부르는 소리가 들려오자, 깨어나 환하게 걸어 나간다. 그 옛날처럼.

Part 1에서 안무가 허경미가 관객들을 이끌었다면 Part 2에서는 홍석진의 미디어아트가 춤을 불러내 준다. 실제 스크린 속 미디어 작품과 춤은 이음 고리처럼 연결되어 있다. 빈터 벽면을 스크린으로 삼아 빈집 안을 부유하는 정령들의 퍼포먼스를 미디어 영상으로 송출한다. 건물 벽에서 구성되는 감만동의 집과 골목이 이루는 풍광은 무대공간을 감만동 동네 전역으로 넓히고 골목을 더욱 깊게 한다. 벽에는 미디어 영상으로 창들이 만들어지고 창마다 주민들과 정령들이 일상을 보내거나 춤추는 모습이 깜빡이며 켜진다. 이웃집 불이 켜졌을 때 보일 법한 풍경이다.

창의 불빛이 모두 꺼지면, 흰옷을 입은 남자가 춤추며 등장한다. 남자가 집 담장을 넘어 계단을 따라 올라가 2층 현관을 두드리자 다시 스크린의 영상이 이어진다. 영상 속 흰옷을 입은 춤꾼들은 빈집의 계단, 허물어진 담장에 몸을 기대어 춤춘다. 그들은 감만동 여기저기 골목길을 걸으며 집들 속을 부유하는 정령들이다. 그들의 춤 동작은 절절하지만 구름처럼 가볍게 흐른다. 담벼락에 살짝 기대기도 하고 마을의 빈집에 고요히 스며들면서 감만동을 춤춘다.

홍석진의 미디어아트 속 이미지는 속절없이 변화해 가는 도시의 모습처럼 하염없이 분절되고 반복된다. 여자는 빈터에 장대를 세우고 빨랫줄을 잇는다. 주민이 등장하여 흰색 보를 익숙한 솜씨로 펼쳐서 넌다. 반듯하게 넌 네 개의 보는 네 개의 스크린이 되고 마치 신상(神像)처럼 동네 여성들이 한 명씩 등장하여 춤춘다. 그 동작은 마고 여신처럼 위엄 있고 푸근하게 동네를 감싸안는다.

미디어 작품이 끝나면 동네 주민들과 춤꾼들이 마당에 등장하여 함께 춤춘다. 이때 춤꾼들은 흰색 옷에 색깔을 덧대어 입었다. 이 장면에서는 정령이 아닌 동네 주민 중 한 명이 된 것이다. 네 장의 흰색 보는 춤의 소품이 되었다가 곱게 접혀 이동된다. 다시 미디어 작품 속 건물들은 상자에 갇혀 있다가 산산이 부서져 내린다. 붕괴하는 도시의 기억이다. 사라진 집들이 하늘로 떠나가듯 흰색 네모난 상자들은 하나둘 천천히 승천한다.

스크린 반대편 실제 집 2층, 흰옷을 입은 춤꾼들이 분주하게 흰색의 상자들을 나른다. 상자는 집의 추억이다. 정령들은 빈집 여기저기에 상자의 제 자리를 찾아준다. 주민들이 집을 기억하는 구술이 흐른다. 집의 내력과 구조를 설명하는 이야기들이다.

"남의 집을 열 번 다니면서 이사를 다녔어요. 사람이 살면서 내 사는 집의 거처가 있다는 게, 그게 어릴 때부터 우리 부모한테 받아 가꼬, 고생 안한 사람 어데 있노.. 고생은 엄청 했는데 막상 내가 열 번째 이사 갈 때 집을 사는데 너무 기뻐가지고, 우리 시아버지 제사가 시월 초열흘이거든요. 그런데 희한하게도 그 집 형제들이 모두 그 날짜에 이사를 하게 되었어요. 이사한다고 시아버지 제사에도 못 가고, 그래 시아버지가 도와주시는 갑다 하고 생각이 들더라고요. 집 산 게 제일 기뻤습니다."

"대문에서 걸어 들어오면 감나무도 있고, 가을에 우리 집에 오믄 과수원 같에요. 큰방은 왼쪽에 있고 작은방과 주방은 큰 방 옆에 있고, 화장실은 오른쪽에 붙어있고. 싹 개조를 해놓으니까 좋아요. 검사를 나오면 은제 수리 해가 이래 깨끗합니까 하더라고요. 18년을 살았어요."

구술이 흐르는 동안 네 명의 춤꾼들은 손이나 봉지에 담긴 흙을 부어 빈터에 집의 구조를 설계한다. 스크린에 여러 모양을 가진 감만동 집 도면이 떠오른다. 똑같은 집 구조가 없다. 덧대어 확장하기도 하고, 가족의 쓰임에 따라 살기 좋게 요리조리 고쳐 썼기에 집마다 구조가 다른 것이다. 마당이 있어 어느 집에나 사과, 감, 고추, 석류 등 열매들이 풍성했다고 한다.

흙으로 그린 집 안에서 정령들은 서로를 안고 들어 올리면서 춤춘다. 가족들이 서로에게 힘이 되어주며 살았던 집의 기억이다. 함께 음식을 먹기도 하고 그날의 이야기를 나누며, 가위바위보 같은 놀이를 즐기기도 한다. 집을 '살고 있는' 정령들이다. 북가락에 맞춘 춤꾼들의 춤은 덩실덩실 신명 난다. 북 가락 음향이 끝나면 춤의 장면은 전환된다.

느리고 분절된 춤사위는 여자의 춤사위와 함께 흐른다. 이제는 집을 '추억하는' 정령들의 시간이다. 흰옷을 입은 주민들이 손에 화초를 한 포기씩 들고 등장한다. 그들은 Part 1에서 여자가 그랬듯이 시멘트 바닥에 흩어진 흙을 이어 붙여 꽃을 심는다.

빈터는 마침내 다시, 생명의 공간으로 되살아난다.

그림 2. <감만 기억 Part 1> ⓒ 박병민

<감만 기억>에서 흰옷을 입은 춤꾼들은 골목길을 내달리는 기억의 정령들이다. 그들은 동네의 기억을 소환하고, 맺힌 이야기들을 춤으로 풀어주고, 다시 생명을 잇게 해준다. 감만동의 집들은 비워지고 있지만, 나무, 흙, 벌레, 공기, 물, 손때 묻은 얼룩에서 푸릇푸릇하게 돋아나는 이끼들, 그리고 기억은 여전히 살고 있다.

우리가 그것 안에 살고 있으면서도 그것에 의해 우리 자신의 바깥으로 이끌리는 공간, 바로 우리의 삶, 시간, 역사가 침식되어가는 공간, 우리를 주름지게 만들고 부식시키는 공간은 그 자체로 불균질한 공간이기도 하다.[•] 안의 공간에서 바깥의 공간으로 내몰린 빈집은 우리의 삶, 시간, 역사가 침식되어가는 공간, 부식되어가고 불균질한 공간이지만, 이것은 산업사회의 행보에 따른 사회적 배치의 결과이다.

사람은 없는데 무성히 자라 지붕까지 도달한 나무와 붉게 읽은 과실은 빈집이 폐허를 넘어 풍요롭고 기름진 땅임을 말해준다. 윌리엄 워즈워스의 「서곡」 2곡에서 무너진 대수도원에 대해 건축물의 잔유물이 자연과 결혼[••]한 것으로 표현하듯이, 빈집은 폐허이자 인간과 자연이 혼인한 성지이다. 또한 비어 있으나 기억과 서사로 가득 찬 빈집의 공간은 푸코의 헤테로토피아이자 크리스테바가 말하는 비체의 영역이기도 하다.[•••]

죽은 사람들이 묻힌 공동묘지가 사람이 생활하는 집이 되고, 사람들이 떠난 빈집을 가득 채운 생의 체취와 흔적은 예술가의 작품으로 다시 창조된다. 허경미, 홍석진의 퍼포먼스는 사라져가는 감만동에 대한 추모이자 이곳 삶의 기억을 간직하고자 하는 예술적 기억 투쟁이다.

• 미셸 푸코, 이상길 역, 『헤테로토피아』, 문학과 지성사, 2009, 45~46쪽.

•• 알라이다 아스만, 앞의 책, 435쪽.

••• 박소윤, 「수정아파트 프로젝트」, 『지역·문화예술교육』, 부산문화재단, 2020, 204쪽.

참고문헌 및 자료

부산광역시 남구, 『피란 시절 남구의 기억-한국전쟁 피란 시기 부산 남구 사진·증언 모음집』, 2020.

부산남구민속회, 『남구의 민속과 문화』, 2001.

부산문화재단, 『지역·문화예술교육』, 2020.

미셸 푸코, 이상길 역, 『헤테로토피아』, 문학과 지성사, 2009.

알라이다 아스만, 변학수·채연숙 역, 『기억의 공간』, 그린비, 2018.

배석만, 「1930년대 부산 적기만 매축 연구」, 『항도 부산』 (28), 2012.

배석만, 「일제 말 적기만 추가 매축 연구」, 『항도 부산』 (29), 2013.

정규식 외, 「감만동 민속조사 결과보고서」, 부산문화재단, 2017.

「동항성당」, 『한국향토문화전자대전』
https://terms.naver.com/entry.naver?docId=2822318&cid=55776&categoryId=56068 (검색일: 2023.08.05.)

전상후, 「부산 감만 1동 전국 최대 9,092가구 뉴스테이 연계 사업 승인」, 『세계일보』, 2018.07.18.
https://www.segye.com/newsView/20180717003328?OutUrl=naver (검색일: 2013.8.15.)

진홍 스튜디오, <감만 기억 Part 1>,
https://www.youtube.com/watch?v=D40hbjkXLN0 (검색일: 2023.08.05.)

진홍 스튜디오, <감만 기억 Part 2>,
https://www.youtube.com/watch?v=bMvK_22rcVk (검색일: 2023.08.05.)

촉각되는 기억, 각인되는 기억 - 〈부식풍경 2〉

하영신 (무용평론가)

지난 8월 7일에서 11일 닷새간 스무 차례에 걸쳐 부산시민공원 다솜 전시실에서 펼쳐진 춤 작가 허경미(허경미무용단/무무 대표)와 미디어아티스트 홍석진(진홍스튜디오 대표)의 협업작 <부식풍경 2>는 재개발로 소멸하고 있는 지역 감만동을 다뤘다. 재개발로 말미암아 분쇄되는 기억은 누군가들의 구체적 시간이었고 공유해온 역사의 실질적 흔적임을, <부식풍경 2>는 실제(지점토 조각과 몸)와 가상현실(3D 프로젝션 맵핑과 AR과 VR)의 양단 사이로부터 길어온 기억의 실재성을 발휘시켜 재개발 이슈를 둘러싼 문제점들을 공감각적으로 각인시켜 주었다. 그 실체와 맥락을 박탈당한다 한들 여전히 기억하는 이들에겐 환기와 재생으로써 거듭되며 잔존할 기억. 기억은 그저 희미한 이미지가 아니라 실재했고 실재할 무엇임을, 허경미와 홍석진의 작업은 기억의 그 무겁고 아득한 질량을 확인시켜 주었다.

그야말로 베르그송과 들뢰즈의 이미지존재론이 증명되는 작품. 유독 공명 깊은 작품이라면 번번이 이미지존재론에 기대어 설명해야 하는 노릇이 스스로 답답하기도 하지만 어쩌겠는가, 모든 예술작품의 당위는 소통이고 소통을 실체적으로 논하기에는 베르그송과 들뢰즈의 개념처럼 적절한 것이 없는 것을. 대상으로부터 주관에게 얼마나 많은 '것'들이 전이되어 와서 얼마만큼의 실질적 감응과 변용의 사태를 빚어낼 수 있는가. 예술작품은 소통, 깊숙하고 극명한 소통의 작용인 정동(情動, affect)의 역량에 의해 그 존재 가치가 확인되어진다.

예술의 지대에서 유동하는 '것'들은 흔히 물질과 관념이라는 서구 사유 전통의 오래된 이분적 구도로부터 관념에 속하는 것으로 생각되기 십상이다. 이미지(이때의 이미지는 우리가 흔히 일상적으로 사용하는 용례로서의 상(像). 베르그송이 이분적 구도를 내파하기 위해 정초한 존재자들의 미분적이고 일원론적 단위 '이미지'와 변별되는 것이다. 상으로서의 이미지는 베르그송의 존재론적 단위-이미지에 부합할 수 있지만 베르그송의 '이미지'가 지시할 수 있는 범주는 실로 물질로부터 관념으로까지 훨씬 더 포괄적이다), 소리, 냄새, 응당히 사고와 기억… 예술작품으로부터 감지될 수 있는 대개의 '것'들은 물질성이 희박하기에(그리하여 컨템퍼러리아트는 물질성을 드러냄으로써 명백한 현전을 감지시키는 일에 몰두하기도 하지만) 권리상의 존재들, 실체 없는 (不)존재들이라고 여겨지

기가 쉽다. 그러나 정말 그런가.

동시대에는 과학조차도 극히 미소(微小)한 것들의 세계를 살핀다(양자역학). 하물며 오래 보이는 것 너머 보이지 않는 세계를 탐구해 온 예술이라면야. 예술의 관람에선 익히 보이지 않는 '것'들이 실감 되어오곤 했다. 지극한 층위에서 관람이 이행될 때의 관용적 표현인 '전율'은 전적으로 촉각의 사태. 예술작품으로부터 건너와 나의 일원론적 몸을 충격하고 다른 각도로 작동시키는 '무언가'는 분명히 '있다'. 예술의 행위는 그 무언가 미소한 '것'들을 명징하게 만드는 일이고 예술의 관람은 그것을 섬세히 감각하고 온전히 받아들이는 일. 근래 예술계를 출렁이게 만든 '이머시브(immersive)'라는 용어는, 아이러니하게도 예술 관람의 전제인 몰입과 체험을 새삼 강조하는 수식어로 표방되는 이 새로운 경향은 소통, 정동, 그리하여 깊은 감응과 변용, 예술의 역량을 다시 사유케 한다. <부식풍경 2>가 그러했다.

이머시브, 멀티미디어, 아카이빙. 동시대 예술 키워드들의 진가(眞價)

<부식풍경2>의 프로그램에는 '이머시브' '멀티미디어' '아카이빙', 컨템퍼러리아트의 문제적 키워드들이 나란히 기입되어 있다. 이 강렬한 어휘들은 과연 제대로 실현될 수 있을 것인가, 나는 사실 반신반의하며 현장을 찾았다. 몰입과 체험, 나의 몸으로써 경험의 진위를 다투어보겠다는 이머시브의 새삼스럽고 호들갑스러운 출현 배경에는 기술, 이제까지는 예술과 완고하게 구별 되어왔던 그 기술을 대범히 수용하겠다는 다학제의 포부가 있다. 각 분야, 각 장르, 각 매체의 경계를 허물고 새로운 접변을 만들어 보이겠다는 야망. 새로움에 현혹되고야 마는 인간의 욕망을 짊어진 예술은 강박적으로 그 야망을 집어삼켰다. 아직은 대체로 각각의 존재론적 토대에 구멍이 뚫린, 고로 상승의 효과는커녕 그 존립이 휘청이는 괴이한 '신상'을 선보이곤 하였다.

그 변성에서 가장 위독해지는 것은 단연 춤으로 관찰된다. 춤추는 시각이미지, 촉진(觸診)되는 음들의 세계는 그럴싸한데 몸과 박리되어 영상 이미지로 치환된 춤은 그야말로 존재론적 질문을 투척한다. 댄스필름 속 댄스는 우리가 알고 누려왔던 그 춤이 맞는가? 춤을 찍은 영상물, 행위를 춤으로 대치한 영화, 뭐가 됐든 몸을 놓고 무대를 떠나 스크린이라는 한 겹 막에 실린 춤들은 몸-춤에 비하면 어찌해도 흐리터분하게 느껴지니…. 타 장르 매체들이 움직이며 춤이 되는 것은 실재로의 전향임에 반해 몸에서 박리된 춤의 이미지화는 외려 가상성으로의 역전적 투항이다. 춤 애호가로서는 묻지 않을 수 없는 것이다. 춤들은 왜 오용을 자처하는가.

같은 질문이 기술과 손잡은 예술에 가능해진다. 예술성은 기술성으로 보강되는가. 이는 멀티미디어와 프로젝션 맵핑 기술로써 구현되는 AR(증강현실)과 VR(가상현실) 등 소위 '확장현실'이라 불리는 그 초과적 가상세계가 과연 현실의 부분이 될 수 있는가, 라는 존재론적 물음에 연동한다. 시야의 전방위적 개방과 운용, 시간의 중첩과 도약, 인간의 생래적 감수성으론 경험할 수 없었던 차원을 체험하게 해주는 기술. 기술은 과연 보이지 않던 것들을, 볼 수 없었던 것들을 감지하게 해줌으로써 우리가 자체의 감각만으로는 감식해 낼 수 없었던 어떤 차원을 열어주기도 한다. 그러나 그 확장은, 그 확장의 체험은 어떤 의미란 말인가.

기술이 기술력을 위시하는 그리하여 감각만 어찔하고 그에 압도당한 나머지 기억의 소환이 불가능해지고 사유의 진척이 중지되는 그런 작품을 예술적인 작품이라 말할 수 있는가. 나는 기술을 도입한 예술작품 관람의 대부분에서 기술과 예술과 사유가 적절한 타협점을 찾아 상보(相補), 상승하는 경우를 발견하지 못했었다. 외려 예술과 기술의 경계가 확인되고 오락화된 예술을 우려하게 되는, 특히나 몸·시간·현장의 일이었던 공연예술의 변성에는 화들짝 기술의 난입을 책망하게 되기가 다반사.

실제, 가상. 실재의 다른 역량들

와중에도 '몸'과 '가상-기술-신체'의 '춤'으로써 '가시성과 비가시성' '현전과 부재'라는 예술의 오랜 사유 역량을 충분히 발현한 것으로 기억되는 두 작품이 있었으니 한 편은 덴마크 안무가 시몬 비뢰드(Simone Wierød)와 테크노뮤직 듀오 메르시(M€RCY), 그리고 한-영 미디어아트 스튜디오 김치앤칩스(Kimchi and Chips)의 협업작 <Collective Behavior>(<더프리뷰> 2022년 9월 22일 자 참조)이고 다른 한 편은 바로 허경미와 홍석진의 2014년도 초연작 <쿰바카(Kumbhaka)>다.

제목 '쿰바카'는 들숨과 날숨 사이 '무호흡의 호흡' 상태를 가리키는 요가 용어라는데, 과연 <쿰바카>는 허경미의 '몸-춤'과 홍석진의 '영상 신체-춤'이 그 치열한 경합으로써 호흡과 무호흡, 유기성과 무기성, 현전과 부재, 삶과 죽음 사이에서 이루어지는 생명의 진자운동을 펼친 수작이었다. 공연예술에서 여전히 적절히 다루기 어려운 매체인 영상미디어가 더욱이 미학적 가늠 없이 남용되던 그 시절, <쿰바카>는 미감과 의미론 양측에서 협업의 좋은 상승적 성과를 이루어 내었다.

이후로도 허경미와 홍석진은 오랜 협업 관계에 있다. <Body of Projection>(2015, 허종원 안무의 <풍문으로 들었소>를 포함하여 <쿰바카>와 <Two, One, Room>으로 구성된 기획공연), <다이얼로그-바이트의 궤적>(2017), <스트리밍 시티>(2017), <콜링 감만(Calling Gamman)-기억의 좌표>(2019) 등으로 연이어진 협업이 항시 <쿰바타>의 선취를 달성한 것은 아니었다. 현란한 이미지들

의 운동이 몸-춤의 순간을 희박하게도 하였고 그 바람에 양자가 더불어 예술로부터 탈선, 기술의 지대를 방황하기도 하였다. 그럼에도 나는 간혹 허경미의 춤으로써 작품들의 어떤 가치를 거론하기도 하였는데, 그것은 몸을 첨부한 시각예술의 퍼포먼스를 기어이 능가해 버리고야 하는 허경미의 공명적 '몸-춤'에 국한해서였다. 홍석진의 영상은 그저 그 방점적 몸-춤을 위한 바탕적 세계, 조금 생경하고 미감적으로 세련된 춤의 배후였을 뿐 그 자체가 공연 예술적으로 혹은 내포한 의미망으로서 충족적인 것은 아니었다. 그의 영상이 접고 펼친 편집적 시간 속 '영상신체-춤'은 내겐 가상물로 감지될 뿐, 춤이 지닌 실체적 위력으로서 육박해 오지는 못했다.

<부식풍경 2>의 인트로는 그같이 시작한다. <콜링 감만>으로부터 <부식풍경>(2022)에 달하는 오랜 주시로 남겨놓을 수 있었던 부서져 가는 감만동 일대의 풍광과 구석구석을 담은 영상물과 그 안에서 문득 나타나고 사라지는 '영상신체-춤'. 기화된 신체, 익명성으로 흐릿할 뿐인 춤들은 유령적이다. 작가의 <콜링 감만>은 물론 동위(同位)의 여타 작품들로부터 익히 익숙한, 몸-춤에 비하면 확연히 투명하고 가벼운 춤. 화이트큐브 전시 공간 한편에 투사되는 영상물 또한 공연예술의 현장성, 그 활력의 가능성을 제시하지 못하는 아직은 다만 영상물에 불과하다. 나는 유령이 아닌 실체적 사람들, 흔적이 아닌 짙은 춤, 풍광이 아닌 구체적 현장들을 조우하고 싶어졌다.

그 갈망이 조급해질 즈음 영상 속 네 명의 무용수들(강민아·박소희·허경미·허성준)이 들어선다. 그들은 영상이 투영된 벽면의 반대편, 네 명 관객의 등 뒤에서 출현한다. 그로써 화이트큐브 공간은 중간쯤 배치된 스툴에 앉아 있는 관객을 기준으로 영상 세계와 인스톨레이션, 가상과 실제의 이중구조로 드러난다. 이는 기억의 구조이기도 하다. 기억은 있었던 것(그러므로 지금은 없는 것)에 대해 있는 것이고 곧 부식, 풍화, 휘발되어 갈 그렇게 변질할 무엇. 인스톨레이션도 그 이중의 구조를 지녔다. 바닥에는 하얀 지점토로 사출(寫出)된 감만동 무엇들의 파편들이, 허공에는 바닥의 파편들보다 가벼운 것으로 감식되는 또 다른 편린들(홍석진의 설명에 의하면 허공의 파편들은 지상의 파편들을 3D 프린터로 출력한 것이라고 한다)이 투명 우레탄 줄에 매달려 있다. 일견엔 유사해 보이는 파편들은 무겁고 가볍게 그 차이가 수월히 감지될 만큼 선명한 질량의 차이를 발현해 내고 있다. 기억의 휘발을 경고라도 하듯.

가상과 실제의 병치(倂置, juxtaposition), 영상풍경과 복제된 사물들, 그리고 홀연히 나타나 영상풍경을 걷고 부식된 사물들을 만지는 무용수들. 홍석진의 작업은 가상과 실제의 병치와 중첩과 반복으로 가상과 실제가 있고 없음으로 압축될 수 있는 문제가 아니라 실재(the Real)의 두 가지 측면임을 드러내 준다. 그것이 곧 베르그송과 들뢰즈의 이미지존재론의 요체다. 완강해 보이는 사물에는 시간이 관통해 가고 있고 그 시간을 따라 사물은 그 보이는 표면 아래 쉴 새 없는 장력의 변화, 항시 새로운 접속과 배치의 순간들을 겪어내며 변동의 과정 중에 있다는 것. 그러므로 우리가 고정불변 확정적인 것이라 믿는 모든 것들은 실질적으론 없는 것이다. 실재하는 것은 다만 시간, 모든 것은 바뀌어 갈 뿐. 생(生)과 죽음의 경계는 허구다. 모든 것은 시간의 과정 중에 있다.

홍석진의 이번 작업에선 그 시간이 구체성을 드러낸다. 풍경에 이어지는 영상은 감만동의 물질적 세계, 세계의 깊숙한 심층이었다. 사물, 장소의 구체성이 탈락되어 하얗게 유골화 된 벽체, 거리, 집과 건물들의 파편들, 그리고 그 모든 것들의 틈들. 그 위로 그림자들이 빠르게 자리를 바꾼다. 배속된 시간. 압축된 시간 속에서 사물과 장소들은 겹치고, 섞이고, 녹고, 새로이 융기한다.

영상은 나를 아득하게 만들었다. 이미지존재론이나 신유물론을 사유하는 대부분의 사람들이 경험하듯 그 장구하고 도도한 시간의 대서사 앞에선, 미분적 입자들이 출렁이는 바탕적 세계에의 이해 앞에선 주체, 혹은 주관으로서만 획득가능한 삶의 의미가 무력해지는 것이다. 그래도 이미지들은 특정 이미지('나' 혹은 '인간'일 수 있을까)를 향해 만곡(彎曲 그리고 萬曲)한다 하였으니. 그 각별한 이미지들, 무용수들이 또 다른 각별한 이미지들, 관객들에게 다가온다. 무용수 각자는 네 명 관객 각자의 손을 붙들고 인스톨레이션 가까이로 데려간다.

내 손을 잡은 사람은 허경미였다. 온전한 형상, 구체적 빛깔을 잃고 석화된 기억들의 무덤가에서 그녀는 파편 하나를 주워 내 손에 쥐여주며 나직이 이렇게 말해주었다. "이것은 감만동에서 가장 큰 대추나무가 있던 파란 대문 집 담벼락을 본뜬 조각입니다."(정확한 워딩이 아닐 것이다. 이 역시 변질하는 기억의 과정.) 가장 좁은 골목길의 귀퉁이, 감만동 공동체 살림을 거들던 관청의 표장(標章, emblem)··· 아직은 명시적 기억이나 동시에 부식 중인 기억, 곧 추억 저편으로 사라질지도 모를 간신히 있고 불투명한 것들. 와락, 무엇이 부서져 산화되어 가고 있는 것인지, 허경미와 홍석진이 어떻게든 붙들어보겠다 작심한 것들의 실체를, 그러나 그 오랜 노력에도 불구하고 여전히 풍화, 무화(無化), 죽음을 향해 빨려 들어가고 있는 것들이 무엇인지 알게 되었다. 아직 만질 수 있는 이것들은 곧 이 세계의 부피와 질량을 잃고 만져질 수 없는 저 세계로 이행할 것이다.

촉각되는 기억, 체험되는 시간, 상실될 것들에 대한 자각

촉각의 사태가 항진된 나에게 VR 헤드셋이 씌워졌다. 고도로 극화(劇化)되어 외려 극화(劇畫)된 세계의 허구성을 날카롭게 주지시키는 그러나 기어이 신체를 속이고야 마는, 그 불유쾌한(일원론적 몸의 작동인 춤을 신봉하는 나로서는 의식과 신체를 가르는 이러한 종류의 체험은 불쾌에 속하는 경험이다) 체험이 다시 주어졌다. 이전의 경험치로부터 불쑥 치밀어오른 거부감으로부터 시작한다. 그러나 홍석진의 작업은 이 부정적 기억을 상쇄하고 나에겐 여직 문헌상, 이론상의 주장으로만 여겨졌던 가상세계의 가능성, 새로이 감각되어 한층 더 열릴 수 있다는 세계의 확장 가능성을 확인시켜 주었

다. 아니 사실 나는 이 허상의 세계에 몰입되어 나머지 작품의 시간 내내 울고 다녔다.

홍석진이 창출한 그 세계에선 다시 전(全) 시간이 입체적으로 구동되고 있었다. 아득한 아래로는 태곳적 빽빽한 수풀이, 어느 참에는 사람들이 일군 꽃을 피운 과수밭이, 지평으로는 사람들이 살던, 비워진, 허물어져 가는 골목과 부엌과 작은 마당과 담벼락이, 허공에는 뿌리가 드러난 나무와 꽃, 앙상한 골조가 되어버린 집의 사체가 떠 있다. 여기저기에서 그 시간들을 지나온 사람들이 흔적처럼, 기억처럼 피었다가 저문다. 앞선, 기억의 촉감을 아직 간직한 나의 손들은 자꾸 간신히 남은 귀퉁이들을, 흐려지는 사람들을 붙들려 내밀어진다.

사람들과 거리와 집들이 사라진 자리에 하늘은 속절없이 푸르고 발아래는 무섭도록 깊다. "경계에서 빠져나오세요" 경고의 문구가 깜박인다. 엄습하는 두려움, 어찌 걸음 해야 하는 건지 어찔해질 때 "괜찮으세요?" 누군가 내 손을 붙든다. 그녀는 나의 헤드셋을 벗겨주고 내 손을 잡고 한 걸음 한 걸음 화이트큐브 공간을 같이 걸어주었다. 사라지는 것들에 대한 회한과 생환하였다는 안도감이 섞인 복잡한 눈물이 흐른다.

나머지 관객 모두 그 세계의 끄트머리를 지나 다시 화이트큐브 공간에 당도하였을 때 네 명의 무용수들은 춤을 추기 시작했다. 살아있음을 확증하는, 부둥켜 공존을 안도하는 진의(眞儀)적 춤. "열 번이나 남의 집을 이사 다니다가 이 집을 샀어요." 지긋한 연령대 여성의 발화가 마을은 해체되어 가는 중이고 사람들은 사라져 기억에 수몰될 것임을 말한다. 이것이 어찌 비단, 지금 감만동, 특정 시기 특정 지역의 사연이겠는가. 생의 과정이 그러하고 역사의 흐름이 그러해 왔다.

다만 예술이 할 수 있는 건 이런 것이다. 우리가 함부로 버리고 있는 것이 무엇인지, 우리가 잃어 다시는 돌이킬 수 없이 폐기되는 것이 무엇인지, 그들과 그것들은 한낱 뉴스, 죽은 언어들의 찌꺼기가 아니라 정말로 살아 생생하게 작동하던 몹시도 소중했던 무엇들인 것이다. 파기된 기억을 짙게 재생시키기. 차마 알지 못했던, 미처 감응하지 못하고 지나쳤던 공동의 기억을 각인시키기. 생생한 기억을 가진 몸들은 다른 생각, 다른 실천을 하게 되는 것이다. 이것이야말로 예술이 지닌 감응의 위력, 사유, 변용, 실천의 가능성이다.

Critique 4

아날로그와 디지털의 레가토(Legato)

- 홍석진, 허경미의 『감만동 아카이빙 프로젝트 '부식풍경2'』를 보고.

이성철 (창원대 사회학과 교수)

홍석진 감독과 허경미 대표의 전작들(『감만 기억』, 『워킹 감만』, 『어반 쉘(Urban Shell)』 등)을 미처 보지 못했던 미안함이 늘 있었다. 홍 감독의 초청으로 부산시민공원 다솜 전시관에서 열리고 있는 감만동 아카이빙 프로젝트 <부식풍경 2>을 비로소 볼 수 있었다. 두 작가의 작품이 한데 어우러져 공연되는 뜻깊은 시간이었다. 작가들이 그동안 천착해 온 감만동 시리즈였고 '멀티미디어 이머시브 공연'이었는데, 공연을 얼마 앞둔 어느 날 저녁에 홍 감독에게 '이머시브'가 무슨 뜻인지 물어본 적 있다. 홍 감독의 친절한 설명이 있었지만 난 이해하지 못했고 '이머전트 emergent'와 같은 어원의 개념인가? 하는 나만의 생각에 잠겨 있었다. 그러나 공연장에서 거의 확실하게(?) 이해하게 되었다. 그래서 작품들은 가능하면 직접 체험하는 것이 좋다고 생각한다.

이머시브(immersive)는 '컴퓨터 시스템이나 영상이 사용자를 에워싸는 듯한 느낌'을 뜻한다고 한다. <부식풍경2>는 노이즈캔슬링 효과가 있는 이어폰의 '공간 음향'과, 또 다른 공간인 가상현실(VR)이 결합한 '증강 현실'(AR)이었다. 홍 감독의 이머시브한 작품을 보게 되면, 물 밑에서 잠수함이 떠오르듯 내 속에서 무언가가 떠오른다.(이머전트, emergent) 이처럼 두 단어의 어원이나 뜻은 다르지만 만나게 된다.

다시 공연 제목으로 돌아가 '부식'에 주목했다. 부식(腐植, humus)은 분해(分解, decomposition)이기도 하다. 부식과 분해에 대한 학문적 정의는 많다. 그러나 후지하라 다쓰시(藤原辰史)는 『분해의 철학』에서 그런 정의들을 두루 살펴본 후, '생겨나면서 손상된 것 또는 그 과정'으로 말한다. 두 연출가가 부산 감만동 지역을 작품의 소재로 삼을 수밖에 없었던 점과 상통한다. 감만동은 현재 본래 거주자의 10퍼센트 정도만 남아있는 재개발 지역이다. 스러지고 사라져 가는 마을과 그 골목길의 정서구조를 자료화(아카이빙)하는 방법들은 이미 많다. 그러나 연출자들은 이를 디지털로 아카이빙하고 있다. 그리고 더 나아가 디지털에 그치지 않고 여기에 춤이라는 아날로그를 연결하고 있다. 또한 이 춤들은 VR 안에서 주민들의 디지털화된 몸짓으로 재현된다. 그러나 이 작품에서의 재현(re-presentation)은 현재(present)만 드러내는 것이 아니라 '오래된 미래'를 보여준다.

도시의 주름인 골목을 누비면서, 지나온 발자취와 현재의 모습을 지점토로 본을 뜨고 이를 디지털 스캐닝해서 3D 프린터로 출력한 편린들을 함께 보여주기도 한다. 그만큼 이 작품은 다층적이다. 디지털은 무게가 없다. 그러나 디지털로 아카이빙한 <부식풍경 2>에는 무게가 있다. 아니 질량이 있다. 과학적인 말은 아니지만 감만동의 본질을 담고 있는 '질량'을 느낄 수 있었다. 주름은 지기도 하지만 펴지기도 한다. 이 공연을 위해 프로젝트팀으로 모인 무용가들(허경미, 허성준, 박소희, 강민아)은 그 주름들을 찾아다니며 이를 펴나간다.

그래서 나는 이 작품의 독후감 제목에 '레가토'라는 음악 용어를 붙였다. 레가토(legato)는 '둘 이상의 음을 이어서 부드럽게 연주하라는 말'이다. 악보에는 '슬러'(slur)라는 곡선 부호로 표시된다.

쇼팽의 <녹턴> 연작을 들어보면 그 의미를 느낄 수 있다. 훌륭한 연주와 공연을 위해 사용되는 모든 기법은 적재적소에서 빛난다. <부식풍경 2>가 왜 스타카토(stacato)를 쓰지 않고 레가토 기법을 사용했는지에 대해 나름대로 생각해 본 것이다. 그 결과 부식(腐植)은 '서로 도와서 함께 서는' 부식(扶植)이 되었다.

나는 사회학을 공부하는 사람이라 나의 전공 분야로 <부식풍경 2>에 대해 말하고 싶기도 했다. 인간중심주의(휴머니즘)는 양면의 날을 지녔다. 동서양을 막론하고 근대 이전의 대다수 민중은 존엄성을 인정받지 못했다. 그러나 근대의 이성이 지닌 계몽의 목소리들이 확산하면서 인본주의의 중요성이 차츰 자리 잡게 되었다. 그럼에도 인간중심주의는 여성, 사회적 약자, 그리고 환경들을 은연중에 또는 명시적으로 사물들로 취급하면서 이들의 존재를 배제하거나 발아래 두었다. 최근 이러한 문제점들을 지적하면서 새롭게 부상하는 이론이 '신유물론'이다. 이 이론은 인간-사물의 상호작용에 관심을 둔다. 인간과 사물 간의 불평등 문제를 지적하고 이를 넘어서려는 대안들을 제시하기도 한다. 그래서 포스트-휴머니즘 이론이라 부르기도 한다. 나는 <부식풍경 2>에 이러한 문제의식이 있다고 생각한다.

VR 기기를 착용하고 디지털화된 감만동 골목길을 상하좌우 360도로 살펴보는 와중에(나는 이 과정에서 로버트 로드리게스 감독의 <알리타: 배틀 엔젤>을 떠올렸다.) 무용가 한 분이 내게 다가와 손을 내밀었다. 기기를 벗고 맞잡은 손은 바닥에 깔린 골목의 파편들로 안내한다. 나는 예술가들이 직접 본뜬 파편 하나를 집어 들었다. "이 파편에는 우리가 지점토로 본을 뜰 때의 지문이 그대로 남아있죠?"라고 해서 다시 자세히 들여다보았다.

기장의 '부산요'에서 도자기 작업을 하시는 부산의 무형문화재 김영길 사기장은 자신의 도예 인생을 결정짓게 된 계기를 '비짐눈'에서 찾는다. 비짐눈은 '그릇을 가마에 포개어 넣을 때 서로 달라붙지 말라고 그릇 사이에 괴는 작은 흙뭉치'를 말한다. 그가 어느 가마터에서 발견한 비짐눈에는 600여 년 전 도공의 지문이 그대로 남아있었다고 한다. 이를 본 후 김영길 사기장은 시제로서의 과거는 사라진 것도 아니고, 유물로서의 파편은 내 앞에 여전히 살아서 현현하고, 나아가 그 시절의 도공이 자신에게 다가오는 듯했다고 한다. 인간-사물의 교감에서 부상하는 '신유물론'의 문제의식과도 맞닿는 셈이다. 감만동의 부식 풍경도 그런 것이 아닐까? 감만동을 아카이빙하려는 노력은 자연의 분해 능력이 웃돌 때 발생하는 쓰레기들을 그나마 줄여보려는 실천이 아닐까? 감만동의 지문 역시 대대로 살아온 거주민들의 숨결이 오롯이 밴 비짐눈이 예술가의 손끝에서 다시 탄생한 것 아닐까?

공연 도중 예술가들은 공간에 '훅-'하고 숨결을 불기도 했다. '감만동 골목-골목 파편의 지점토화-지점토 조각들의 3D 프린팅-가상현실-다시 춤...'이라는 <부식풍경 2>의 순환 과정은 인간과 사물의 관계에 대해 다시 한번 돌아보게 했다. 그리고 홍 감독의 영상 작품에는 '몽타주 효과'가 있었다. 몽타주는 단순한 시간 편집이 아니다. 신제품에는 몽타주 효과가 없다. 왜냐하면 신제품에는 과거와 역사가 없기 때문이다. 더구나 신제품 속의 인간은 소비자에 불과하다. <부식풍경 2>는 생산자, 분해자, 소비자라는 생태학의 세 범주 모두를 보여준다.

아카이빙 자료는 반드시 누군가 재발견한다. 그 자료에서 반성과 성찰, 그리고 새로운 대안들도 모색할 것이다. 부식은 부패하기도 하지만 발효도 한다는 점을『부식풍경2』는 웅변한다.

아날로그와 디지털로 찍어낸 커다란 판화

– 홍석진 · 허경미의 '감만동 아카이빙 프로젝트' 〈부식풍경 2〉를 체험하다

이일래 (부산대 강사, 사회학박사)

부식풍경 2. 이번 전시 또는 공연의 제목이다. 아니 설치물과 영상, 춤이 함께 어우러지니 공연 전시라고 해야 할까? 딱히 지칭할 말이 모호한, 기존의 예술 간의 경계를 넘나드는 예술적 경험이다. 어쨌든 감만동을 간만에 떠올리게 하는 경험.

'부식'은, 사전을 찾아보면 '썩어서 문드러짐'이라고 설명되어 있다. 유의어로는 부패가 나온다. 비슷한 현상을 일컫는 말이어도 부패는 생물 등 유기물이 미생물에 의해 분해되는 것으로 생물학적 과정인 반면 부식은 금속이나 돌 같은 무기물이 녹거나 붕괴하는 물리·화학적 과정이다.

공간(space)은 인간을 만나 장소(place)가 된다. 공간은 균질적이고 추상화된 물리적인 것이지만 장소는 사람의 구체적 경험이 녹아들고 의미가 부여된 유일한 것이다. 예를 들면, 공간으로서의 우리 집은 같은 평수, 같은 형태의 집과 동일한 것으로 여겨지며, 따라서 그런 집은 여럿 있을 수 있다. 그러나 장소로서의 우리 집은 우리 가족의 삶과 추억이 담긴 보금자리라는 의미에서 크기와 형태가 같다고 해도 같아질 수 없는 유일한 것이다. 다시 말해 감만1동이 재개발된다고 해서 감만1동이라는 '공간'이 없어지는 건 아니다. 그러나 그동안 사람들이 만들어왔던 건물과 길 그리고 경험이 새겨진 '장소'는 사라진다.

전시는 재개발되면서 사라지고 있는 감만1동이라는 장소를 그려내고 있다. 전시장에 들어서서 먼저 맞닥뜨린 것은 물질의 흔적이다. 흔히 인간사를 기록한 박물관에서 볼 수 있는 사진이나 세간살이와는 달리, 건물과 바닥에 새겨진 흔적을 점토나 플라스틱으로 찍은 것이다. 무언가를 찍어내서 표현한다는 점에서 이 전시는 하나의 판화처럼 느껴졌다. 판화의 종류 중에 에칭 판화라는 게 있다. 에칭은 금속판에 흔적을 새기고 이를 부식시켜 만든다. 그런 점에서 사람들의 삶이 부식된 감만1동이란 곳에서 그 흔적을 찍어낸 판화라고 생각되었다. 판화가 그려내는 풍경은 어떤 것일까?

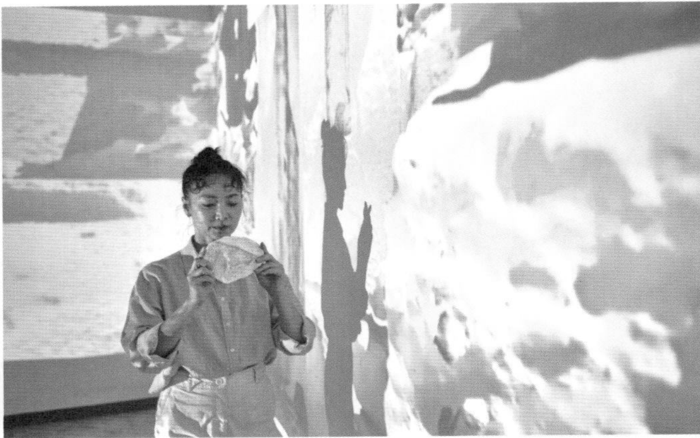

지금 파리에서는 올림픽이 막바지다. 오늘날과 같은 파리 풍경이 만들어진 것은 1853년부터 1870년까지의 파리 개조 사업의 결과다. 프랑스 시민들은 1848년 2월 혁명으로 다시 공화국을 세웠다. 그러나 새로이 대통령으로 뽑힌 나폴레옹 3세는 집권 이후 군대를 동원한 친위쿠데타를 일으켰다. 그리고는 집권을 연장하더니 민주정을 무너뜨리고 스스로 황제로 등극하였다. 마치 자기 큰아버지였던 나폴레옹이 그랬던 것처럼. 그는 시민들의 반발과 봉기를 두려워했고, 이를 막을 방책의 하나로 파리의 도시공간구조를 군대가 시민들을 진압하기 쉽도록 바꾸고자 했다. 그래서 파리시장으로 오스만 남작을 임명했는데, 그가 이를 위한 구체적인 도시 정비와 재개발 사업을 시행했다.

재개발의 핵심은 대로(大路)의 건설이었다. 영화 '레미제라블'에서 볼 수 있듯 프랑스의 혁명 시기에 시민들은 골목길에 가재도구 등으로 바리케이드를 쌓고 정부군과 맞서며 총격전을 벌였다. 과거 사람들이 살면서 파리에 자연스레 만들어졌던 좁은 골목길은 시민들이 바리케이드를 쌓아 차단하기 쉬웠던 반면 군대는 이동하기도 진입하기도 어려웠다. 그래서 오스만 시장은 골목골목이 이어주는 서민들의 주거지를 밀어버리고 개선문을 중심으로 방사형의 대로를 건설하였다. 그렇게 하여 군대가 도시 어느 곳이든 빠르게 접근할 수 있도록 만들었다. 그 때문만은 아니겠지만 그 이후 프랑스에서 혁명은 모두 실패로 돌아갔다. 아울러 그렇게 뚫린 대로변에는 아파트를 대거 건축하였다.

근대 주거지역의 특징 중 하나는 계급적 분리다. 근대 이전에는 마을이란 같은 공간 안에 지주와 농민이란 서로 다른 신분이 같이 살았다. 그러나 근대 산업도시가 출현하면서 부자 동네와 서민

동네가 나누어진다. 이 두 동네의 길은 각각 대로와 골목으로 상징할 수 있다. 잘사는 동네는 건설과 건축 계획에 따라 직선으로 난 큰길로 자가용으로 빠르게 이동한다. 반면 못사는 동네는 그때그때 집을 만들고 그 사이로 자연스레 만들어진 굽이굽이 좁은 골목길로 걸어 다닌다. 특히 한국에서 부촌은 아파트가 밀집한 대규모 단지로, 빈촌은 낡고 좁은 주택이 다닥다닥 맞붙은 산동네로 상징된다. 대로와 아파트는 주거와 이동의 기능적 효율성을 중시한 공간 형태다. 그렇기에 다른 삶과의 소통은 최소화된다. 예를 들어 자동차로 빠르게 지나다 보면 사람과 풍경은 스쳐 지나가는 배경일 뿐이다. 하지만 느리게 걸어 다니면 사람과 풍경을 만나고 소통하기도 한다. 또한 아파트에서 다른 집의 소리는 층간 소음이 되지만, 골목에서 담벼락을 넘나드는 소리는 사람 사는 냄새가 된다.

전시에서 담고 있는 것도 바로 골목을 중심으로 한 마을풍경이다. '부식풍경 2'는 장르의 경계뿐 아니라 아날로그와 디지털, 실제와 가상의 경계를 넘나들며 이를 그려낸다. 전시는 물질적인 것에서 시작되지만 이내 곧 이미지로 전환된다. 춤과 영상이라는 역동적인 이미지다. 그리고 평면적 이미지에서 VR(Virtual Reality)의 매트릭스로 사람을 이끈다. 그곳에서는 과거와 현재, 사실적인 것과 상상적인 것이 뒤섞인 시각적 경험을 하게 한다. 감만동 어딘가 있을 것도 같고 없을 것도 같은 풍경이다. 유토피아는 '지금 여기(now here)'이자 '아무 데도 없는(no where)' 곳이라고 했던가. 가상 속을 방랑하다 보니 그 속에서 보았던 그리고 내게 와 말 걸던 사람이 어느덧 눈앞에서 손을 내민다. 손을 잡고 보니 진짜 사람이다. 롤플레잉게임처럼 '일어나세요, 용사여'라고 말하는 듯하다. 여기서 가상으로 들어간 건지, 가상 속에서 여기로 들어온 건지 헷갈린다. 호접지몽(胡蝶之夢). 그런 점에서도 전시는 경계를 넘나드는 경험을 준다.

VR에서 보았던 풍경이 인상적이었던 것은 하늘, 마을, 땅이라는 중층성이다. 눈을 둘러보면 부식해가는 골목이 사방팔방으로 뻗어 있다. 감만동 아카이빙이라는 말을 들었을 때 내가 상상할 수 있는 것은 여기까지였다. 그러나 고개를 들면 이전에도 그랬고 지금도 그리고 앞으로도 그럴 파란 하늘이 눈부시게 빛난다. 무엇보다 무릎을 탁, 치게 만든 것은 고개를 숙이고 아래를 봤을 때 본 잎이 무성한 나무와 그 나무가 뿌리 내린 흙바닥이다. 도시의 시멘트와 아스팔트 바닥이 아니라. 사람이 마을을 이루어 살기 이전에 감만동 언덕배기는 나무와 풀이 그리고 여러 짐승이 무리 지어 살아가던 곳이었을 것이다. 건물과 도로 같은 건조물들은 인간의 기억만을 떠올리게 한다. 그러나 전시는 가상시각 기술의 힘을 빌어 인간 이전의 지층을 덧붙여 깔아두고 그것을 상상하게 한다. 이렇게 중층적 판화는 한층 더 생각의 깊이를 더하게 한다.

영원한 건 절대 없듯, 그곳 마을이 영원토록 불멸하길 바라는 것은 인간의 욕심이다. 그런 뜻에서 생각해 보면 그렇게 부식되어 사라지는 것도 당연한지도 모른다. 그리고 애초에 그곳엔 인간 이전

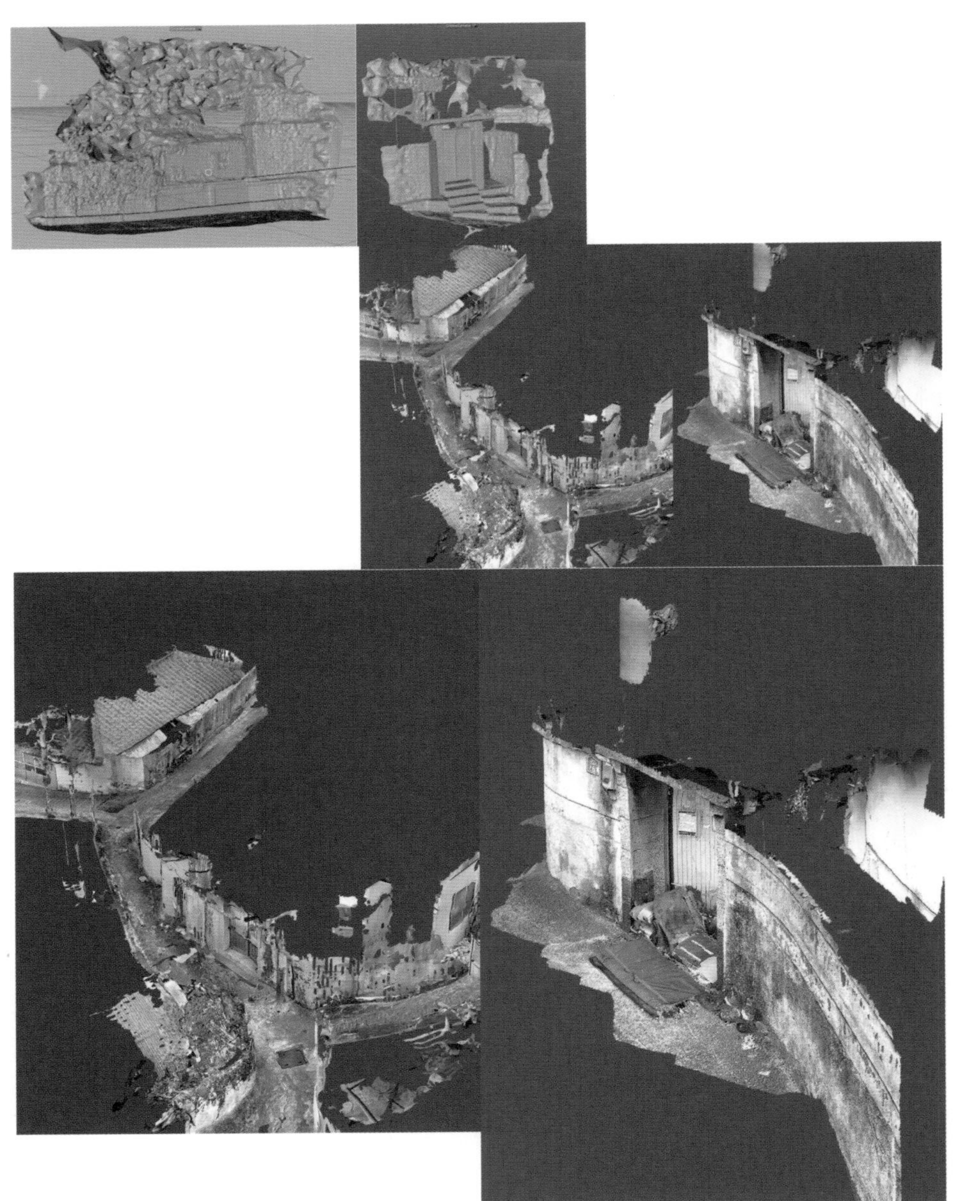

의 시간도 녹아있다. 그렇다면 죽음은 새로운 탄생을 의미하듯, 우리가 고민해야 할 것은 그곳에 새롭게 만들어질 장소는 무엇이며 어떤 의미를 지닌 것인가 하는 점이다. 그러나 안타까운 마음이 드는 것은 대규모 아파트 단지가 들어서기로 이미 되어 있기 때문일지도 모른다.

'부식풍경 2'는 커다란 판화다. 작가가 찍어낸 풍경이 커다랗다고 하는 이유는 마을 하나를 찍어냈기 때문만은 아니다. 거대한 판화이기도 하지만 그 속 생명 각자의 삶이 위대하기 때문이다. 이런 생각에 다다르자 젊은 시절 자주 불렀던 민중가요 '청계천 8가'의 한 자락이 떠오른다.

> *"술렁이던 한낮의 뜨겁던 흔적도 어느새 텅 빈 거리여. 칠흑 같은 밤 쓸쓸한 청계천 8가.*
> *산다는 것이 얼마나 위대한가를."*

부식으로 사라짐을 위로 받다

허경미 (무용가, 안무가, 허경미무용단 무무 대표)

원한다면 언제든 가서 볼 수 있고 너무도 평범한 일상의 모습과 풍경이라 특별할 것도 없지만 그 한 허리를 베어내어 전시공간에서 다시 들려다 봤던 감만동의 풍경, 작품 <부식풍경>.

"공연을 보며 감만동을 보고 있는데도 감만동이 그립다는 생각을 했어요"라고 시연회를 보고 어떤 관객이 말씀해 주셨다. 아마도 굳이 들여다보려는 이번 작업의 의지와 이유를 읽어주신 것이리라.

2017년 감만동을 주제로 한 첫 작품 <감만기억>에 퍼포머로 참여하셨던 한 주민 어머니가 작업 과정과 감만동 일대를 담은 워크북을 받아보시고는 "이 책 한 권 갖고 있으면 이제 감만동 떠나도 서운하지 않겠다"하시며 울먹이던 모습이 아직도 생생하다. 살고 있는 집보다 빈집이 더 많은 현재 감만동 일대는 당장 내일이라도 철거당할 것 같았던 동네가 이권 다툼으로 개발이 주춤하고 있다. 그 시기가 지지부진할 뿐 사라질 운명에는 변화가 없지만, 그 덕에 허물림의 마음 준비 시간을 벌어놓은 골목들의 담과 오래된 집들은 그 운명을 부식으로나마 위로받고 있는 듯한 풍경을 자아내고 있다. 작업자들과 사라질 집들의 벽면을 지점토로 일일이 뜨며 감만동의 풍경을 담은 책 한 권에 위로를 받으시던 집 주인에게 집의 흔적을 기록한 이 부식 조각을 전해 드릴 기회가 있으면 좋겠다고 생각했었다.

감만동이라 불릴 수 있는 이유는 어디에 있을까? 고유성 말이다. 허물어버린 감만동은 지형은 남겠으나 지물은 사라져 버린다. 그 지물들은 사람들의 온기가, 개개인의 역사가 켜켜이 축적되어 만들어진 또 다른 지형이고 고유성이다. 이번 작업을 통해 그 허물어져 가는 지물들을 직접 손으로 어루만지며 감만동을, 그것에 흡수되어있는 시간을 촉감할 수 있었다. 제대로 감만동을 만난 것이다. 그 감각을 어쩌면 감만동의 존재조차 의식해 보지 못했을 춤꾼들(강정윤, 강민아, 강건, 박소희)과 함께 할 수 있어 더욱 좋았다. 마치 은밀한 비밀을 공유한 듯한 느낌이랄까. 내가 세 번째 작업을 거치며 감만동에 정이 흠뻑 들어 사라질 그 풍경을 눈에 담아 놓으려 애쓰는 것처럼 그들도 그랬으리라 추측해 본다.

부식이 사라짐의 여운을 담고 있듯 우리의 작업으로 감만동과의 이별을 작품 <부식풍경 2>의 여운으로 오래도록 담고 싶다.

부식되는 것은 감만동만이 아니다

허성준 (무용가, 안무가)

전시실에 들어와 안내자의 말에 따라서 바닥에 떨어져 있는 조각들을 바라보며 의문을 품는다. 감만동의 구석구석, 사람들의 발길이 뜸해지고 온기가 식어간 장소들, 이제 곧 차근차근 허물어질 운명에 처한 장소들을 찾아내어 조그만 틀로 찍어내 만든 조각들에서 나는 무엇을 보아야 하는가? 나는 곧바로 이 질문에 대한 답을 찾을 수는 없었다. 하지만 이 질문에 대한 답은 공연이 끝날 즈음, 바

닥의 조각을 바라보고 감만을 바라보던 시선이 나 자신에게로, 그리고 현재를 살아가는 우리에게로 옮겨지면서 찾게 되었다.

전체적으로 작품을 다시 곱씹어보았을 때 유의미하게 느껴진 것은 예술가들이 작업자로서 주제에서 의미를 찾고 표현해내는 형식이 관람자의 요구에 상당 부분 부합한다고 느껴지는 점인데, 간단히 얘기하면 재미와 볼거리, 메시지와 의미까지 골고루 균형을 맞추어 구성되어 있다는 것이고 작품의 마지막까지 그러한 요소들의 균형이 흐트러지지 않고 끝맺음 된다.

<부식풍경 2>의 안에는 일순간 관람객의 감정을 폭발시켜 감동을 자아내는 에너지는 없다. 하지만 이 작품은 감만동의 빈집들과 좁은 골목들 사이에서 춤을 추는 무용수들의 움직임을 담아낸 첫 번째 영상을 시작으로 무미건조한 감정으로 전시실에 입장해 작품을 관람하던 나에게 조금씩 내적인 마음의 동요를 일으키며 서서히 미세한 균열을 일으켰고, 작품이 끝날쯤에는 어느샌가 그 미세한 균열들 사이로 이 작품의 의미가 나의 안에 깊숙이 스며들어 와있다는 느낌을 받는다.

작품의 어떤 요소 하나가 힘이 강하거나 약하여 균형이 잡히지 않았다면 이러한 감정을 느끼기 힘들었을 것이다. 사실 나 또한 작업자로서 이러한 균형을 잡기가 상당히 어려운 일이라고 생각하는 것이 작품을 만들다 보면 표현과 형식이 주제와 의미를 앞서나가거나 힘이 더 실리기 십상이기 때문이다. 표현에 강하게 힘이 들어가면 좋게 말해 예술적이라고 할 수 있는 작품이 만들어질 수 있고, 형식에 집중하면 개념적인 결과만을 얻게 될 가능성이 높다. 주제와 의미를 강조하면 마치 감상자에게 이해를 바라듯이 감정적인 부분만을 자극하기 쉽다. 하지만 <부식풍경 2>는 그러한 불균형이 느껴지지 않았다. 작품 안의 요소 중 어느 것 하나 앞서지 않고 서로를 받쳐주며 함께 앞으로 나아간다.

모든 장면을 다 이야기할 순 없지만, 작품의 흐름에 따라 인상적이었던 것을 말해보자면 첫 번째 영상은 경험자로서 어느 정도 예상을 하고 보아도 시선을 계속해서 사로잡는다. 세심하게 고른 듯한 촬영장소들 때문에 그러하고 간단해 보이지만 오히려 효과적이었던 영상 편집 때문에 그러하다. 특히 슬로우모션의 효과나 한 장소에서 무용수의 움직임을 3컷으로 분할하여 조금씩 시점을 바꾸어 하나의 화면에 띄우는 것, 그리고 무용수는 보이지 않지만 벽에 비친 무용수의 그림자를 보여주는 그런 장면들이 인상적이었다. 이윽고 영상이 끝난 후 무용수들과 함께 다시 한번 더 떨어져 있는 조각들에 시선을 옮겼는데 그것들을 직접 손으로 만져보며 들어보고 무용수들과 조각에 대해서 간단한 이야기도 나누었지만 나는 여전히 그 조각들을 어떻게 바라봐야 하는지 알 수 없었다.

VR은 처음 경험해보는데 감만동을 조망해서 보는 듯한 경험이 꽤 재미가 있었다. 그런데 분명 가상의 세계에 만들어진 감만동을 보는데도 인간적인 향이 느껴지는 것은 어떤 이유 때문이었을까.

무용수들의 움직임 장면은 나에게 있어서는 가장 깊이 다가온 장면이었는데, 우선 첫 번째 영상에서 느껴졌던 무용수들 개인의 움직임과 감만동이라는 공간의 간극이 작품이 흐르면서 비로소 이 마지막 순간에 메꾸어진다고 느껴졌기 때문이다.

영상에서 간간이 감만동과 무용수들의 틈이 발생하며 떠다니듯 행하던 움직임들이 나의 눈앞에서는 간결하고 명확한 의미를 가지며 현실성을 회복하면서 이 공간에 안착했다. 그리고 단연코 가장 의미 있다고 느껴졌던 순간은 무용수들 개개인이 관람객들의 몸에 조심스레 손을 얹는 부분이었다. 무용수들의 손이 나에게 닿기 전의 이 작품은 그저 단순히 감만동이라는 공간, 그리고 그곳에서 작업한 예술가들이라는 느낌이고 그럼으로써 이 공간에서 펼쳐지는 이 이야기는 그저 '당신'들의 이야기라고 할 수 있었다. 하지만 작품의 흐름이 겹겹이 쌓이고 비로소 나에게 무용수들의 손이 닿는 순간 이 이야기는 '우리'의 이야기가 되었고, 결국 '나'의 이야기로 전환된다.

이윽고 이런 생각이 나에게 스며들었다. 부식되어가고 있는 것은 감만동만이 아니었구나. 그 손길은 나도 모르는 사이에 부식되어가고 있었던 나의 존재를 조심스레 쓰다듬어 주는 손길이었다. 모든 것의 존재 가치가 필요성에 의해 결정되는 현시대에 어쩌면 감만동과 우리의 상황이 다르지 않다는 생각이 들었다. 단지 지금은 감만동이 먼저 가는 것뿐이다.

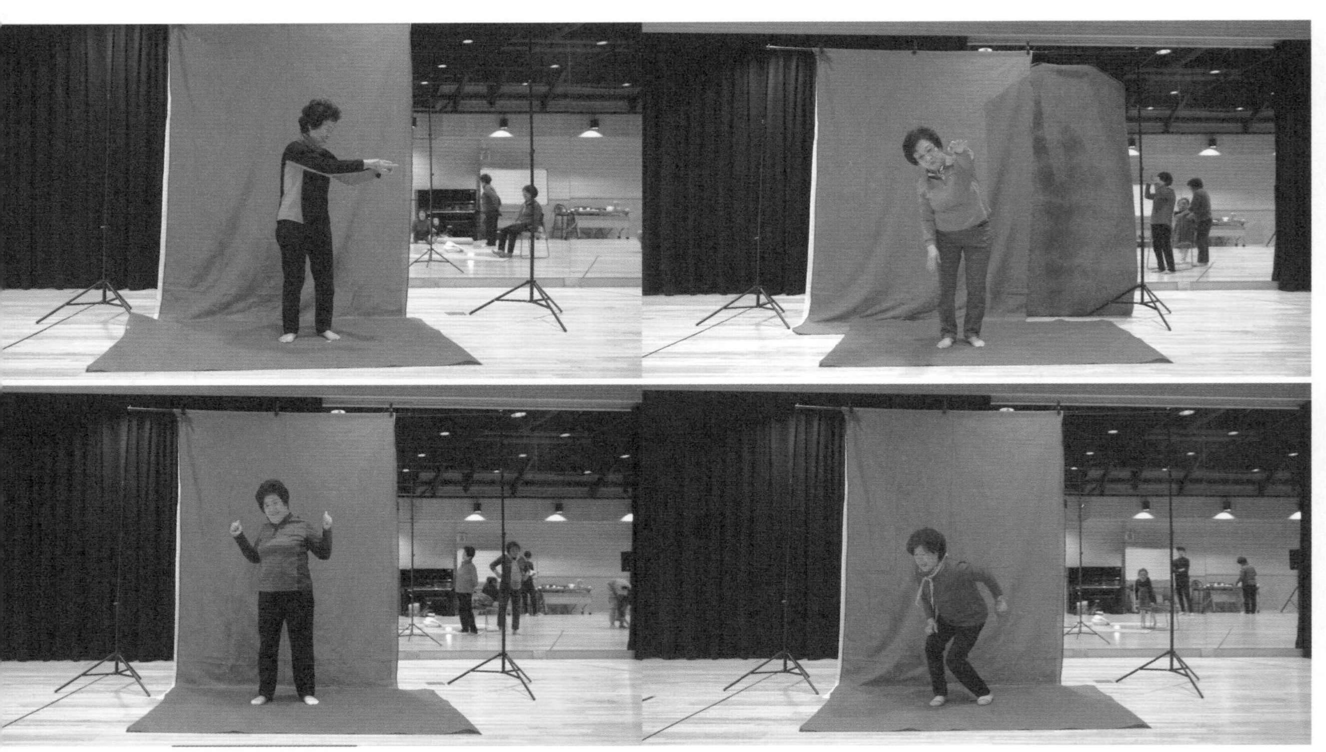

진홍스튜디오와 허경미무용단 '무무'가 사라져가는 마을을 기록하는 데서 그치지 않고 거기 살았던 사람들의 일상과 기억을 다양한 감각으로 느낄 수 있게 해주었다. 보고 만지고 듣고. 체온이 느껴졌다가 희미해지기도 하고. 그러면서 점점 마을이 사라지고 있다는 것이 실감 났다. 결국 무용수분들과 마을 사람의 음성에서 무너졌다. "우리 마당은 과수원이었지(은유적 표현, 그만큼 여러 과실이 많이 열렸다는 의미일 것)", "여러 군데 이사 다니다가 장만한 내 집이었지"...... 필기한 것이 아니라서 멘트가 정확하진 않지만(이런 뉘앙스였던) 이런 이야기들을 들으니 어린 시절 10년 넘게 살던 옛집이 떠올랐다.

지금은 흔적도 없이 사라져 버린 조그만 그곳. 그 조그만 마당에서 꽃이 피고 가을이면 홍시가 열렸고, 그 조그만 방에서 나는 매일 꿈을 꿨다. 지금 생각해 보면 그곳이 나의 우주였는데, 온 우주만큼 큰 곳이었는데, 이제 나는 어느 행성에 떨어져 돌아갈 우주를 잃은 미아가 되었다. '이곳 사람들도 우주를 잃겠구나' 하고 생각하니 슬퍼졌다. 그런데 이곳 분들은 나완 다를 것이다. 부식풍경 영상 속 마을 모습과 주민분들의 몸짓을 녹여낸 안무와 주민들의 육성이 남아있으니까. '그래도 이분들은 이러한 기록이 있어 되새길 수 있겠구나' 생각했다.

기록은 위대한 일이다. 필요로 하는 사람에게는 물론이거니와, 그걸 보며 삶터를 쉽게 지우는 것에 대해 다시 생각게 해주니 말이다. 사라지는 것은 막을 수 없어도 기록하는 일은 멈추지 말아야 한다. 바로 이분들처럼.

- 하은지 (부산근현대역사관 주무관)

한 회차당 단 네 명의 관객만을 받는 공연. 수익 창출을 떠나서 작품을 많은 사람에게 소개하고 싶을 텐데 그런 욕망을 정면으로 거스른다. 하루 네 차례, 5일 동안 총 80명의 경험을 위해 상상하기 힘들 오랜 작업 시간과 현장에서의 무용수들의 피로를 견뎌냈다. 미디어아트 디지털 VR과 아날로그 춤의 협업으로 채운, 부식된 감만동 아카이빙 프로젝트 <부식풍경 2>는 소멸하는 마을을 어떻게 기록하고 기억할까.

댐 건설로 사라지는 마을을 담은 2007년 영화인 지아장커의 수작 <스틸 라이프(지금까지 본 영화 중 첫손 꼽는 엔딩씬>와 재개발로 사라지는 강지현 작가의 을지로 풍경, 그리고 이 공연. 주민 대부분이 떠나고 폐허가 된 동네. 폐허마저 재개발로 사라질 마을. 그 흔적 곳곳을 지점토로 본뜬 현재의 파편과 3D로 만든 미래의 파편이 허공에 매달려 있다. 기억의 시뮬라크르라 부를까. VR로 감만동 골목길을 지나고 뿌리 뽑힌 채 흐드러진 아름다운 꽃, 속절없이 사람은 떠나고 낡은 집만 남았다.

텅 빈 골목길에 무용수들이 나타나 한 때 그 마을에 살았던 사람들이 되어 부유했다. 손을 내밀어 내 손을 잡고 감만동으로 이끌고 무용수의 춤사위가 감정선을 툭...... 하염없이 눈물 흘렸다. 신파도 아닌 담담한 무용에서 눈시울이 데워지는 순간 어떤 문장이 떠올랐는데 기억나지 않는다. 사라지면 어떤가, 덧없는 공간에 사건이 있었다. 시간이 흐르고 그 공간에서 다른 사건이 생긴다. 그러니까 공간은 여러 개의 사건을 기억하고 있다. 시간이 지나면 사건은 사라지지만 장소는 거기에 머문다. 사람은 그 공간에 이야기를 남겨두고 잠시 머물다 떠나고 사람이 떠난 뒤에도 공간은 남는다. 새 건물이 들어서고 다시 폐허로 사라져도 공간은 남는다.

- 권명환 (해동병원 정신건강의학과 의사)

예술이 뭔지는 잘 모르겠지만 내가 애정하는 예술가들은 대개 존재 자체의 아름다움을 집요하게 들여다본다. 그래서 이들은 오래된 것을 사랑하고 찾아다닌다. 꼭 오래된 무언가에 혼이 있다고 믿는 것처럼 각자의 예술적 방식으로 그 오래된 무언가랑 대화하더라.

오늘은 홍석진 감독의 <부식풍경 2>을 관람했는데 재개발로 사라져가는 감만동의 기억을 무용으로, 소리로, 영상으로 담았다. 허경미 선생님의 안무 실력이야 뭐 더 말할 것 없고.

예술, 그중에 무용에 제일 똥눈이라 논평할 처지는 안되고 다만 오늘 관람하다가 꼭 현대판 굿 같다는 생각을 했다. 사라져가는 동네를 위해 지내는 천도재(薦度齋). 부디 좋은 곳으로 잘 떠나시오! 감만동 이야기여, 대추나무여, 재래시장이여, 벚꽃길이여, 할머니들이여!

- 고윤정 (영도문화도시센터장)

'사라져 가는 것들에 대한 조사(弔辭)'

그냥 바라만 보는 공연에 익숙한 관객이라면 매우 낯설고 당황스러운 공연이었을 것이 틀림없다. 허경미 무용단의 몸짓과 홍석진 감독의 영상이 콜라보 된 <부식풍경 2> 공연이 그렇다. 영상무(影像舞)라 해야 할지? 장르를 특정하기 어렵게 몸짓, 대사, 영상, VR에 관객과 공연자의 경계마저 허문 참여 몰입형 공연으로 40분 동안 마치 성(聖)과 속(俗)의 시공간을 넘나들듯 관객을 몰입시킨다. <부식풍경 1>과 마찬가지로 개발이란 이름으로 철거되어 사라져 가는 어느 마을의 이야기다.

주민이 떠나고 철거를 기다리는 버려진

집들 사이로 너울대는 초혼의 몸짓. 폐허의 공간에 집과, 그 집에 살던 사람과, 그 사람들의 오랫동안 곰삭았던 이야기가 산란하다 사라져 간다. 사라져 가는 것들의 기억 끝자락을 부여잡듯 흔적의 파편들을 석고로 뜨고 다시 3D 프린터로 출력해 바닥에 진열하고 공중에 매달았다. 사람들이 살면서 남긴 흔적의 기억이자 진혼곡이다. 무용수 손에 이끌려 그 흔적의 파편들 사이에 남아있는 추억으로 들어간다. 콘크리트나 시멘트 구조물의 감만동은 그렇게 커피에 녹는 각설탕처럼 사라져 갔지만, 사람 살던 기억과 온기는 오래된 숲처럼 길이길이 살아남을 것이다.

집이 사라지는 것은 집에 얽힌 기억들마저 사라지는 것! 누군가에게는 생애 첫 집이었을 지도 모를, 거기서 자식들 낳고 키우고 떠나보냈을 그 공간이 가뭇없이 사라져 가지만, 그 기억들마저 사라져 가지는 말라는 간절한 기도고 발원이고 제의(祭儀)다. 개발이란 이름의 철거로 오래 살던 집을 떠나는 이주민들의 공간과 흔적, 그리고 그것을 기억하고 복원하는 방식에 대한 몸짓이자 영상 기록이다.

홍석진과 허경미의 다분히 철학적인 실험이 언제 끝날지 모르지만, 늘 박수를 보낸다!

- 김태만

(한국해양대 교수, 前국립해양박물관장)

산 사람은 참 뜨겁구나.
둘은 더욱 뜨겁구나.
내가 느낀 우리 부모의 마지막 온기.
이 하얀 조각들은 나의 뼈일 것인데,
살들은 어디로 갔을까?
감만의 부식, 나도 부식 中.
그들이 무너질 때 나도 무너진다.
털썩. 털썩. 털썩.
나의 오래된 고향 집도 무너지고 있겠지.
음각된 (사물들의) 사진.
이것은 전봇대 흔적이란다, 이것은 누전차단기.
이것은 뭔지 모를 감만의 흔적.
우주라고 적힌 한 조각 발견.
이 우주는 왜 여기 조그맣게 남았을까.
많은 상념이 앞뒤 없이 속에서 휘몰아친다.
그냥 논리적이지 못한
그래서 설명하기 어려운 슬픔이 찾아왔다.
그냥.
부식되어 흩어지고 소멸하여
또 다른 모습이 되는 것.
...

- 박병민 (사진작가)

워킹감만

2023

‘워킹감만’은 2023년 12월 22일(금) 저녁 7시 30분 부산문화재단 사랑방 갤러리 1층에서 열린 런칭 쇼케이스와 함께 오픈한 웹사이트 프로젝트이다. 감만동이라는 장소를 무용, 댄스필름, 스톱모션 애니메이션 등을 사용해 아카이빙하고 감만동 주민들의 기억과 역사를 소재로 웹페이지를 구축했다. (walking-gamman.com)

〈워킹감만〉을 기획하며 (홍석진)

<워킹 감만>은 재개발로 인해 없어질 마을을 스트리트뷰를 사용하여 예술적으로 아카이빙하고 온라인 공간에 배치함으로써 영구적으로 보존하려는 프로젝트이다.

구글이 생각하는 중요한 도시 혹은 중요한 도로가 아닌 감만동의 작은 골목들까지도 모두 스트리트뷰로 아카이빙하여 감만동의 기억과 역사를 보존하려고 한다. <워킹 감만>은 감만동의 모든 골목을 아카이빙하는 동시에 예술적으로도 아카이빙하려고 한다. 무용, 댄스 필름, 스톱 모션 애니메이션 등을 사용하여 예술적으로 감만동 주민들의 기억과 역사를 보존하고 웹페이지를 구축함으로써 많은 사람이 지속적으로 접속하여 감만동을 경험할 수 있도록 했다.

자주 강조하는 말이지만, 현대의 도시는 기억상실증에 걸렸다. 재개발이 확정되면 기존의 마을은 흔적도 없이 소멸되고, 폭력적인 방식으로 과거와 단절된 마을이 건설된다. 결과적으로 역사적, 문화적 문맥은 끊어진다. <워킹감만>은 감만동의 연속성을 살려 감만동의 과거, 현재와 미래를 연결하고자 한다.

연출/기획: 홍석진
조연출/주민인터뷰: 김보민
영상 안무/출연: 뽕잡화점(박소희, 정승환)
영상 출연: 박소희, 정승환, 강건, 배진아, 허경미, 이제형, 이설
로드뷰 제작: 김기석
음악: 천세훈
360도 촬영: 김기석, 김보민, 조완준

WALKING GAMMAN
ABOUT
MAP
ARTIST
Dance Film

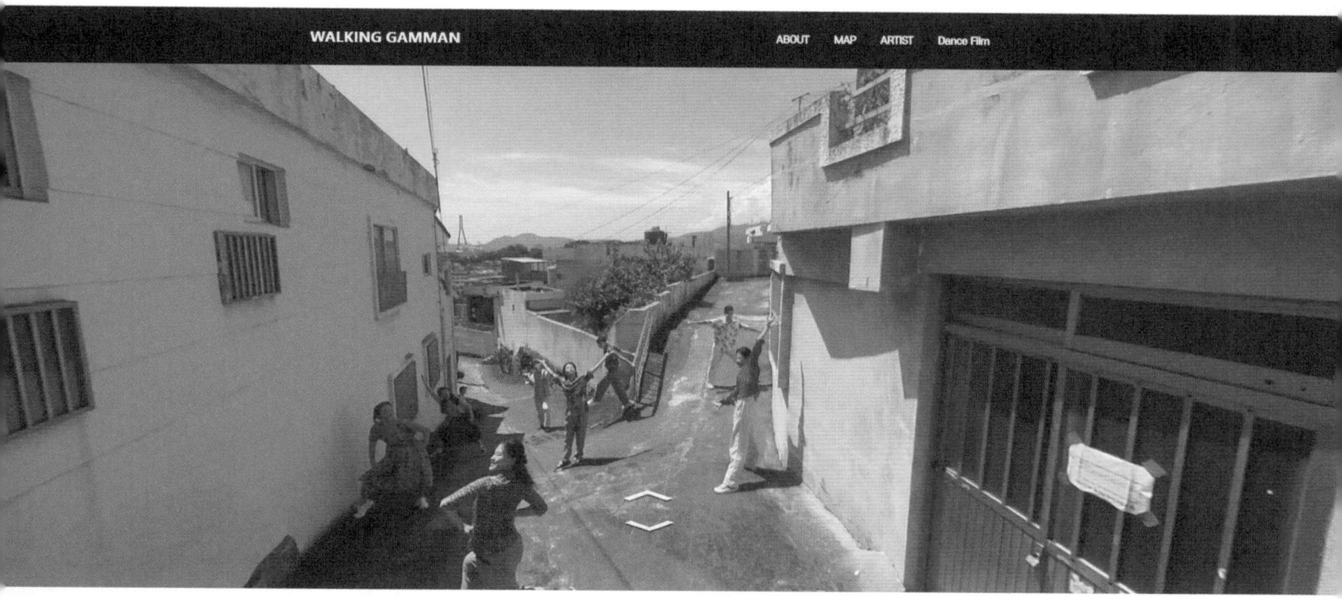

WALKING GAMMAN

ABOUT MAP ARTIST Dance Film

저 바다가 없었다면

어반쉘

2023

<어반쉘 Urban Shell>은 2023년, 재개발 사업으로 사라지고 있는 부산 감만동을 16분 30초 분량의 VR 작품을 비롯해 모션그래픽, 무용 등의 다원예술적 방법을 통해 온라인 공간에 아카이빙한 프로젝트다. (urbanshell.co.kr)

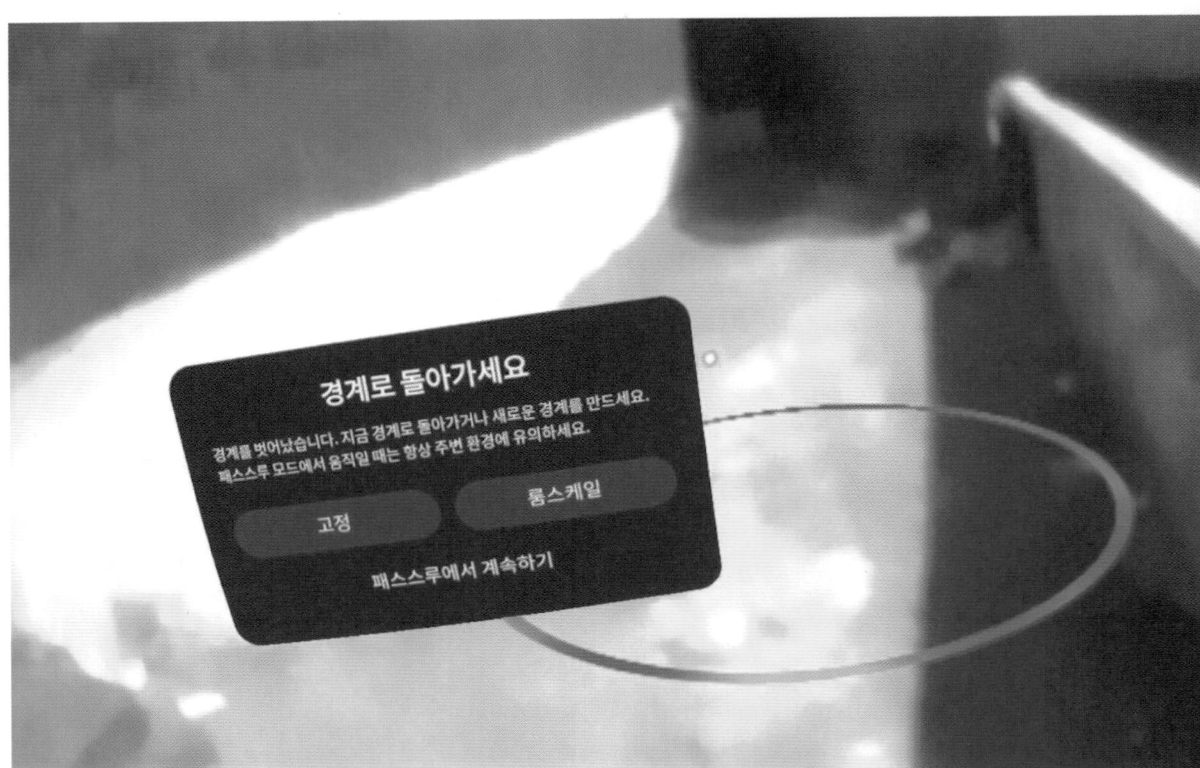

<어반쉘>을 기획하며 (홍석진)

<어반쉘>은 재개발로 인해 없어질 부산 감만동을 예술적인 방법으로 아카이빙하여 온라인 공간에 배치함으로써 영원히 보존하려는 프로젝트이다. 재개발과 함께 갑자기 사라지고 과거와 단절되면 결과적으로 그 지역의 역사적, 문화적 문맥은 끊어진다. 이런 현상에 대한 성찰을 위해 우리는 재개발이 예정된 부산항 배후지인 감만동 지역의 과거, 현재 그리고 미래에 연속성을 부여하고자 이번 프로젝트를 기획했다. <어반쉘>은 예술적인 방법으로 재개발로 인하여 없어질 감만동을 VR, 모션그래픽, 무용을 이용하여 아카이빙하고 재구성하여 그 결과물을 온라인 공간에 보존함으로써 감만동 주민 및 많은 사람이 계속해서 감만동을 방문할 수 있도록 기획했다.

연출: 홍석진
조연출: 허경미
안무/출연: 이종윤, 조은정, 하현봉
VR: 김기석
3D 스케닝 및 모델링: 김보민, 조완준
음악: 김프로

부식풍경 1

2022

2022년 11월 3일(목)부터 6일(일)까지 해운대문화회관 제2전시실에서 열린 멀티미디어 이머시브(Multi-Media Immersive) 공연으로 1일 5회, 회당 4명의 관객과 함께 50분의 공연을 진행했다.

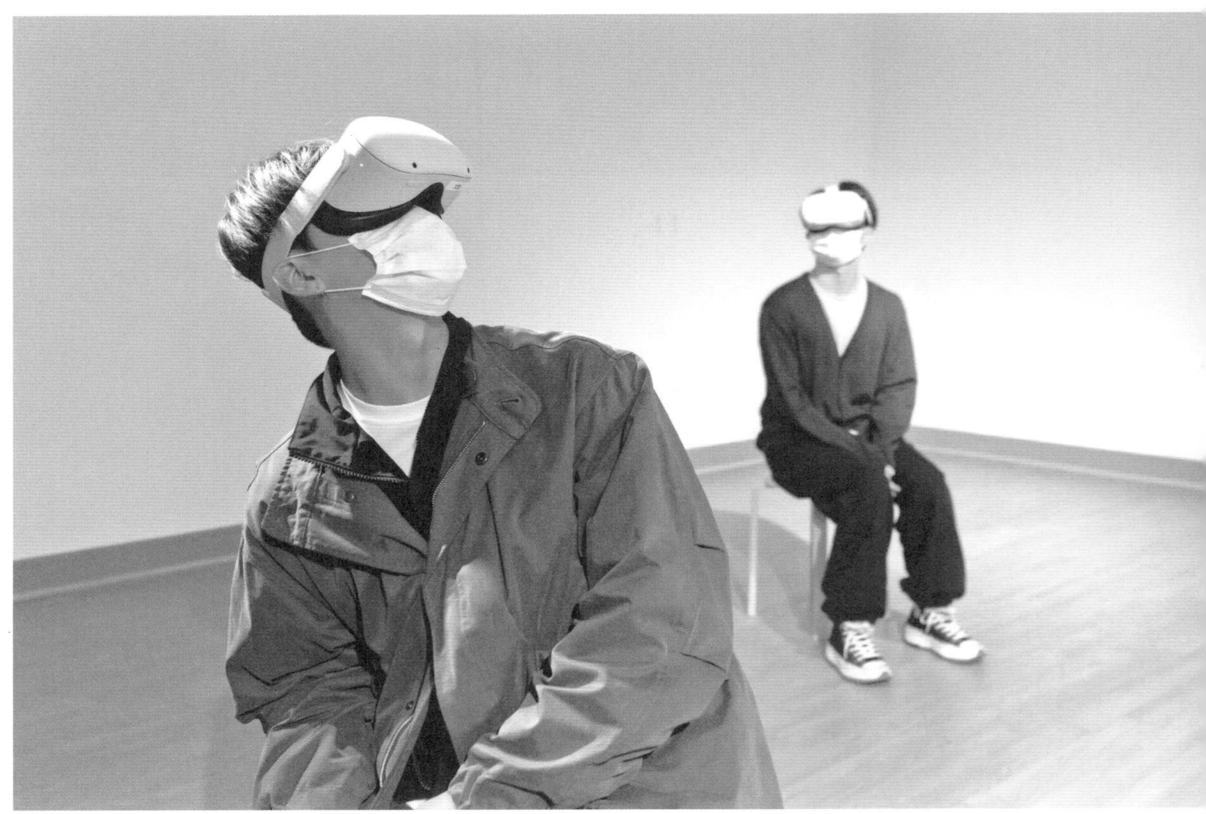

연출: 홍석진
조연출/안무/출연: 허경미
안무/출연: 박정윤, 강건, 박소희, 강민아
VR/모션그래픽: 김기석
작곡/편곡: 안성환
촬영/지점토 조각/ 3D 스캐닝: 김보민, 조완준

1.

강건 (무용가, 안무가)

어느 자그마한 카페에서 첫 미팅을 가졌던 기억이 문득 떠올랐다. 멀티미디어 이머시브 공연이라는 글귀가 조금은 생소했지만, 연출의 기획 의도와 목적을 간결하게 프레젠테이션으로 이해할 수 있었고 주변을 돌아보던 찰나 몇몇 흰색 조각들을 볼 수 있었다. 감만동의 부식된 공간을 본뜬 조형물이라는 설명을 들었고 첫 연습 시간을 회상해 보면 감만창의촌 연습실과 감만동 골목들을 돌아다니며 평소 알지 못했던 감만동의 역사성과 시간성을 느낄 수 있었던 것 같다.

연습의 회차가 거듭될수록 공연 취지에 대한 이해도 및 경험으로 개발되는 진정성과 몰입력이 행위자들에게 체화되고 무르익어 가는 과정들이 체험으로 발전되었다. 한 장르의 예술을 뛰어넘어 다원예술 형태의 공연으로 흥미로운 요소들과 발전 가능성을 모색할 수 있었고 VR이라는 가상공간으로 더해진 감만동의 부식풍경을 보니 몇 개월 동안 직접 감만동을 돌아다니고 골목골목 부식 조각들을 만든 시간과 움직임의 기억들이 생동감 있게 오버랩되었다.

공연 전 느낀 점으로 연출의 의도와 목적성을 무용수들과 스태프들이 경험을 나누고 공유하며 하나가 되어 공연의 안정감을 줄 수 있겠다고 생각하였다.

소수의 관객들에게 쇼잉형태로 공연을 실연한 결과 멀티미디어 이머시브 공연의 취지에 맞게 관객체험공연으로 회차별 관객과 무용수의 호흡 그리고 공연 느낌이 다채롭게실연되어져 서로에게 흥미로운 작업이지 않았나 싶다.

이처럼 해운대문화회관 전시실이라는 장소특정적인 곳에서 설치미술과 영상 그리고 무용수들의 공연이 함께 어우러졌던 만족스러운 작품으로 이 경험을 살려 이후 실연되어 질 부식풍경 작품에서 기존에 미흡했던 부분들을 수정 보완하여 더욱 완성된 작품가능성을 기대한다.

질 높은 기획공연으로 감만동의 역사를 뒤돌아보았고 이 작업을 시발점으로 삼아 다양한 공간에서 이와 같은 형태의 공연들과 결과물들이 재생되어 살아가는 공간과 풍경들을 소중히 생각하고 자신을 되돌아볼 수 있는 시간 그리고 기억이 되기를 바란다.

2.

강민아 (무용가, 안무가)

무용수에게 움직임의 이유는 중요하다. 팔 하나를 들더라도 스스로 내가 왜 이 팔을 들고 있는지에 대한 이유가 충분하다면, 움직이는 순간에 더욱 집중할 수 있다. 음악에 맞춰 팔을 들어야 한다면, 그 음악이 이유가 되기도 하겠지만 작품 전체에 대한 이해가 없이는 더 깊은 작업을 함께하기 힘들다. 그렇기에 예술적 작업을 할 때 팀원 간의 공유가 굉장히 중요하다고 생각하는데, 부식풍경 작업을 함께 하며 주제를 포함해 연속적으로 작업하는 이유가 공유되어서, 작업 내내 더욱 진심으로 함께하게 되었다.

오래된 집에서 사는 것과 신축 아파트에 사는 것은 편리함의 정도가 다를 것이다. 하지만 자본의 흐름에 의해 재개발을 무조건 옹호하는 이들이 이 작품을 보면 많은 생각을 하게 될 것 같다. 동네가 싹 바뀌고 멋진 아파트단지가 들어설 때 전에는 보지 못하였던 이면의 씁쓸함이 있었다. 어린 시절 잊고 있던 옛날 동네의 모습이 떠오르기도 하였고 미디어 파사드를 통해 현재를 과거로 느껴지게 하는 아련함이 있었다.

감만동 구석구석을 다니며 감만동의 현재 모습을 지점토로 꾹꾹 눌러 담았다. 직접 손으로 하는 수집 활동을 통해서 물질적으로 부식되어가는 감만동의 모습을 마주할 수 있었다. 우리의 손이 전시장에서 직접 관객들과 접촉하는 지점과 연결되어 부식된 풍경들을 따뜻한 온기와 함께 전해줄 수 있었다. 기술과 예술의 단순한 병치가 아니라 기술을 활용하여 사람들의 마음에 울림을 주려는 방식에 대한 고민이 보였다. 지금의 기술은 담지 못하는, 따뜻한 인간의 감성을 한 스푼 추가한 것이 관객 입장에서도 받아들이기 편해 보였다.

또한 무용수 입장에서도 관객들이 끝까지 편안하게 작품을 관람할 수 있음에 안도했다. 무용수들의 접촉을 통한 이끎이 좋았고 그것이 곧 기술이 나아가야 할 방향이라고 생각한다. 부식되는 주민들의 추억과 그들만의 문화가 누군가에게는 고려대상이 아니었다는 것이 씁쓸하기도 하면서, 그것이 현실이고 자본의 흐름이라는 사실에 납득이 되었다. 그렇기에 우리가 감만동의 부식풍경을 기록한 이 작업에 다시 한번 가치를 두고 싶다.

감만동의 현재 모습은 완전히 없어지겠지만 주민들의 추억은 그들의 가슴속에 깊이 전해져온다. 또, 아트 필름, 아카이빙 북 등 예술작품을 통해 그들이 보고 싶을 때 언제든 열어 볼 수 있을 것이다. 단순히 역사를 기록하는 것을 넘어 새로운 예술작품으로 많은 이들에게 물음을 줄 수 있는 의미 있는 시간이 되었기를 바란다. 개인적으로도 작업을 하며 재개발에 대한 시선이 많이 확장되었다. 골목에 대한 호기심과 예쁘고 깨끗한 새집이 정답은 아니라는 것, 그리고 주거에 대한 고민까지도 이어졌다. 작품을 함께하며 세계관을 공유하고 끊임없이 소통했던 홍석진 감독님, 안무가이자 안정적으로 소통의 촉진자 역할을 해주신 허경미 선생님에게 진심으로 깊은 감사를 표한다. 그리고 함께 춤추고 고민했던 무용수 강건, 강정윤, 박소희 선생님에게도 다시 한번 감사를 표한다.

3.

강정윤 (무용가, 안무가)

우리는 살아가면서 어딘가에 발을 딛고 서 있다.

그곳은 우리의 기억을 담고 있다. 그리고 추억이 된다. <부식풍경>은 <감만기억 1, 2>를 거쳐 3번째로 이어지는 시리즈로 알고 있다. 나는 우연이었을지 운명이었을지 모르지만 세 번째 작품에 참여하게 되었다. 이제껏 해보지 못한 춤 작업을 경험하게 되었고 나에게 많은 양분이 되었다.

내가 살아보지 못한 장소에서 다른 이의 기억을 끄집어내는 일은 쉽지 않을 거로 생각했다. 하지만 생각과는 다르게 흘러갔다. 잠시나마 딛고 서 있던 감만동이란 장소가 특별해졌다. 곧 사라질 이곳에서 새로운 기억이, 추억이 만들어졌다. 이제 더 이상 감만동은 단순히 스쳐 지나가는 장소가 아니게 되었다. 이렇게 잠시나마 있던 나에게도 특별한 장소가 되었는데 오랫동안 살아왔던 분들에겐 이곳은 어떤 의미일까?

VR이란 장치는 나에게도 너무나 생소했다. 어릴 적 3D 안경을 끼고 봤던 것과는 차원이 달랐다. 그 속에 풍덩 빠지니 모든 게 만져질 것 같았다. 차가운 영역을 맡은 VR이 영상과 조각, 그리고 무용수를 거치니 차가움은 그리움으로 변했고 더할 나위 없는 엔딩을 맞이했던 것 같다. 적어도 나에겐 그랬다.

관객이 되어 보고 싶었다. 갑작스러운 팬데믹 상황으로 관객은 지인 중 몇 분이 다녀갔지만 모두가 감동을 품고 돌아가셨다. 그들의 말에는 진심이 있었고 나도 그 감정을 느껴보고 싶었다. 그렇다고 관객으로 다음을 맞이하겠다는 건 아니다. 관객보단 그래도 참여자로 이 작품을 알게 되어 너무나도 행복했다.

질문도 없는데 인터뷰 같은 참여 소감이 되었다. 스스로에게 질문을 던져보았고 답을 하였다. 결론적으론 <부식풍경>이란 작품에 하나의 예술적 요소가 된 내 모습이 너무 좋았다. 사실 욕심도 많이 났다. 영상 속에 조금이라도 더 멋있게 담기고 싶어 애썼던 것 같다. 멋진 영상일 것임을 의심치 않았기에 그런 작품 속에 있다는 것만으로 영광이었다. 빠른 시일 내에 팬데믹 상황이 나아져서 <부식풍경>이 더 많은 관객과 만나길 간절히 바란다.

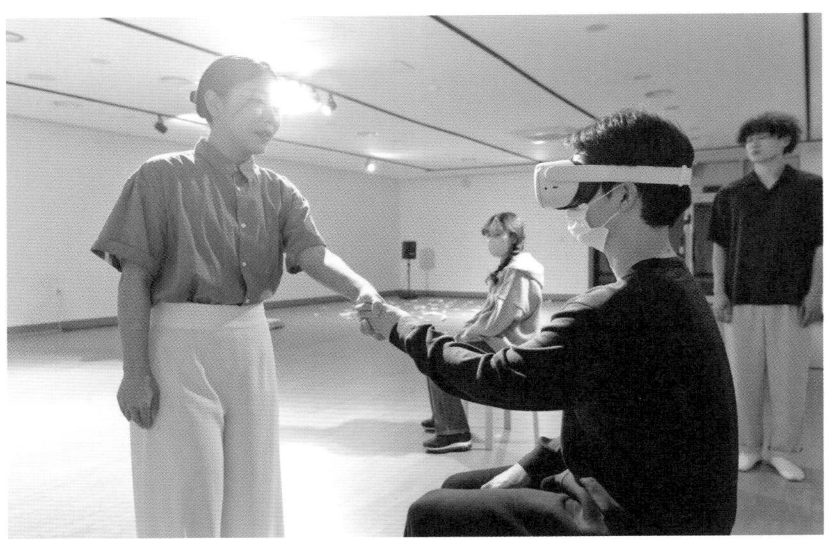

4.

박소희 (무용가, 안무가)

여름 끝자락에서 출발하여 가을을 같이 넘기고 있었다. 감만동에 열린 대추나무를 한 알씩 따서 먹었는데 나중엔 열매가 다 떨어져 우리를 가볍게 맞이하더라. 감만동이랑 찐하게 친해졌다.

골목이라는 단어는 귀엽고 소중하다. 감만동 골목은 더더욱. 여기는 전국 유일 다문화 어린이 그림책 전문 도서관이 있다. 작년에 코로나19가 심해서, 아이들이 학교를 못 가는 상황이 생겨 도서관에서 감만동 지역 다문화 아동 돌봄 역할을 도맡았다고 한다. (도서관은 지난해 부산시 교육청 소속의 학교 밖 돌봄 기관인 '우리 동네 자람터'에 선정됐다) 작은 골목에서 꽤 큰 역할을 맡은 셈이다. 그러나 이제는 재개발 사업으로 문을 닫아야 해 사라질 위기에 처했다. 누구 집 앞에는 철거 예정 스티커가 붙었고 어느 집은 형태만 남긴 채 사람이 떠났다. 어린이 어른 구분 없이 철거되는 마을에는 온기가 사라지고 있었다. 우리는 묵묵히 부식되어 가는 이 과정을 아카이빙 했다.

부식, 썩어서 문드러지고 닳아서 없어진다. 이 공간을 무용수의 몸으로 해석하는 풍경은 마치 조각들의 부스러기처럼 느껴졌다. 가상현실(VR)이라는 '기술'과 우리의 '몸'. 거리가 느껴지는 두 단어의 간극을 좁혀주는 감만동 골목.

무용은 추상적이다. 그러나 감정과 의지를 표현하는 예술이다. 때문에 단어가 명확하지 않아도 정서가 전달되면 설득이 된다. 몇 번 우리가 연습실에서 '부식'이라는 단어를 떠올리며 연상되는 이미지를 가지고 움직임 리서치를 했지만, 현장에서 직접 보고 만지고 골목 사이를 누비다 마음이 가는 장소에서 춤을 췄을 때는 연습한 동작과는 다르게 즉흥적인 요소가 많이 가미되었다. 이 공간에서 할 수 있는 이야기가 따로 있다는 걸 직관적으로 판단했기 때문이 아닐까. 재밌는 경험이었다. '내 호흡이 영상에 잘 담겨 화면 너머까지 전달이 됐으면 좋겠는데...' 혼자 생각하며 움직이곤 했다.

작업 과정을 되돌아보니 모든 게 새로운 것들이었다. 특히 지점토를 잘 주물러 부식되어 가는 벽면을 본뜨는 행위는 짜릿했다. 표면이 거칠고 굴곡이 많을수록 본떴을 때 모양이 예쁘게(?) 나왔는데 그걸 잘 말리면 부식된 공간 일부가 똑떨어져 나온 것 같은 조형물이 된다. 그렇게 여러 개가 모여서 작품이 됐다. 다들 개성 있는 감만동을 찍어내느라 애 좀 썼다. 작품은 공연장 입구에서부터 전시되는 연출로 쓰였는데 내가 바라본 감만동 골목을 소개해 주는 것 같아 의미가 깊었다.

촬영해 둔 영상은 편집을 통해 새로운 리듬으로 변화되었고 그 속에서 춤추는 우리는 꽤 진지하듯 가벼워 보였다. 관객들이 집중하는 시간이 길어지고 조금씩 공기의 흐름이 잡히기 시작했다.

손을 잡고, 온기를 느끼고, 서로 의지하고, 균열이 생기고, 한참을 각자 얘기하다 다시 마주하게 됐을 때, '함께'라는 의미를 떠올린다. 잔잔한 호수에 돌 하나 던지면 생기는 물결처럼 우리는 모르는 채 벌어지는 자극을 수용하며 살아간다. 이미 내게 스며들어있는 모든 의식들에게 묻고 싶다. 부식되어가는 과정에 놓인 골목 귀퉁이가 그저 남 일이 아니었다는 걸 알게 되기까지 얼마나 걸릴까.

5.

이연승 (문화기획자, 영상감독)

#부식은 상호작용의 풍경

감만동 재개발 지역의 현존을 영상 이미지와 무용수의 몸짓으로 꾸준히 재현해 온 진홍스튜디오의 프로젝트에 운 좋게 미리 초대받을 수 있었다. <부식풍경>은 그동안의 지역 리서치 프로젝트와는 달리 감만동 현장의 변용이 아닌 흰 벽의 해운대문화회관 전시실에서 진행되었다. 굳이 그동안 프로젝트를 진행했던 감만동을 떠나 예술이라는 가치를 경제적으로 고정시키는 제도적 공간에서 하는 이유가 궁금했다. 이런 궁금증은 회당 4명의 관객만을 참여시키는 '이머시브 시어터(Immersive Theater)' 형식이라는 설명을 들으며 어느 정도 해소되었다.

전시장에 처음 들어가면 수제비 반죽을 뜯어 놓은 것 같은 흰색 조각들이 바닥에 널려 있다. 자세히 들여다보면 어딘가에서 문양을 아무렇게나 찍어 옮겨 놓은 것임을 짐작할 수 있다. 곧 이어지는 무용수의 참여 유도와 설명에서도 감만동의 한 부분을 찍어내 왔다는 것을 알 수 있다. 이전 작업에서 홍석진 감독의 조형적인 형식이 도드라지긴 했지만 이미지를 프로젝션하거나 확장하기 위한 것이었지 이렇게 직접적이진 않았다. 이미지를 아카이브 하는 방식에 대해 고민했다는 가정을 해본다. 힘과 저항의 상호작용으로 세월에 부식된 형태를 가장 '리얼'하게 보여주는 방식이기 때문이다. 그리고 우리는 떨어져 나온 그 도시의 각질을 직접 만져보며 촉각으로도 기억의 공간과 공감한다. 부식은 사라지는 게 아닌 삶의 흐름을 나타낸다.

재개발을 앞둔 동네의 곳곳을 무용수들이 돌아다니는 영상, 3D 스캐닝 된 부식 조각들의 시간의 흔적이 담긴 영상을 통해서도 이번 프로젝트의 의도가 드러난다. 공간은 몸에서부터 시작하여 수동적인 감각과 능동적인 삶의 버팀이 모여 하나가 된다. 유연한 몸의 움직임, 균일하지 않은 저항의 형태가 우리를 유체의 흐름으로 끌어들인다. 곧 VR 기기를 통해 더욱 깊은 흐름에 몸을 맡기고 감만동을 유영한다.

무용수의 질료적 표현은 영상 기술이 놓치기 쉬운 인체의 기억을 소환한다. 이 모든 요소와 적절하게 섞여 부식하는 우리는 자본주의적 소비사회의 흰 벽을 재개발 지역의 기억으로 전환한다. 영상 이미지의 장소성과 그곳에 살아가는 사람들의 시간을 담아내었던 진홍스튜디오 프로젝트의 대미를 확인할 수 있을 것이다.

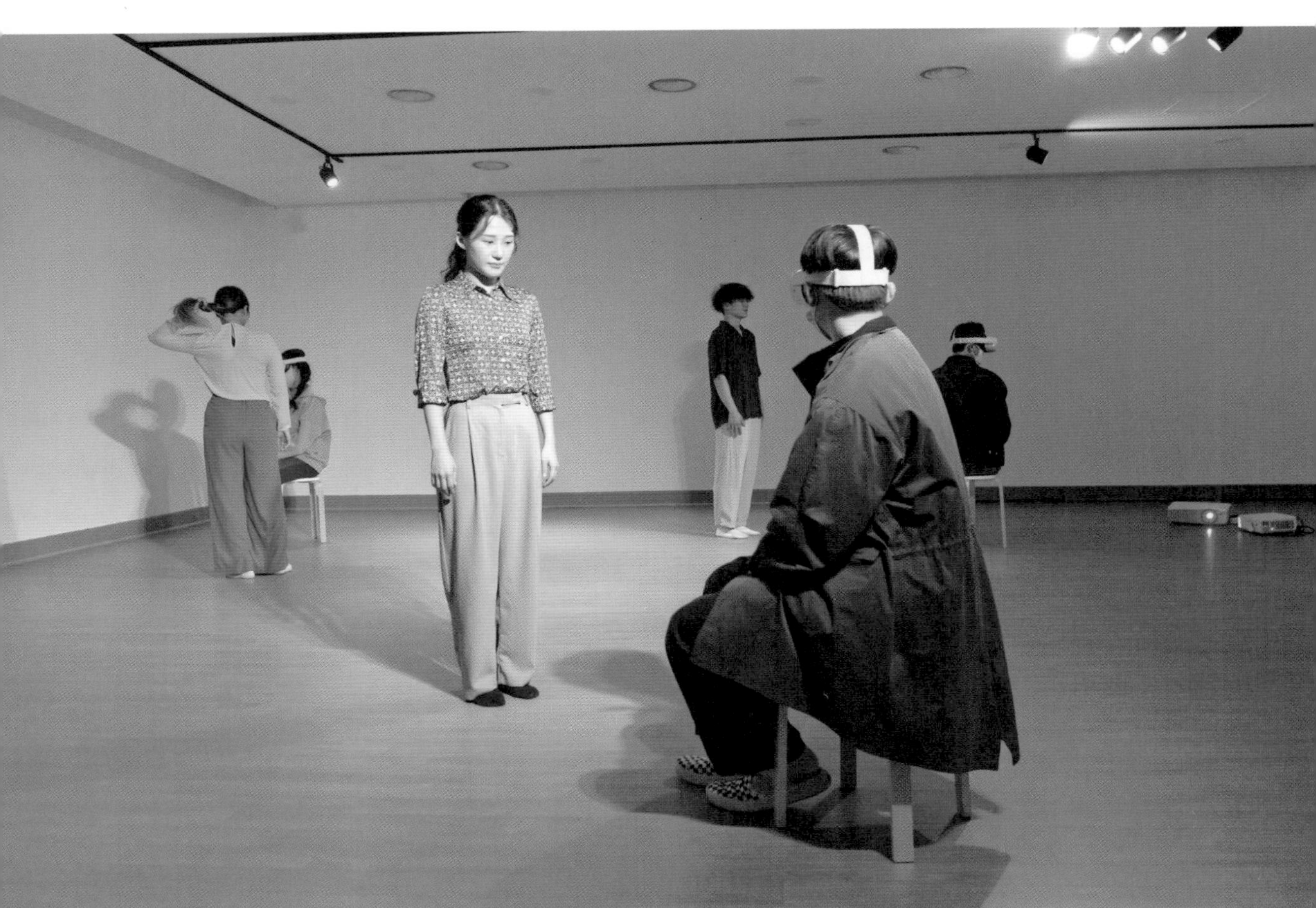

초량비트

2021

초량비트는 문화예술플랜비가 주관한 2020 공공예술프로젝트 '초량천 예술정원'의 일환으로 초량의 의미 있는 장소를 무용수들의 동작과 함께 영상으로 기록한 작품이다. 첫 번째 장 '순간순간', 두 번째 장 '첩첩 초량', 세 번째 장 '초량 조감도'까지 총 3개의 장으로 이루어져 있다.
https://www.youtube.com/watch?v=FYNhNdEe8vU&t=90s

〈초량비트〉를 기획하며 (홍석진)

<초량비트>는 2020 공공예술 프로젝트의 일환으로 시간, 공간, 시점을 모티브로 부산 초량동을 무용수들과 함께 아카이빙 한 작업이다. 시간을 모티브로 한 <순간과 순간>은 스톱 모션 애니메이션 기법을 사용하여 무용수들의 움직임을 애니메이팅하였다. 여러 순간과 사건들을 타임라인에 놓고 인식의 단위를 분에서 더 큰 단위인 월 및 년으로 바꿈으로써 사건들의 흐름을 다르게 인식하게 하는 프로젝트이다. 공간을 모티브로 한 <첩첩초량>은 영상 속의 공간을 분리하여 콜라주 함으로써 그 공간을 점유했던 여러 사람과 사건들을 중첩시키는 프로젝트이다. 시점을 모티브로 한 <초량 조감도>는 드론을 이용하여 평소에 잘 보지 못하는 시점으로 초량을 다시 보게 하는 프로젝트이다.

연출: 홍석진
조연출: 허경미
안무 및 출연: 허경미, 엄효빈, 박은지, 김민찬
촬영: 이연승, 홍석진
모션캡처: 고혜진
홍보/진행: 문건호(반달)

華商
餃子
馬家
만두
ОЧКИ
콘택트
누진다 초점
SALE
W30,000
56
CHINESE RESTAURANT
ОПТИКА
만두전문
중화빵전문
中華料理 馬家
만두전문점
CHINESE RESTAURANT
중화빵전문
여관
馬家餃子店
中華料理
華商
수제만두일체
馬家
중화요리
포장가능

16
DESIGN CAFE

부산역
Busan Station

콜링감만

2019

<콜링감만>은 2019년 10월 27일(일) 오후 12시와 15시 30분, 2회에 걸쳐 각 회당 20명의 관객과 함께 남구 감만동 일대를 돌며 진행한 공연이다. 기존 투어형 무용 공연에 증강현실(Augmented Reality·AR)을 결합해 색다른 체험을 제공하며 관객이 주최 측이 지급한 스마트폰으로 무용수를 보면 그 옆에 또 다른 무용수가 등장하거나 배경이 달라지는 식으로 시각적 경험이 구현된다.

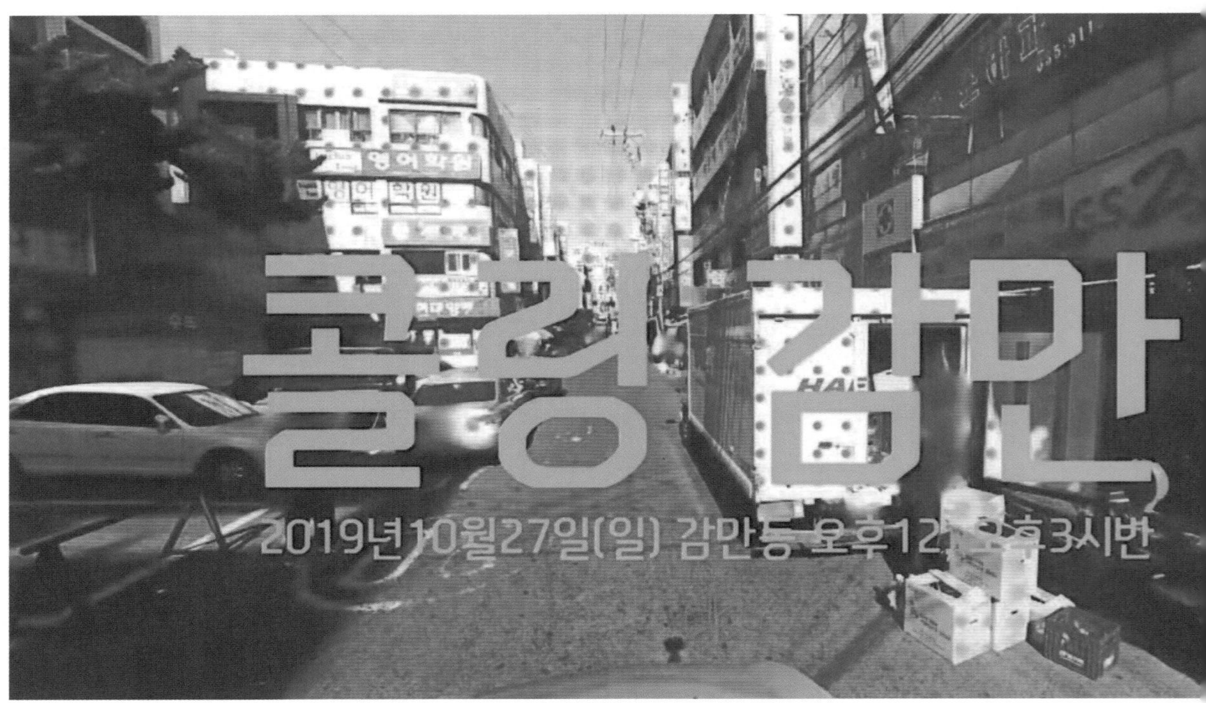

〈콜링감만〉을 기획하며 (홍석진)

<콜링 감만>은 예술적인 방법으로 현재와 과거의 감만동을 아카이빙하고 재구성하여 그 결과물들을 미래의 감만동과 공유하려는 작업이다. 무엇인가를 기억한다는 행위는 현재의 인식 지점에서 과거의 인식 지점으로 의식을 이동하는 것이라고 볼 수 있다. 기억을 소환하는 순간 현재와 과거는 인물-사건-공간이라는 매개체들로 새로운 관계가 맺어진다. 이때 현재와 과거에는 좌표가 발생하는데 <콜링 감만>은 일상 속의 인식 좌표들을 발견하고 그 좌표와 연결되어 있는 과거의 인물-시간-공간들을 다시 인식의 지형도에 위치시키려고 한다. 재발견된 좌표들로 인하여 감만동은 시공간적으로 다시금 과거의 감만동과 새롭게 관계할 뿐만 아니라 미래의 감만동이 현재의 감만동을 기억할 수 있도록 좌표를 남기는 것이다.

<콜링 감만>은 증강현실과 무용을 결합한 투어형 공연이다. 감만동 일대를 산책하면서 스마트폰이라는 프레임을 통해 가상과 현실, 현재와 과거, 공간과 사람에 대해서 이야기하고자 한다.

연출: 홍석진
안무/출연: 허경미, 강동환, 엄효빈, 조현배
움직임 연출 및 지역 주민 워크숍: 허경미 무용단 무무
지역주민 참여단: 권일순 님, 서정락 님
증강현실 디자인: 이나라
모션그래픽: 김기석, 송지훈, 조완준
특수효과 촬영: 이연승, 새삶 영화사
객원 큐레이터: 반달(문건호)
무대 감독: 강정환
음악 감독: ashahn
포스터 디자인: TRAVABLE
사진: 최우창

유창그린
4-22

BLACK

감만기억

2018

2018년 11월 4일(일) 오후 4시 'Part 1' 공연이 부산문화재단 1층 사랑방을 출발하며 진행되었다. 11월 18일(일) 오후 6시 'Part 2' 공연이 동항교회 옆과 감만1동 행복복지센터 앞 공터에서 진행되었다. 2019년 1월 14일(월) 오후 3시 'Part 3' 공연 상영회가 감만창의문화촌 사랑방 갤러리에서 진행되었다.

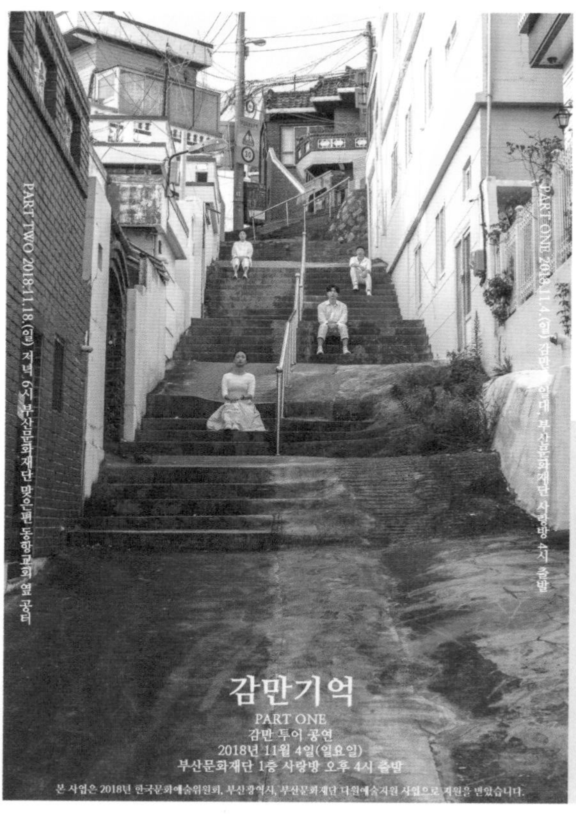

연출: 홍석진
조연출: 허경미
워크숍 진행: 허경미, 엄효빈
안무/출연: 허경미, 강동환, 엄효빈, 허성준
음악: 김프로
모션그래픽: 홍석진, 송지훈, 김기석, 김보민
기술지원: 이연승
주최: 진홍 스튜디오
공동 주관: 진홍 스튜디오, 허경미 무용단
무무주민 출연자: 권일순, 서정락, 양송옥, 이지우, 장순자, 홍연순

〈감만기억〉을 기획하며 (홍석진)

작업을 위해 사전 조사로 어떤 지역을 배회할 때, 난 무언가 예술적인 활동을 하고 있다고 느낄 때가 많다. 평소에는 목적지를 향해 효율적인 발걸음을 옮기지만 작업을 위한 걷기는 아주 비효율적이다. 왔던 길을 되돌아가고 막다른 골목인 줄 알면서 끝까지 가보기도 한다. 집과 집 사이의 작은 틈으로 반대편 풍경을 보기도 하고 한참 동안 뭔가를 밀고 지나가는 할머니를 시선이 닿는 곳까지 눈으로 따라가기도 한다. 이런 작업적 걷기를 하다 보면 문득 시간은 천천히 더 농도 짙게 흐르는 것 같고 공간은 볼륨감이나 입체감이 더 확연해지는 것 같다.

감만동을 걷는다.

감만동은 마치 유기적으로 자란 거대한 식물 같다. 동네에서 직각을 찾아보기가 힘들다. 집과 집의 관계, 거리와 거리의 관계, 마을과 자연의 관계에서 뭔가 딱 맞아떨어지는 느낌을 받을 수 없다. 계획적이기보다는 자연발생적이다. 감만동은 처음부터 계획되어 지어

진 마을처럼 보이지 않는다. 마을에 사람들이 들고남에 따라 자연스럽게 붙여지고 추가된 마을처럼 느껴진다.

감만동에 사는 주민들의 관계도 마찬가지다. 그들은 직각으로 만나지 않는다. 마을 사람들은 비스듬히 만나고 서로 겹쳐져 있으며 서로가 서로에게 덧대진다. 그들은 비효율적으로 만난다. 그러기에 감만동이라는 공간은 예술적인 공간처럼 느껴진다.

Essay 1

마음을 어루만져주다

송교성 (문화예술플랜비 대표)

나는 감만동에 산다. 2016년 초에 이사를 왔으니, 3년이 거의 다 되었다. 한 동네를 알기에는 비교적 짧은 시간인데, 낮에도 대부분 일터에서 보내다 보니 사실 감만동에 대해서는 거의 모르는 편이다. 잘 모르다 보니 동네에 특별한 감정을 가지기도 어렵다. 어느 날 들었던 대규모 재개발 소식에도 그다지 놀라지 않았다. 감만동을 대상으로 뉴스테이 연계형 정비 사업이 이루어지는데, 9,000여 세대가 들어선다고 한다. 아파트 대단지 정도의 수준이 아니다. 동네 하나가 갈아엎어지고, 새로 생기는 수준이다. 대상 지역을 살펴보니 내가 사는 아파트를 빼고 전부 다 사라질 계획이란다. 이 소식을 듣고도 나는 슬픔, 섭섭함. 혹은 아쉬움이나 분노 따위의 기분이 들지는 않았다. 그냥 그런가보다는 생각이었다.

자괴감까지는 아니지만, 왠지 부끄럽다고 느꼈다. 나름 지역문화, 도시재생에 관련되어 일을 하고 있다지만 정작 내가 사는 동네에 애착이 없는 것 같았기 때문이다. 그때부터 조금 더 관심을 가지고 마을을 알아가려고 노력을 했다. 아침, 저녁 출퇴근 길. 아내와 함께 강아지를 데리고 산책하는 길. 주말에 목욕탕을 가거나 장을 보러 다니는 길을 일부러 휘돌거나, 가보지 않은 길을 따라 조금 더 걸어보며 동네를 알아보려고 노력은 했지만, 여전히 지역의 속내를 알지는 못하고 있었다. 나는 이방인이었다.

그러다 <감만 기억>을 보았다. 보았다? 보았다기보다는 같이 들었고, 같이 걸었고, 같이 느꼈다는 표현이 더 맞을 듯하다. 주최 측은 <감만 기억>을 멀티미디어 퍼포먼스라고 명명했는데, 그 의미답게 다양한 형태와 방식의 예술을 통해 관객들도 감만동에 어우러지게 만들었기 때문이다. 무대는 오랜 시간의 깊이를 가진 동네였고, 소품과 장치들은 사람들의 존재가 새겨진 골목과 주택들이었다. 예술가와 주민으로 이루어진 배우들의 대사와 몸짓, 배경음 또한 자세히 들여다보면 동네를 살아가는 사람들의 생활에 깊숙하게 각인된 언어들이었다. 장소의 정체성과 특징을 살린 공연의 정석을 보여주었다고 해도 과언이 아니다.

<감만 기억>은 PART 1과 2로 나누어져 진행되었는데, PART 1은 감만동 골목 여기저기를 돌

아다니며 진행되었고, PART 2는 감만동의 한 공터에서 이루어졌다. PART 1에는 옥상에서 빨래를 널거나, 대문 위에서 몸짓을 하거나, 공터가 되어버린 집터를 돌보는 행위들이 연속적으로 이루어지면서 감만동 여기저기에 남겨진 과거의 기억을 현재로 길어 올렸다. 각 장소에서는 공연이 끝날 때마다 '마실가자', '떡볶이 먹으러 가자', '놀자'와 같은 대사들로 공연의 끝을 알리고, 다음 장소로 이동을 하는 형식이었는데, 이는 마치 동네에 새겨진 삶과 기억을 불러내는 일종의 주문과도 같았다.

그렇게 불거진 삶과 기억들이 PART 2를 통해서 관객 앞에 재현되었다. PART 1과 달리 고정적 장소에서 진행이 되었는데, 교회 건물 외벽을 활용한 영상과 음악 그리고 교회 건물 내부와 주변의 다른 건물을 입체적으로 활용한 퍼포먼스로 이루어졌다. PART 2는 PART 1에서 불러낸 동네의 기억을 여러 형식으로 펼쳐 보였는데, 종반부로 가면서 이삿짐을 준비하는 몸짓 등을 통해 재개발이라는 닥쳐올 현실을 자연스럽게 떠올리게 하였다.

흥미로운 것은 <감만 기억>에서 아카이브하고 재현한 감만동이 가진 풍경과 주민들의 삶은 현실이지만 곧 사라질 수밖에 없는 가상의 과거이며, 반면 아직 오지 않은 재개발은 미래의 가상이지만 곧 현실에 도달할 것이라는 점이다. 사실 감만동의 과거와 미래는 아직 현실에서 만나지 않았다. 그러나 사라짐을 예고하는 미래로 멈출 수 없는 시간이 계속 뻗어나감에 따라 현재는 짓눌릴 수밖에 없다. 그러므로 미래를 알고 있는 배우나 주민, 관객들 모두 무기력하게 비극적인 결말을 떠올릴 수밖에 없고, 모든 과거는 아프거나 슬픈 기억으로 남겨질 수밖에 없다. 아마도 다른 공연이었다면, 아름다운 과거가 사라지고 파국으로 치닫거나 혹은 저항과 투쟁으로 나아가는 결말을 택했을지도 모른다. 그러나 바로 이 지점에서 <감만 기억>은 예술이 가지는 힘을 보여주었다. 과거를 끌어올려 현재에 잇고, 미래로 연결하는 과정을 통해 동네를 위로하고 어루만지면서, 사람들로 하여금 본질을 직시하게 만들었다.

우선 <감만 기억>팀이 골목과 골목을 누비며 적합한 장소를 찾기 위해 애쓴 덕분에 마을은 배경이 아닌 주인공이 되었다. 단지 한 장소의 선택이 아니라 관객의 이동 방향과 위치를 고려한 입체적인 공간을 무대로 연출함으로써 주민들이 살아온 삶터가 고스란히 관객들에게 전달되었다. 덕분에 사라질지 모르는 동네의 기억들이 여러 관객에게 예술적으로 공유됨으로써 '아카이빙' 되었다. 평범했던 장소들이 영화나 드라마에 등장해서 특별한 정체성을 가지는 것과 유사하게 모두의 마음에 특별한 주인공으로 각인되었다. 그렇게 소멸을 앞둔 동네가 위로받았다.

또한 PART 1과 2를 구분하고 2주간의 시간차를 둠으로써 순간에 머무르고 말았을 공연이 시간을 획득하였다. 그래서 참여한 주민들에게도, 관객들에게도 감만동을 돌아볼 수 있는 여유가 주어졌다. 보통의 사람들이 예술작품을 접하고 일순간에 깊은 감명을 받기란 어려운 일이다. 예술작품에 대해 공부하거나, 작가와 대화를 나누거나, 혹은 곱씹어보고 다시 떠올려보면서 스스로의 마음을 들여다볼 때 비로소 감동을 느낀다. 2주의 시간은 마음과 마음, 감정과 감정들이 차곡차곡 정리되고 쌓이기에 충분했다. 그렇게 예술이 마음을 어루만져주었다. 오랜 시간 함께 준비하고 작업하면서 주민들이 느꼈을 감정들도 짐작이 간다.

물론 퍼포먼스는 끝이 났고 감만동은 사라질 수밖에 없다. <감만 기억> 또한 변화된 미래에서는 아무런 가치와 의미를 품지 못할지도 모른다. 한때의 관객이었던 나도 여전히 이방인으로 남을지도 모른다. 어쩌면 그것이 <감만 기억>의 유일한 한계일지도 모른다. 그래서 나는 <감만 기억>의 다음 무대를 기대한다. 도시의 재개발에 상처받은 이들, 저항할 수 없는 변화에 짓눌린 이들, 씁쓸함과 안타까움으로 방황하는 도시 사람들의 마음을 어루만져 준다면, 조금 더 나은 도시를 꿈꿀 수 있을 것 같기 때문이다.

Essay 2

페이드 아웃을 느리게

이세윤 (<함께 가는 예술인> 편집장)

<감만 기억>은 부산문화재단 옥상으로 관객들을 이끌며 시작된다. 그런데 옥상에서는 어떤 공연도 시작되지 않는다. 어느 한가한 일요일, 조밀하게 붙은 집들의 옥상들을 내려다보면서 이상한 평화로움과 위안이 찾아드는 것을 경험할 뿐. 그런 와중에 내려다보이는 집들 중 하나에서 어떤 움직임이 진행되고 있다. 언제부터 시작됐는지 알지 못했는데 이미 공연은 진행되고 있었다. 미처 발견하지 못한 사이에 행위예술가 허경미는 젖은 빨래를 옥상에서 지속적으로 널고 있다. 젖은 빨래를 한번 털고, 빨랫줄에 걸고 난 후에, 집게로 고정시키고 다시 한번 빨래를 편다. 단순한 상징성을 피하면서도 추상성이 지양된 채 빨래를 너는 행위가 지속되지만 이 단순한 행위의 반복이 다양한 감정을 불러일으킨다. 다시 주변을 둘러보면, 미묘한 미적 순간이 이 주변에 온통 깃들고 있지 않은가.

행위의 배경이 되는 음악은 옥상에 위치한 스피커를 통해 들을 수 있는데 아마도 멀리 떨어져 있는 행위자는 음악을 듣지 못할 것이다. 행위의 배경음악이 관객에게 들려오지만 정작 행위자는 음악에 전혀 의지하지 않은 행위들을 연속적으로 만들어내고 있다. 관객은 음악을 눈으로 보는 것의 배경 요소로 삼지만 저 멀리, 옥상에서 털고-널고-펴는 행동을 진행시키는 행위자의 공간은 소리 없이 고요하다. 음악은 시각적으로 보이는 것과 감각적으로 연동되지만 그럼에도 저쪽과 이쪽의 다름, 거리감이 애틋함과 애잔함이라는 독특한 감각을 자극한다.

<감만-기억>의 서두는 어떠한 매체의 도움도 없이 행위자와 관객의 독특한 역학을 만들어내고 그 결과 관객의 마음은 이미 설렘으로 가득 찬다. 옥상에서 다시 지상으로, 골목으로 오래된 벽들과 독특한 문양의 철문들, 공가와 공터들을 눈으로 담으며 걷는 한 걸음 한 걸음마다 기대감이 샘솟는다. 장소마다 백색 의상을 입은 행위자들이 저만의 방식으로 오래된 공간과 얽히기 마련인 기억 그리고 살뜰한 감정을 몸짓으로 표현했는데 이 모든 공연이 언제 시작했는지 모르는 사이에 이미 시작되고 있다는 인상을 준다. 특별한 큐(Cue) 신호가 없이 행위자들은 자신이 위치한 공간의 미세한 분위기를 읽어 나가고 몸짓으로 그 흐름을 따라가다 때때로 증폭시키기도 한다. 한 행위자의 공연이 마무리되게 하는 것은 이전 행위자의 부름이다. 이를테면 "떡볶이 먹으러 가자."라는 정겨운 부름이 행

위자의 몰입된 상황을 단숨에 환기시키고 관객들에게 다음 장소로 이동하는 표지를 제공한다.

일련의 행위예술들이 단순히 병렬적으로 배치되어 있다기보다는 꼬리에 꼬리를 물고 연속되는 특성을 가지고 있었다. 공연을 관람할 수 있는 약속된 지점들에 설 때, 공간의 구도와 행위자들의 모습이 균형감 있게 조화를 이루고 있는 한 폭의 그림처럼 보였다. 골목을 따라 걸어갈 때 감만에 거주하는 주민들이 동행했고 어떤 이들은 골목과 관련된 옛이야기를 풀어놓기도 했다. 공터에서 집의 도면을 그리는 듯한 허경미의 행위가 진행될 때도 거주민들의 녹취가 배경 사운드로 들려왔다. 옛집의 구조를 더듬어 기억하는 이들의 목소리에는 애틋함이 서려 있었다. 잘 말해지지 않는 것, 알려지지 않았던 이야기가 심금을 울린다. 분필로 바닥에 방, 부엌, 거실이라는 구획을 만들어가는 행위 속에서, 인간에게 집이란 얼마나 희망적인 것이며 애틋한 것이었는가를 실감하게 한다. 그러나 애틋함은 영원하지 않고 언젠가는 페이드-아웃될 운명에 놓일 것이다. 재개발 공사가 진행될 것이며 감만의 옛 모습은 흔적도 없이 지워질 것이다.

개발과 변화에 대한 입장은 분분하겠지만 변화의 급격함이 주는 삭막함은 예외 없이 누구에게나 어떤 박탈감을 안겨준다. 중요한 것은 페이드-아웃을 느리게 하는 것이며 도시의 물리적인 변화를 느리게 하는 것이 아닌 기억과 마음의 페이드-아웃을 느리게 하는 것이 예술이 할 수 있는 일이 아닐까.

투어 형식을 띤 '파트1'이 끝난 이후 몇 주가 흘러 진행된 '파트2'는 한 공터를 공연장으로 삼았지만 미디어 파사드를 통해서 공간성을 확장시킨다. 프로젝터가 영사한 건물의 단면은 중앙을 기준으로 왼편과 오른편의 높이가 다른 형태였는데 왼편과 오른편의 벽면 공간을 달리 활용하는 독특함이 눈길을 끌었다. 여기서의 미디어 파사드는 영사된 장소(혹은 벽면)와 영사된 이미지가 일대일로 결합하는 방식이 아닌 단일 장소에 다수의 이미지 조각이 결합되는 방식이다. 벽면에 존재하는 실제의 창문에서 행위자의 몸짓이 진행되는가 하면 영사된 가상의 창문들이 여러 지점에서 등장하고 다시 사라지는 시각적 화음을 만들어냈다. 가상의 창문들 속에서는 행위를 진행하는 사람들(감만 주민들로 추정되는)의 모습을 품고 있다. 전시된 것-실현되는 것, 행위자-참여자, 현실적인 것-가상적인 것 사이에 위계는 이미지들의 등장과 퇴장이 만들어내는 화음 속에서 무화된다.

가상의 창문들 속에 있던 사람들이 가상의 공간 속에만 있는 것은 아니다. 감만동 주민 어머님 한 분은 스테이지에 곧 등장하고 빨래를 널었으며 특별히 과장되거나 축소되지도 않은 일련의 과정을 마친 후 퇴장했으며 곧이어 빨래는 흰색의 스크린이 되어 어머님들의 얼굴이 영사되었다. 공간의 단면들, 층층들, 이를테면 빨래들의 단면과 같은 것에 빠짐없이 기억이 서려 있다는 것을 실감하게 한다. 파트1의 첫 장면에서 털고-널고-펴는 행위가 그립고 아련한 기분을 가져다주었던 원인이 바로

그 때문일까. 일상은 이야기로 풀어지기도 하지만 막연한 소리, 질감, 파편들과 함께 말로 표현되지 않는 감정-기억들로 잔존하기도 한다는 것, 그러나 그러한 잔존한 기억들도 공유되고 서로 재확인될 수 있다는 것을 <감만 기억>은 보여주는 듯하다.

고급 장비와 마술과 같은 모션그래픽 기술을 운용하는 것은 어렵지만 그것이 절제된 채로 균형감을 맞춰내는 일은 더더욱 어렵다. 기술에 대한 관심이 지나친 예술가들은 얼마나 많은 것을 놓쳐왔던가. 형식과 내용이 서로 호흡을 함께하는 작품을 만드는 일은 모든 예술가의 바람이요 목표일 것이다. 예술가들에게 번번이 깨지기 마련인 이 목표를 <감만 기억>은 관객들의 눈앞에서 성사시킨 것으로 보인다. 진홍스튜디오와 허경미 무용단 무무는 기술을 주무르고 활용할 수 있는 노련함으로 표현의 가능성을 넓히고 독특한 감각을 자아냈다.

이미지의 사유에서 감각의 모험으로

이연승 (문화기획자, 영상감독)

이미지를 이용한 작업은 단순히 닮은 것을 재현하는 것이 아니다. 기술과 사회체계 논리의 상호작용을 편집하며 사물을 바라보는 방식을 구현하는 것이다. 그런 점에서 <감만 기억>은 세계의 현존을 사유하여 빛으로 투사하고자 한 그동안 <진홍스튜디오>의 작업 중 가장 완성도 있는 작품이라고 할 수 있다. 전 작업에서와 마찬가지로 이번 이미지 작업에서 역시 대상을 파악하는 가장 직접적인 수단인 빛을 이용하는데,* 전과는 다른 세 가지의 방식이 잘 드러난다.

* 2015년 <Body of Projections>, 2016년 <Dialogue ; 바이트의 궤적>, 2017년 <스트리밍 시티> - 기술적, 작품적 개념은 많이 다르지만, 시각적 효과는 기본적으로 프로젝트 투사 방식을 사용함.

첫 번째로, 감만이라는 지역을 보고 담는 공간의 빛 기록이 있다. 이러한 기록은 단순해 보이지만 숨겨진 이미지의 능력을 발견하는 가장 소중한 자산이 되고, 이번 작품을 가능하게 한 모태가 되었다. 이미지 제작자가 외부세계에 대한 경험 없이 만들어내는 것들은 화려해 보이지만 무대 위의 상대와 기호적으로 관계할 경우가 대부분이었다. 하지만 <감만 기억>의 빛 기록은 단순한 반영이 아닌 시각적인 재현에 대한 특수함을 부여하기 위해 진행되었다. 학습하지 않아도 알 수 있는 외부세계의 기록과 파편화된 것들의 수집을 통해 이미지는 모험을 준비한다.

두 번째는 리서치를 통해 기록된 것들에 대한 해석과 영상 제작 과정이다. 이 과정은 주로 단순화되고 객관화될 빛을 매개한다. 조각난 기록 파편의 조합과 충돌들 사이에 의미를 부여하고, 작품의 전체적인 개념을 만들어내는 과정이다. <감만 기억>에서 영상은 현실과의 갈등을 드러내고, 그곳의 지형과 역동적으로 소통하려는 효과를 적절하게 구성한다.

세 번째로, 다시 드러나는 빛이 있다. 이 과정은 무용과의 협업을 위한 워크숍 과정의 상호작용으로 나타나는 것으로, 주 무대가 되는 장소와 그 장소를 살아온 사람들을 화해시키며 새로운 세계를 만들어 보려는 시도였다. 이 마지막 제작 과정에서의 빛이 '기록-이미지'를 '기억-이미지'로 환기시키는 과정이 되었다. 이러한 세 가지 빛에 대한 경험과 형태를 토대로 홍석진 감독의 작업과 <감만 기억>에 대한 소견을 나누고자 한다.

<감만 기억>은 두 번의 공연으로 구성되었다. 프로젝트의 주 공간인 감만동 재개발 지역을 함께 걷는 투어형 공연이 있고, 미디어 파사드의 배경과 퍼포먼스가 결합된 공연이 있다. 제일 먼저 우리는 작가의 작업실이 있는 건물의 옥상에 올라가 감만의 전경을 맞이한다. 단층 가정집 건물로 빼곡한 풍경은 조용하고 활력이 없어 보인다. 하지만 곧 작은 일탈 혹은 상상에 집중하게 된다. 빨래를 털어 말리던 작은 여인이 빨랫감과 춤을 추는 장면이다. 우리가 집중한 옥상에서의 프롤로그는 작품 전체를 이끌어 가는 모티브가 되고 일주일 후의 공연과도 연결된다. 그리곤 골목골목을 누비며 감만의 현재 모습을 공유하고 각자의 방식으로 기록한다. 좁은 골목을 돌아 어느 지점에 도달하면 마치 재개발 지역의 유령 같은 무용수의 몸짓을 마주한다. 그 몸짓은 우리가 쉽게 지나쳐 버리고 깊게 들여다볼 수 없는 지금의 장소성에 대한 상징적 형태를 제공한다. 그리고 마지막의 집이 사라진 공터에서 무용수들이 모여 생활 기록을 상징화한다. 과거의 감만을 기억하는 목소리, 그리고 지금의 집을 기록하는 목소리가 무용수의 몸짓으로 재현되고 일상의 빛이 좁은 골목에 꺾여 사라질 때쯤 우린 공간의 빛을 마음속에 담고 돌아간다. 골목 투어 공연에서는 영상의 사용을 배제하여 감각과 운동의 경험에 의해 감만이 기록되길 호소한다. 이 첫 번째 공연의 생경함은 공연의 주체에 의지하지 않고 각자의 이미지를 담아 다음 공연에서 함께 확인하고 싶게 만드는 경험을 제공했다.

일주일 후에 발표된 두 번째 공연은 감만을 시각화하기 좋은 공터를 주 무대로 꾸며졌다. 공터의 담장 높이를 훌쩍 뛰어넘어 거대한 장벽이 된 교회의 벽면은 미디어 파사드가 되었고, 그 외의 삼면이 모두 무대가 되고 객석이 되는 구조였다. 담장의 존재 이유를 무색하게 만든 교회의 웅장한 벽면은 미디어 파사드를 통해 반투명한 스크린이 되고 감만의 이미지는 재구성되어 투사 된다. 골목 공연에서 만난 공간의 풍경과 무용수의 움직임이 합쳐지고, 그 속에 실제로 살고 있는 사람들의 모습이 담긴다. 옥상에서 바라본 감만의 전경 속 작은 여인과는 달리 그들의 거대한 모습은 감만의 역사가 빠르게 흘러가는 타임랩스의 공간이 아닌 그들의 시간임을 증명하는 듯하다. 그리고 허경미의 안무와 함께한 무용수의 움직임이 감성적 접근을 돕는다. 단순한 기표인 몸짓이 이미지의 과잉을 털어 내며 공간과 시간을 널고 말린다. 이미지에 머무르지 않기 위한 몸부림이 춤이 되어 기억을 부른다. 미디어를 가미한 라이브의 확장이 감만을 다시 드러낸다. 그리고 대지의 여신이 된 듯한 감만의 여인들의 무대가 이어진다. 한 달간의 워크숍을 함께한 감만동 아줌마들의 퍼포먼스는 이 공연의 백미라고 할 수 있다. 대지를 밟는 그들의 동작은 무겁지 않다. 오히려 앞으로 다가올 감만의 변화가 우리의 춤을 멈추지 못할 것임을 조롱하듯 몸을 놀린다. 그들의 목소리가 믹스된 김프로의 음악이 감만의 상상력을 배가시키고, 과거의 기억과 현재를 이어주는 퍼포먼스는 감만이라는 땅의 상상력을 관객에게 심어주었다. 무용수들이 짐을 싸서 떠나고 감만의 여인들이 대지에 꽃을 심으며 우리를 지긋이 바라

보며 공연은 끝이 난다. 우리에게 감만의 기억은 옛 골목의 정형화된 집들이 아닌 그들의 삶을 통해 기억될 것이다.

현재의 감만과 미래의 감만을 연결하기 위한 예술적 시도로 설명된 공연은 땅의 형태적 미래가 아닌 그 땅을 다시 경험하게 될 우리의 미래를 상정하기에 더욱 의미가 있다. 어떤 물리적 스펙터클도 기억과 함께하는 상상력의 스펙터클을 넘어설 수 없을 것이다. 우리의 발 딛음은 과거의 지배를 받지 않고 어떤 것에 의해 결정되지 않는 역동성을 가지고 있기에 감만의 미래를 긍정할 수 있다.

이번 공연을 통한 홍석진 감독의 가장 큰 작가적 성과는 이미지의 존재가 어떻게 육체와 만나는가에서 더욱 나아가 이미지의 현실을 들여다본 것에 있다. 그동안의 작업에는 어떤 의미와 질서를 부여하여 이미지를 투사하였다면, 이번엔 현실에 그냥 널브러져 있는 이미지의 실체를 그대로 인정하고 받아들여 이미지의 상호작용을 연구한 결과물을 만들어냈다. 또한 그러한 방법이 이미지와 출연자들과의 적당한 거리 두기로 나타나 딱딱하지 않은 영상이 구현되었다. 구소련의 영화감독인 에이젠슈테인은 기괴한 부조화의 이미지들을 하나의 전체로 새롭게 모으는 것이 인간의 눈을 두 배로 크게 한다고 한다.**

<진홍스튜디오>의 다원예술 작품이 이미지 사유의 새로운 출발을 하며 참여 작가들과 관객들에게 더 큰 두 배의 눈을 가지게 해준 것으로 생각하며 앞으로의 모험에도 큰 힘이 되길 바란다.

** 전양준 편역, 『에이젠쉬쩨인·이미지의 모험』, 열린책들, 1995. 116p

Essay 4

디지털 시대의 신심(信心)은 어떻게 가능한가

- 홍석진, 허경미 프로젝트 <감만기억>에 부쳐

장현정 (작가, 사회학자, 호밀밭출판사 대표)

1. 2018년 11월 4일과 18일, 두 번의 일요일에 걸쳐 홍석진 감독과 허경미 안무가의 멀티미디어 퍼포먼스 <감만 기억>이 진행됐다. 나는 추운 날씨에 야외에서 진행된 이 공연을 감상하는 동안 오히려 따뜻하고 포근한 느낌을 받는 역설적인 경험을 했다. 좋은 예술작품에는 늘 어떤 모순, 어떤 대립이 불안하게 공존하고 그 공존의 간극이나 힘이 클수록 감상자에게 깊이 각인돼 오래 기억 속에 남게 되는데 이 작품도 그랬다.

집으로 돌아오면서는, 디지털과 아날로그라는 두 극단이 어떻게 만나는가, 나아가 현대사회를 살아가는 우리에게 가장 결핍된 것은 무엇일까, 같은 어울리지 않게 무거운 화두를 잡고 오랜만에 즐거운 사색에 잠길 수 있었다. 이 글은 그 짧은 고민에서 비롯된 소묘다.

2. 나는 두 예술가의 협업 작품을 수년에 걸쳐 여럿 보아왔다. 가장 최첨단이랄 수 있는 디지털 기술을 적극 활용하여 미디어아트를 선보여 온 홍석진 감독과 가장 아날로그적인 미디어랄 수 있는 몸을 기반으로 작품 활동을 펼쳐 온 허경미 안무가의 조합은 늘 그 형식 자체로도 흥미로웠고 많은 기대를 품게 만들었다.

두 사람의 협업은 2015년, <바디 오브 프로젝션스 Body of projections>라는 작품을 통해 처음 선보였다. 이 작품은 '쿰바카', '투원룸', '풍문으로 들었소'라는 세 개의 소품으로 구성되어 있다. 정적이며 명상적인 작품부터 록 음악을 떠올리게 하는 격렬하고 혼란스러운 작품까지 서로 결이 다른 세 개의 작품으로 구성되어 있지만 이들은 큰 틀에서 현대사회를 살아가는 개인이라는 일관된 주제를 공유하며 관객들에게 깊은 인상을 주었다.

이 다원예술 연작 작품들은 이듬해인 2016년 선보인 <다이얼로그>와 2017년 온천천 야외에서 선보인 <스트리밍 시티>를 거쳐 2018년 <감만기억>으로 이어진다. 이번에 선보인 멀티미디어 퍼포먼스 <감만 기억>은 여러모로 최고 수준의 공연이었다. 이들의 작품에는 언제나 에너지가 가득하고 참신한 발상이 담겨있지만 이번 작품이 자아내는 감동은 한층 수준 높은 것이었다. 그동안 미디어 기술을 장악하며 보여준 세련된 기술과 상상력, 안무의 완성도와 작품의 스케일 등은 언제나 그들의 협업 작품이 보여준 큰 미덕이었다. 그런데 이번 작품에는 그런 미덕 위에 시간과 공간, 마을과 주민, 이야기와 흔적이라는 보다 근원적이고 섬세한 성찰과 접근이 포개지며 깊이를 더했다.

3. 인류의 역사는 공존의 범위를 넓히기 위한 절박한 시도와 그 성과들로 점철되어 있다. 소수의 인간만이 누리던 권리를 세대, 인종, 성별, 지역, 장애 등에 관계없이 모두가 누려야 할 권리로 확장하는 데 성공하며 이른바 인권 개념을 탄생시켰다. 거기서 한발 더 나아가 인간뿐 아니라 지구상 모든 생명이 마땅히 그 생명으로서의 권리를 누려야 한다는 동물권 개념도 등장했다. 우리는 확실히 더 나아지고 있는가. 이제 우리는 여기서 생명이 없다고 여기는 사물들에까지 그 인식의 범위를 넓혀 주목하고 있다. 골목, 가게, 벽, 건물처럼 우리가 함께 시간을 보내며 이야기를 남긴 사물과 공간들은 어떤 존재인가. 기능을 다했다는 이유로 싹 밀고 다른 방식으로 개발하는 것이 그들을 대하는 옳은 방식일까. 아닐 것이다. 아니, 확실히 아니다. 이 불편하지만 맑은 깨달음은 오늘날 많은 예술가들이 마을과 사물에 주목하고 있는 이유이기도 하다. 홍석진과 허경미 역시 자신들이 일상적으로 오가며 작업하는 공간 주변, 구체적으로는 감만동이라는 오래된 마을에 애정을 담은 시선을 던진다. 그리고 이제 곧 사라지게 될 이 동네의 곳곳을 돌아다니며 자신들만의 방식으로 아카이빙하고 그 결과들을 재조립하고 배치하여 미디어 퍼포먼스라는 형식으로 묶어낸 결과가 <감만기억>이다.

4. 이 작품의 가장 큰 미덕은 디지털과 몸이라는 이질적인 도구를 통해 마침내 그것들이 한데 뒤섞이는 사회와 세계의 어떤 중요한 순간을 성공적으로 포착해 내고 있다는 점이다. 디지털은, 0과 1만 남겨두고 그사이의 모든 것을 끊어버리는 단절을 그 생래적 논리로 삼는다. 당연히 폭력적일 수밖에 없다. 0에 가까운 숫자는 모두 0으로, 1에 가까운 숫자는 모두 1로 소급함으로써 0과 1을 제외한 그 수많은 숫자들을 모두 무화시킨다. 그러나 <감만기억>은 이 디지털 논리를 닮은 개발과 폭력의 논리에 몸짓과 목소리 같은 아날로그적 숨결을 불어넣음으로써 우리 주변을 환기한다. 최첨단의 디지털 기술들이 활용되지만 그 과정을 통해 사물들에 하나하나 다시 생명을 불어넣으려는 시도는 원시 토테미즘적 발상까지 가닿는다.

과연 그런 것이, 디지털은 반듯한 직선이지만 실제 우리 삶은 구불구불하다. 길은 비어 있지만 그곳에서 뛰어놀던 아이들은 여전히 어디엔가 존재한다. 어머님들의 신산한 삶은 지난 과거이지만 여전히 중요하게 전승될 기억의 일부이고 곧 무너질 집과 가게들에도 수많은 이야기들이 스며있다. <감만기억>은 그것들을 되살린다.

작품에서 중요하게 반복되어 등장하는 빨래라는 알레고리처럼, 똑같은 모습은 아닐지라도 그 기억과 흔적들은 조금 닮았지만 새로운 모습으로 재생된다. 파트 1에서의 젖은 빨래를 옥상에서 너는 행위와 파트 2에서 큰 천들을 빨랫줄에 너는 동네 아주머니들의 모습 등에서 반복되어 나오는 이 빨래를 둘러싼 몸짓과 행위들은 한 번 쓰고 버리는 우리의 문명을 비판하고 빨래를 통해 다시 태어나되 이전의 흔적을 간직한 채 곱게 닳아가는 인간 존재와 마을에 대한 하나의 알레고리이자 상징이 된다. 앞으로도 우리의 기억과 이야기는 빨래처럼 나날이 닳아가지만 늘 새로울 것이다.

5. 두 개의 파트로 구성된 <감만기억>의 첫 번째 파트는 우선 옥상에서 빨래하는 허경미 안무가의 퍼포먼스를 먼 거리의 다른 건물에서 관객들이 바라보는 것으로 시작한다. 그리고 사람 한 명 간신히 지날 수 있는 감만동의 좁은 골목을 함께 걷다가 중간중간 멈춰 서서 폐가나 공터에서 흰옷을 입고 요정처럼 출몰하는 무용수들의 몸짓을 바라본다. 아니, 요정이라기보다 우리 전통문화에서 말하는 '이매'를 연상시킨다. 산과 숲과 냇물의 귀신. 대지와 더불어 살아갈 수 있도록 늘 우리 곁에 존재하는 어떤 특별한 존재. 관객들도 서로의 손을 잡고 움직이며 공간을 전유(appropriation) 한다.

두 번째 파트는 거대한 건물 외벽을 주요 스크린으로 삼고 주변의 건물들을 무대나 보조 스크린으로 활용한다. 일상적 공간이었던 교회 외벽이 갤러리가 되고 폐가의 계단이 무대가 되었다. 현대 예술의 주요한 목적 중 하나랄 수 있는 낯설게 하기 혹은 환기와 충격을 통해 우리를 둘러싼 시간과 공간, 그리고 마침내 우리 자신과 일상을 성찰하도록 도와준다. 한편 개인적으로는 주요 화면이 된 교회 외벽과 양쪽 건물들, 그리고 교회 외벽 맞은편 건물까지 사방을 무대로 활용하며 관객들을 둘러싼 가운데 그 중간의 공터라는 공간적 배치가 겹겹이 포개진 마당극을 연상시켜서 이 공연을 디지털 시대의 '중층적 마당극'이라고 불러도 좋겠다는 생각이 들었다. 무엇보다 감만동의 어머님들은 누구보다 훌륭한 연행자들이었다. 많은 사람들이 모인 넓은 공터 위로 울려 퍼지던 꾸미지 않은 사투리들은 어떤 노래보다 깊게 마음속으로 밀고 들어와 우리의 삶을 돌아보게 했다. 그 삶의 이야기들.

오늘도 사람들은 떠난다. 빈 공간 위로는 무심하게 바람만 불어왔다가 사라진다. 그러나 그럼에도 어딘가에서는 오늘도 한바탕 축제가 벌어지고 있을 것이다. 서로 몰랐던 사람들이 인사를 하고 이야기를 나누고 서로의 속내를 교환하고. 이 공연은 가장 세련된 드라마와 기술 등을 통해 가장 오래된 아날로그적 이야기를 우리에게 들려주었다.

6. 이 작품은 특정한 내러티브를 갖기보다 바흐친이 말하는 폴리포니(polyphony, 多聲性)의 산문처럼 구불구불하고 혼종적인 이야기들이 꼬리에 꼬리를 물고 흐느적대다가 도약하고 엎드리거나 날아오르는 방식으로 관객들에게 말을 건다. 바닥에 금을 그으며 다시 불러내는 옛집의 방과 부엌, 그 몸짓 위로 오버랩 되는 어머님들의 목소리. 아무에게도 하지 못했을, 혹은 하더라도 아무도 귀 기울이지 않았을 그 이야기 사이로 시간과 공간을 넘어서는 어떤 신성한 힘이 깃든다. 누군가는 자신의

어머니를 떠올리고, 누군가는 자신의 유년 시절을 떠올렸을 것이다. 누군가는 우리가 발 딛고 서 있는 지금 여기를 떠올리고 누군가는 다가올 미래의 풍경을 그려봤을 것이다. 그 모두가 인간들의 풍경이다.

벽 전체에 이미지를 영사하다가 다시 분절된 이미지들, 파편화된 이미지들이 외벽을 떠돈다. 캔버스가 된 건물의 외벽에 다양한 디지털 회화작품들이 전시되다가 문득 화면 속으로 어머님들이 등장해 위인의 동상처럼 혹은 어벤져스의 영웅들처럼 주변을 굽어살핀다. 이 여신들은 공연 말미에 공터에 직접 등장한다. 꽃과 흙을 들고.

7. 이 공연은 매끈한 디지털의 세계 속으로 어떤 아날로그적 감성보다도 투박한 질감을 끌고 들어온다. 개인적으로는 최근 몇 년 동안 본 공연 중 가장 노련하고도 참신한 공연이었다. 숙련된 기술자가 초심을 간직한 어린아이의 상상력을 동시에 갖기란 어렵지만 이 공연은 그게 가능하다는 것을 보여줬다. 어떤 물리적 스펙터클도 기억과 함께하는 인간의 삶, 그 아날로그적 현실과 상상력의 스펙터클을 넘어설 수는 없을 것이다. 가장 최첨단의 디지털 시대에, 가장 아날로그적 신심은 어떻게 가능할지 나는 이 작품을 통해 그 단초를 엿본 기분이 들어 설렌다.

이 글을 쓰게 된 최초의 질문, 즉 현대사회를 살아가는 우리에게 가장 결핍된 것은 무엇일까, 라는 질문에 나는 '신심(信心)'이라고 답할 수 있을 것 같다. 값진 프로젝트로 좋은 경험을 선사해 준 아티스트들과 제작진 모두에게 깊은 감사의 마음과 응원의 박수를 보낸다.

36-3

Essay 5

〈감만 기억〉으로 나열한 단어들에 대하여

창파 (실험실C 아트디렉터)

특수한 집단이나 지역을 이해하고 소통하는 과정은 예술에서 매우 중요한 태도이다. 커뮤니티 아트라 일컫는 예술들이 그러한데 내부의 구성원과 관계를 맺어나가는 과정에서 커뮤니티의 인식 또는 가치의 변화를 이끌거나 사회적 문제의식을 제기한다. 커뮤니티 아트는 예술의 한 장르로 분류하고 있으나 필자는 권력과 계급, 사회와 커뮤니티, 집단과 개인, 향유와 소통과 같은 다양한 이슈를 유영하는 예술에 방식이라 말하겠다. 즉, 사회에서 일어나는 복합적인 서사를 파악해 나가는 예술의 태도인 것이다. 멀티미디어 퍼포먼스 <감만 기억>의 서두를 커뮤니티 아트로 시작하는 이유는 본 공연이 미디어의 실험과 신체적 행위의 탐구라는 측면을 넘어서 드러내는 그 무언가를 있음을 말하기 위함이다. 공연을 보고 난 후 지속적으로 머릿속에서 떠나지 않던 단어들 때문이기도 하다. 그것들은 일종의 어떤 맥락을 갖고 있었는데, 단어를 나열하다 보니 커뮤니티 아트로 모이고 있었다.

로컬리티 - 커뮤니티 - 리서치 - 협업 - 공동 서술 - 미시사 - 기록

이전의 공공 미술이 조형적 작품을 만드는 시각화에 치중했다면, 커뮤니티 아트는 지역의 정체성과 커뮤니티의 현재를 파악하고 주민과 소통하는 과정 중점적 예술이라는 차이를 갖는다. 또한 예술을 매개로 내부 구성원들이 참여하며 다양한 과정에서 가치의 변화를 이끌어 낸다는 점이 매우 특징적이다. 이 예술은 엘리트주의처럼 소수를 위한 고급 예술이 아니며, 오히려 다수의 대중이 향유할 수 있고 교감할 수 있는 방법을 탐색하는 예술인 것이다. 또 예술의 독창성, 진정성, 유일무이성, 저자성으로 대표되는 유미주의 미술과는 상대적으로, 확장된 공공의 장에서 펼쳐지는 예술이다. 예술가와 관객이 창작에 주체적으로 협업하는 공동 서술을 선보이기도 한다. 그러므로 매우 수평적이다. 이미 예술은 제도권 바깥으로 끊임없이 이동하고 역동적으로 움직이고 있으며 현장은 예술가에게 사회 참여적 태도나 매개자, 기획자, 동반자와 같은 창작 외의 역할을 요구하고 있다. 이제 다시 <감만 기억>이다. 어떤 부분이 커뮤니티 아트와 맞닿아 있는가.

낮고 좁고 구부러진

한동안 넋을 잃고 광경을 바라봤다. 11월 4일과 18일, 두 공연의 처음, 첫 장면이다. 감만창의문화촌 5층으로 올라간 관객들은 지붕 끝자락에 몸을 붙여 일렬로 나란히 들어가야 했다. 그곳에서 공연의 시작을 기다리고 있었다. 그때 그 순간 눈에 들어온 모습 때문인가. 언덕으로부터 경사진 골목을 따라 옥상의 행렬이 줄을 세우고 있었고, 평평하지 않은 땅, 집, 길 모두 높낮이가 오밀조밀하였다. 직각을 벗어난 모서리는 제각기 개성이 넘쳤고 참으로 부산스러운 모습이었다. 부산의 동구, 중구, 남구까지 항구를 마주한 경사진 동네는 비슷한 지형을 갖고 있으면서도 동네마다 그 생김새와 정서가 모두 다르다. 바삐 현대를 살아가는 사람들에게는 자신이 사는 장소를 알아가기란 참으로 어려운 일이다. 매번 지나는 길은 그저 삶을 살아내는 통로일 뿐이다. 그러나 <감만 기억>은 관객에게 감만동 전체를 먼저 조망하도록 시야를 열어주었다. '우리는 이제 낮고 좁고 구부러진 저 장소들로 향할 거야' 라고 말하듯이 말이다.

호명하고 떠올리고

첫 번째는 바로 로컬리티이다. 로컬리티는 지역의 정체성이라 하겠다. 용어적으로는 로컬(local)의 추상 명사형이다. 로컬은 지역적이며 장소적인 개념이고, 로컬리티는 그 지역과 장소를 묶는 공통의 의식과 사회적 메커니즘을 포괄•한다. <감만 기억>은 4일에 투어 형식의 공연을 '사전 공연'으로 칭하였고, 비디오 콜라주(비디오 파사드)와 댄스가 결합한 18일 공연을 '본 공연'으로 구분하였다.

필자는 로컬리티와 커뮤니티가 이 두 공연을 관통하고 연결하는 핵심적인 키워드라 주장한다. 우선 사전 공연에서 관객은 안내자를 따라 감만동 지역을 이동하며 공간을 시각으로 촉각으로 후각으로 경험한다. 공감각적인 경험은 강렬한 기억으로 새겨지기 마련이다. 일반적 공연처럼 닫힌 공간에서의 무대가 아닌, 현장에서의 공연이기에 골목과 다채로운 집들의 표정마저 배경으로 무대로 각인되었다. 이러한 현장성은 관객에게 신체의 모든 감각을 열도록 제안하고 동시에 공간의 모든 즉흥적 요소를 극 안으로 포함하는 장소 특정적인 체험을 선사한다. 사전 공연과 본 공연에서 각기 다르지만 이러한 즉흥성이 존재했다. 또한 동네가 지닌 시간의 흔적들은 무용수의 몸과 부딪치며 공간을 그려가고 과거를 자꾸만 호명하였다. 실제로 무용수가 다음 무용수를 부르는 행위는 극의 중간마

• 류지석, 「로컬리톨로지를 위한 시론」 『로컬리티, 인문학의 새로운 지평』 혜안, 2009. p.22. 부산대학교 한국민족문화연구소 편.

다 반복되었는데, 이것은 장면을 전환하는 역할로부터 탈주해 감만동의 로컬리티를, 커뮤니티를, 정체성을, 지난 시간을, 그곳에 삶과 사람들을 일일이 부르며 과거의 기억을 현재적 시간으로 소환시키고 있었다. 이들이 만들어내는 춤의 궤적들이 장소적 특수성과 더해져 현재의 감만을 더욱 강하게 잡아 붙든다. 마치 사라질 시간의 유한함을 기억이라는 영원한 방으로 옮겨 두듯이 말이다.

너무도 유쾌한

옥상, 어느 집 대문 위, 계단과 골목길, 나대지 같은 장소를 무대로 하다 보니 지나가는 주민과 무용수가 겹쳐지는 즉흥적 상황이 종종 발생한다. 행인은 갑자기 주인공처럼 주목을 받기도 하고 극의 미장센이 되기도 하며 가늠할 수 없었던 즉흥성으로 공연에 흡수되었다. 일반적으로 무대를 중심으로 한 극은 배우와 관객을 철저히 분리한다. 그러나 <감만 기억>의 경우, 공연 장소로 이동할 때 출연자와의 대화가 자연스럽고 참여한 주민은 공연에 자신의 이야기를 수다로 덧댄다. 교감은 서로 감정을 나누는 상태를 말한다. 앞서 다양한 집단이나 개인과 소통을 촉발하는 협업이 커뮤니티 아트의 태도라고 하였는데, 이때 교감은 무엇보다 중요하다. 특히 비예술 범주의 사람들과 합의를 이뤄내며 공동의 언어나 몸짓을 만들어야 하는 상황이라면 교감만큼 작품의 승패를 좌우하는 요소는 없을 것이다.

예술가는 지역과 커뮤니티를 이해하고 수용하는 자세로 이를 둘러싸고 있는 정치·경제적 관계, 권력적 메커니즘, 문화적 맥락을 가로지르며 다양한 방법을 시도하게 된다. 커뮤니티 아트에서의 지역에 다가가는 핵심적 쟁점들이 바로 여기에 있다. 지역 커뮤니티의 깊은 속사정은 바깥의 외부자는 알지도 파악하기도 어렵다. 이러한 보이지 않는 커뮤니티의 장벽을 유연하게 넘어가는 기술에는 교감이 반드시 필요하다. 그런 지점에서 <감만 기억>이 감만동 커뮤니티와 이룬 협업 과정을 주목해야만 한다. 이들은 감만동을 장소적으로 리서치하고 개인의 미시사를 집요하게 아카이브 하였다. 이 전술은 커뮤니티가 갖는 주요 쟁점을 우회적으로 또는 유연한 태도로 다룬다. 직접적인 투사의 모습보다는 공감을 불러일으키는 고도의 전략이다. 동시에 예술가에게는 매우 어려운 방식이기도 하다.

허경미 안무가와 홍석진 작가는 각기 안무와 영상에 다수의 연출 경험이 있으며 이들이 나눈 협업이 누적된 만큼 균형 있게 역할을 분배하였다. 이를테면 홍석진 작가는 사전 공연에 배경이 되는 지역을 여름부터 돌아보며 지속적으로 공간 리서치를 수행했다. 허경미 안무가는 주민들에게 자신의 안무를 강요하지 않고 일과를 춤으로 표현하는 법, 가장 하기 싫은 일, 제일 하고 싶은 일 등 일상의 언어로 워크숍에 참여를 유도하였다. 그 동작은 공연 전반에 거쳐 비디오 콜라주나 댄스에서 결정적 상징으로 등장한다. 비디오 콜라주에 삽입된 주민의 춤사위는 워크숍 프로그램에서 주로 촬영되었는데, 촬영 후 바로 가편집을 보여주는 방식으로 과정을 공유하고 어떤 작업인지 이해시켜 커뮤니티의 신뢰를 획득하였다고 한다. 또 무대에서 빨래를 탁-탁- 털어내던 커뮤니티 댄서의 거침없는 장면이나, 무용수와 흥겹게 어우러지는 단체 댄스 장면에서 관객 모두 미소를 짓게 하였다. 이처럼 공연에 커뮤니티가 스며들기까지 그 과정에 얼마나 다양한 장치들이 있었을지 가늠되지 않지만, 그 전술은 제대로 작동하였다. 결론적으로 <감만 기억>은 커뮤니티의 동의를 얻었으며, 그 신뢰가 공연의 토대가 되어 준 것이다.

사소한 그러나 전부인

마지막 단어들은 개인사 또는 미시사의 기록이다. 주민에게 수집한 구술채록 리서치는 공연에 주요한 키워드로 반영하고 있다. 예를 들면 비디오 콜라주나 댄스에서 주민에게 받은 도면은 매우 중요한 상징이 된다. 주민이 자신의 집을 설명하며 그려나갔을 도면은 그 이야기의 시공간을 새긴 채 반복적으로 보여지고 있으며, 주민의 목소리가 덧입혀지면서 자신들이 일궈 온 터전에 대한 기억이 다가올 변화 앞에서 무용한 것임을, 그래도 의미 있는 시간임을 읊조린다. 개인이 들려주는 그의 이야기는 한 사람의 사적인 인생사지만, 그 질곡 안에 부산이라는 지역사와 한국의 근현대사가 맞물려 수많은 접점을 만들고 있다. 이는 다시 관객에게로 감정적 공감을 형성하며 공연이 정점에 도달하는 순간 집단적 기억으로 폭발하게 된다. 이처럼 <감만 기억>은 예술 언어로 주변(개인)으로부터 중심(전체)를 이야기하였으며, 도시의 위계 구조 안에서 감추어진 비공식적 요소를 발굴하였고, 내밀한 개인의 기록과 생활사를 끌어올려 문화적 맥락으로 가시화시킨다.

모든 도시는 고유한 시간을 품는다

존 버거는 <제7의 인간>에서 이렇게 말 한 바 있다. "과거는 마치 현재가 평생의 시간 속으로 들어가는 것을 막는 벽처럼 작용한다. 아니면 뚫고 들어간다고 해도, 즉시 과거와의 관계 속에서 변형되어 버린다. 그가 눈으로 보는 것은 무엇이든지 지금 그가 더 이상 볼 수 없는 것을 생각나게 하며, 현재 보고 있는 것이 아니라 그렇게 해서 생각난 것이 핵심적인 경험이 되는 것이다."

시간은 과거로부터 미래를 향해 연속적으로 흐른다. 지금의 도시 역시 무수히 스러져 간 지나간 도시를 딛고 있음은 자명하다. 그 사이에 지금도 지나는 현재는 무한하지만 찰나의 기억이고, 기억은 항상 현재가 아닌 과거에 기인하므로, 지나온 망각의 시간 속에서 우리는 잊지 않아야 할 기억을 자꾸만 현재로 끌어 올려야 한다. 그것이 존 버거가 말하는 경험이며, 현재를 공유하는 이들과 공동의 기억을 만들어가는 행위가 갖는 중요한 핵심임을 전한다. 그러한 맥락에서 <감만 기억>은 감만동의 고유한 시간을 현재적 이야기로 만들고 있었다. 그리고 그 기억은 도래하는 미래에 앞서 끊임없이 회자하여야 하는 하나의 지표가 되어 주었다.

불현듯 실마리가 풀리는 순간이 있는데, 글 말미에 덧대어 본다. <감만 기억>의 사전 공연과 본 공연은 3주 정도의 시간 차가 있었다. 사전 공연이라는 말이 무색할 정도로 두 공연은 모두 탄탄한 구성이었고 매끄러웠다. 글을 쓰면서 두 공연을 수없이 복기하다 문득 깨달았다. 비디오 콜라주에 등장하는 저 장면 안에 내가 있구나. 렌즈가 향하던 곳을 나도 내리 보았고, 춤이 이어지던 그 길을 나도 같이 걸었던 것이다. 그래서였나. 감만동을 머리보다는 마음으로 받아들였다고 느껴지는 것이. 또 저 유한한 시간에 이토록 아쉬운 것이. 지역 리서치와 미시사에 관심을 둔 이로써 느끼는 긴 여운과 울림에 감사할 따름이다.

Essay 6

증발해버린 도시, 예술로 나누어지는 기억의 무게

허소희 (미디어활동가)

#평생을 한곳에서 보낸 작가…그리고 그만 빠져나온 듯한 변하지 않은 동네

태어난 곳에서 평생을 보낸 사람을 알고 있습니다. 고향에서 한 발짝도 벗어나지 않고, 하루하루를 쌓은 삶에 대해서요. 익숙하지만 새로울 것 하나 없는 음식을 삼시 세끼 먹고, 어제와 별반 다를 것 없는 안부를 매일 아침 이웃과 나누는 일상을 떠올려봅니다. 고요하고도 느슨한 풍경이 그려집니다.

100여 년 전, 포르투갈 리스본에는 페르난두 페소아라는 이름의 사내가 태어났습니다. 그는 어렸을 적 남아프리카에서 잠시 살다 온 시간을 제외하면, 30년 가까이 오로지 리스본에 있었습니다. 검은색 중절모를 쓰고 집 앞 골목길을 수도 없이 오갔을 그의 삶을 생각하면, 무거운 발걸음 소리가 저 멀리서 들리는 듯합니다.

페소아는 여행 한 번 제대로 떠난 적이 없지만, 자신의 방 안에서 국경을 뛰어넘습니다. 그에게 문장이 있었기 때문입니다. 글에는 모두 120명의 화자가 등장합니다. 페소아를 제외하고 119개의 이름이 더 있다는 뜻입니다. 하루는 카에이로, 밤에는 캄푸스, 때로는 레이스가 되어 저마다의 언어와 리듬으로 세상의 아름다움을 노래하고, 인생을 한탄합니다. 오랜 시간이 흐른 지금, 독자는 그 문장을 이정표처럼 들고 리스본을 찾습니다. 손때 묻은 원고 뭉치와 흔한 항구의 풍경에서 페소아의 시선을 가늠합니다. 여전히 좁은 골목길과 매일 바다를 오가는 배는 마치 위대한 작가의 서사를 부려놓는 듯합니다. 페소아만 빠져나온 것처럼 리스본은 그의 기억 그 자체로 남아 있습니다.

#증발해버린 자화상… 빠른 시간 속에서 그림 한 장 얻지 못하는 사람들

언젠가 증발해버린 자화상에 대해 들은 적이 있습니다. 태양의 열기로 뜨거운 아스팔트에 물줄기로 그림을 그리지만, 수분이란 수분은 바짝 증발해버려 결코 완성된 그림을 볼 수 없는 인생에 대해서요. 어쩌면 우리는 모두 정신없이 무언가를 향해 팔을 젓지만, 그림 한 장 손에 쥘 수 없는 운명인지도 모르겠습니다. 자화상 하나 얻지 못하는 허무의 순간을 하루하루 반복하고 있는 지도요.

끊임없이 이동하고 매일 다른 것을 쌓아 올려야 가치를 인정받는 세상에서 오래된 시인의 이야기는 많고 많은 전설 중 하나인지도 모릅니다. 귀한 건 잘 알겠지만, 좀처럼 나와는 상관이 없는 듯한 골동품 상점 같은 존재 일지도요. 이를 예견한 듯 페소아는 말했습니다. '무언가 사라지면 우리 안의 것도 사라진다'고요. 그 위기를 피해 작가는 평생을 거쳐 문장으로 붙잡아두었고, 도시는 녹슬지 않는 이야기 지도가 되어 사람들을 불러 모읍니다.

생은 유한합니다. 생명이 떠나면 적막이 찾아옵니다. 재잘거림이 사라지고, 무거운 침묵이 공터를 포위합니다. 시인의 말처럼 우리 안에도 텅 빈 순간이 생겨납니다. 빠른 속도 앞에서 도시의 소중한 곳간을 지켜내는 건 쉬운 일이 아닙니다. 그래서 우리는 끊임없이 실패했습니다.

#우리가 몰두해야 하는 건 사람들의 기억을 모으는 작업

하지만 삶의 이야기는 시간이 지층처럼 쌓여 만들어집니다. 흩어질 때는 그만큼의 세월이 필요합니다. 이제 우리가 몰두해야 하는 건, 터전을 지키고자 했던 사람들의 마음을 모아 내는 것입니다. 또 멈춰 있는 것에서 의미를 발견하는 일입니다. <감만 기억>은 바로 그런 작품입니다. 몇 개의 가로등만이 서 있는 어두운 골목, 오래된 갈색 새시 사이로 희미한 빛이 새어 나옵니다. 시멘트로 덧발라진 좁은 계단이 마을의 입구입니다. 이곳이 바로 무대의 시작입니다. 금이 간 벽면에 영상이 비치고 동네의 전경이 펼쳐집니다. 낮고 작은 집들이 모여있고, 그 위로 구름이 떠갑니다. 무수한 시간이 흐릅니다.

창문 너머의 사람들은 집안일을 하고, 이웃에게 말을 걸고, 저마다의 일상을 삽니다. 작은방 안에서, 교회 옆 공터에서, 높을 필요 없는 담벼락 위에 춤을 추고, 아지매들은 익숙하게 빨래를 널다 한바탕 춤을 춥니다. 그리고 집의 기억을 읊습니다.

> "큰 평수, 작은 평수 안 부러워. 우리 동네 사는 게 참 행복해. 여기서 큰아들 잘돼서 나갔고, 작은아들 잘 돼서 나갔지. 그만하면 행복하지. 내 나이에."

> "집 살 때는 진짜 이 세상 다 얻은 거 같았어. 남의 집을 10번이나 이사 다니면서, 11번째 집을 샀거든. 세상에 고생 안 한 사람 어디 있겠냐마는 너무 좋아서 돌아가신 우리 시아버지가 도와줬나 싶기도 하더라고."

"우리 집이 네모반듯 안 하고, 이렇게 직사각형으로 생겼어. 대문에 오면 길쭉해. 집이. 대문에서 걸어들어오면 화단이 있지. 감나무도 있고, 감이 주렁주렁 열리고, 가을에 오면 우리 집이 꼭 과수원 같어. 애들 오면 사과도 따고 그래."

감만동에서 오랫동안 살아온 사람들이 주인공이 되고, 화자가 되어 마을의 이야기를 들려줍니다. 살림을 살고 동네를 돌보는 안주인의 모습으로 손님을 환영합니다. 비록 낡고 네모반듯한 집은 아니지만, 가는 길마다 밝은 빛이 있고, 우리가 그 빛을 만들며 살아왔다며 양팔 벌려 선언하는 듯합니다.

기억은 무거운 일… 2018년 11월 18일 감만 기억으로 생겨난 수천 개의 이름

그렇다고 해도 우리는 감만동의 삶을 모를 것입니다. 매일 아침 사람들은 하루를 어떤 마음으로 맞이했을지, 지친 발걸음으로 집으로 돌아올 때 달빛이 동네 어귀에 어떤 모양으로 비쳤을지, 혹여나 지긋지긋하다며 뒤도 안 돌아보고 떠나고 싶었던 적은 없었을지, 그 비틀거림을 붙잡아준 건 무엇이었을지. 그들도 우리와 비슷한 모습으로 살고 있지 않을까 짐작만 할 뿐, 진짜 이야기는 차마 알 수 없을 것입니다.

그러나 부끄러움에 대해서는 조금 알게 되었습니다. 아무것도 없던 도시의 한편에서, 삶을 일궈낸 이들에게 기꺼이 박수 한 번 보내지 않았다는 것을요. 도시 1세대에 대한 영광도, 어려운 시절 용케 살아냈다는 다독임 없이 서둘러 한 세대를 정리하려 했던 세상의 무정함에 대해서요.

어두운 차창 밖에는 공중에 뜬 생선 가시처럼
놀란 듯 새하얗게 서 있는 겨울나무들.
한때 새들을 날려 보냈던 기억의 가지들을 위하여,
어느 계절까지 힘겹게 손을 들고 있는가.
- 기형도, <조치원> 중

시인 기형도는 겨울이 오면 나무가 벌을 선다고 했습니다. 나뭇가지가 새들을 힘껏 날려 보냈던 기억을 가지고 있기에, 추운 겨울에도 힘겹게 손을 들고 있다고요. 그러니깐 기억한다는 것은 아주 무거운 일입니다. 잊지 않겠다는 다짐이자, 그동안의 시간을 소중히 품는 무한한 마음입니다.

예술은 삶에서 길어 올린 서사를 시간의 한계를 뚫고 우리 앞에 내놓습니다. 그래서 우리는 2018년 11월 18일 <감만 기억>으로 기억의 무게를 나눠 가지게 되었습니다. 이제 감만동은 아지매의 디스코 파티, 첫사랑을 기다리는 청년, 술래잡기하며 뛰어노는 아이들…. 그곳을 떠올리는 수천 개의 이름이 되었습니다.

혼자서는 완성할 수 없었던 자화상을 마주하게 되었습니다. 오랜 시간에 거쳐 시커먼 아스팔트에 그려진 도시의 진짜 얼굴입니다. 그들은 정주하되 움직였고, 같은 곳에서 수많은 순간을 만들었습니다. 이웃도, 꿈도, 사랑도 증발해버리는 이 도시에서 서로를 붙들어줄 기억입니다.

1.

강동환

<감만 기억>, 정말 좋은 작업이었다. 감만동에 사시는 분들에게 특히나 기억에 남을 작품이라고 생각한다. 무용수로서도 예술가로서도 기분 좋은 공연이었다. 아직 야외 공연은 적응이 잘 안된다. 변수가 많아서 센스가 많이 필요하고 무엇보다 배움이 많은 게 야외 공연이다. 솔로 부분 춤추는 공간에 유모차 끌고 들어오시는 분도 있었고 2층에서 춤추는데 의도한 건 아니지만 3층에서 보는 관객 한 분도 있었다. 그런 미처 생각 못 했던 일들이 그림도 되고 당황도 되었다. 겉으로 표현 안 했지만 ㅎ

모든 공연에 많은 준비가 필요하지만, 야외는 특히 더 많은 준비가 필요하다는 생각이 든다. 어설프게 준비하는 건 오히려 독이 될 수도 있고 완벽한 것은 없겠지만 관객 입장에서 생각과 관점이 달라질 수 있기에 중요한 부분이다. 보통의 관객은 다양한 예술 분야를 알기보다는 어렵다고 생각하기 십상이기에 더욱 그렇다.

그런데 이 <감만 기억>은 너무나 좋은 작품이라는 생각이 든다. 춤, 영상, 그 밖의 여러 가지가 섞여 이상할 수도 있다고 생각하는 분들이 있겠지만 나는 잘하고 못하고를 떠나 의미가 컸고 관객에게 잘 전달되었기에 흐뭇했으며 최고였다. 솔직히 홍석진 감독님과는 3번을 작업했는데, 특히나 이번에 나에게 많은 도전을 하게 해서 작품을 하는 동안 많이 예민했던 거 같고 힘들었고 고민이 많았다. 목숨(?)을 걸고 한다고 한들 잘할 수 있을까? 이런 걱정이 많아서 힘들었다. 어쩌면 내 성격 때문에 더 그랬겠지만. 그렇다고 즐겁지 않았다는 건 아니다. 재미있었고 즐거웠다. 다만 내가 망칠까 걱정이 컸다. 하지만 그 덕에 성장하는 계기가 되었던 거 같다. 감사하고 감사하다. 직접적으로 말하기엔 많이 부끄럽기에 글로 표현해두고 싶다.

무용수로 과연 어디까지 전달할 수 있을지, 늘 분명한 한계를 느낀다. 그런데 이번에는 그 한계를 영상이랑 함께 가보았고 뜻깊었기에 영상과 춤의 콜라보레이션을 더 많이 해보고 싶고 계속해서 일반 관객분들과 소통을 하고 싶다. 나에게는 정말 의미가 있는 이야기여서 좋았고 이 작품에 참가

하여 정말 뿌듯했다. 작품에 초대해 주신 허경미 선생님에게도 항상 감사한 마음이다. 투덜대도 좋게 받아주고 믿어주셨다. 그리고 같이 뛴 허성준, 엄효빈. 동생들이지만 옆에서 많이 챙겨주고 잘하는 예술가이자 무용수들인 이 두 친구한테도 감사 인사를 전한다.

2.

엄효빈

작업을 위해 감만 곳곳을 다니던 기억이 난다. 왼쪽엔 편의점, 오른쪽엔 길고양이들이 살던 밭 사이의 언덕배기. 한 사람 겨우 지난다 싶은 골목인데 맞은편에 사람이 오면 신기하게 넓어지던 사잇길. 이층 아저씨가 늘 내려다보고 있어 조금만 떠들어도 혼꾸멍났던 골목. 대문을 조금만 지나서 올라가면 상추, 고추를 빽빽이 심고 이름 모를 나무를 키우던 아주머니댁. 겁이 나서 짖는지 집 지키려 짖는지 얼굴은 빼꼼하지만 소리만큼은 당차던 동네 개들. 뭘 그리 잘못했는지 손을 싹싹 빌며 아버지한테 쫓겨나던 남자 꼬맹이. 빈집에서 영상을 찍으니 거기서 뭐 하냐 계속 물으시던, 알고 보니 집주인이시던 마음 좋은 아주머니. 동환 오빠 대문 위에 춤추니 구경하고 싶다던 교복 입은 소녀. 공연할 터를 내주시고 시원한 환타를 주시던 사장님. 쑥스러워하셔서 제대로 인사 한번 못했지만 리허설, 공연 항상 곁에 계시던 박스 씬 건물 사장님. 감만에 대한 마음을 보여주시고 외부인도 감만을 사랑하게 만들어주신 우리 주인공, 어머니들과 지우. 그리고 감만을 기억하기 위해 쌀쌀한 날 함께 걷고 멈추고 감각하던 관객들. 영상을 담고 몸짓으로 기억하려 했지만 따듯하고 호기심 많은 사람들로 기억될 감만. 사람 손을 타지 않은 집은 생기를 잃듯 감만 주민들이 없었으면 퍼석퍼석했을 이 공연을 멋지게 기획하고 이끌어주신 홍 감독님과 허경미 선생님께, 이번에도 함께 할 수 있어 영광인 춤꾼들과 스태프분들에게도 감사 인사를 드립니다.

3.

허성준

어찌 될까, 어찌 될까 하며 작품을 준비하던 순간들이 있었습니다. 소공연부터 이어져 왔던 약간의 막연한 걱정이 공연 당일까지도 남아 있었지만 해가 저물고 날이 어두워지자, 밝아지기 시작한 물레방아 옆 주차장으로 감만동 주민들과 관객들이 모이며 서성이기 시작했고 곧이어 동항교회의 벽면에 영상이 쏘아지면서부터 시작된 공연은 한 장면, 한 장면마다 감만동의 흔적들이 가득했고 막연했던 불안감은 다음 장면들에 대한 기대감이 되어 출연자인 저 또한 작품을 재미있게 바라보다 그 속에서 함께 몸을 움직여 나갔습니다. 여러모로 의미가 있는 작품에 함께하고 만들게 되어 기분이 좋고 몇 년 후 지금의 감만동을 기억하려 할 때 그 의미가 더 깊어질 것 같습니다. 함께 하신 많은 분이 고생하셔서 만든 작품이 좋은 결과로 마무리되어 행복하고 다음에 또 함께했으면 좋겠습니다. PEACE!!

지금 살고 있는 집에서 도로 하나를 사이에 두고 집들이 텅 비었다. 빈집 곳곳에는 재개발로 비워진 집이라는 표시로 빨간딱지가 붙었다. 지금은 비워진 집들이 다닥다닥 붙어있는 골목을 어릴 적 뛰어놀았다. 우리끼리 네모난 집이라고 불렀던 단칸방 다락에서 과학전집을 들여다보던 기억, 분식집에서 쫀드기를 입가에 설탕 묻혀가며 먹던 기억. 굽이굽이 휘어지고 경사진, 그 어릴 적 동네를 뛰어다니던 기억이 이제는 흐릿하다. 오랫동안 사람들이 살았던 집은 폐허가 되었다.

오늘 감만동에 곧 재개발될 동네에서 본 공연의 잔상을 끄집어내려 보니 이상하게 우리 동네가 생각났다. 오래되어 낡은 집들. 그러나 제각각의 매력으로 생긴 집들. 그 집들 사이 공터에서 동네를 기억한다. 평생 한번도 와본 적 없는 이 동네가 익숙하고 정겨운 건 부산 어디라도 있을법한 동네여서일까. 아니 사실은, 항구를 끼고 있는 이곳이 더 아름답기도 하다. 비워진 집들은 공연장이, 오래간 자리를 지킨 교회의 외벽이 스크린이자 배경이 되어버린 공연장에서 이런 기억을 가지고 사라질 동네가 문득 부럽다고 생각했다. 그러나 사라지지 않았으면, 굽이치고 경사진 길들이 그대로 남아줬으면 하는 욕심도.

사람들이 떠나고 비워진 집은 어떤 모습으로 사라지게 될까. 흰옷을 입고 골목골목으로 나타난 이들은 집의 생령, 혹은 남겨진 기억 같기도 했다. 그리고 그곳에서 살아왔던 사람들의 몸짓. 공연이 제일 잘 보이는 경사로에 모인 어머님들은 자신이 나온 영상을 가리키며 수줍게 웃었다. 파란 하늘 구름이 둥둥 떠다니는 동네의 전경을 보며 참, 예쁘다고 생각했다.

오래된 집들이 무너지고 다시 세워질 네모반듯한 아파트들을 못내 미워한다. 동네 아주머니들은 재개발 예정지를 보며 언제쯤 아파트가 들어서려나, 하고 수군댄다. 그 곁을 지나는 나는 그 아파트에는 누가 살려나, 생각한다. 사람들이 떠나고 난 빈집들을 찍어두려 마음먹었던 적이 있었다. 마음만 먹고 내내 미뤄두고 있다.

-최예송 (문화기획자)

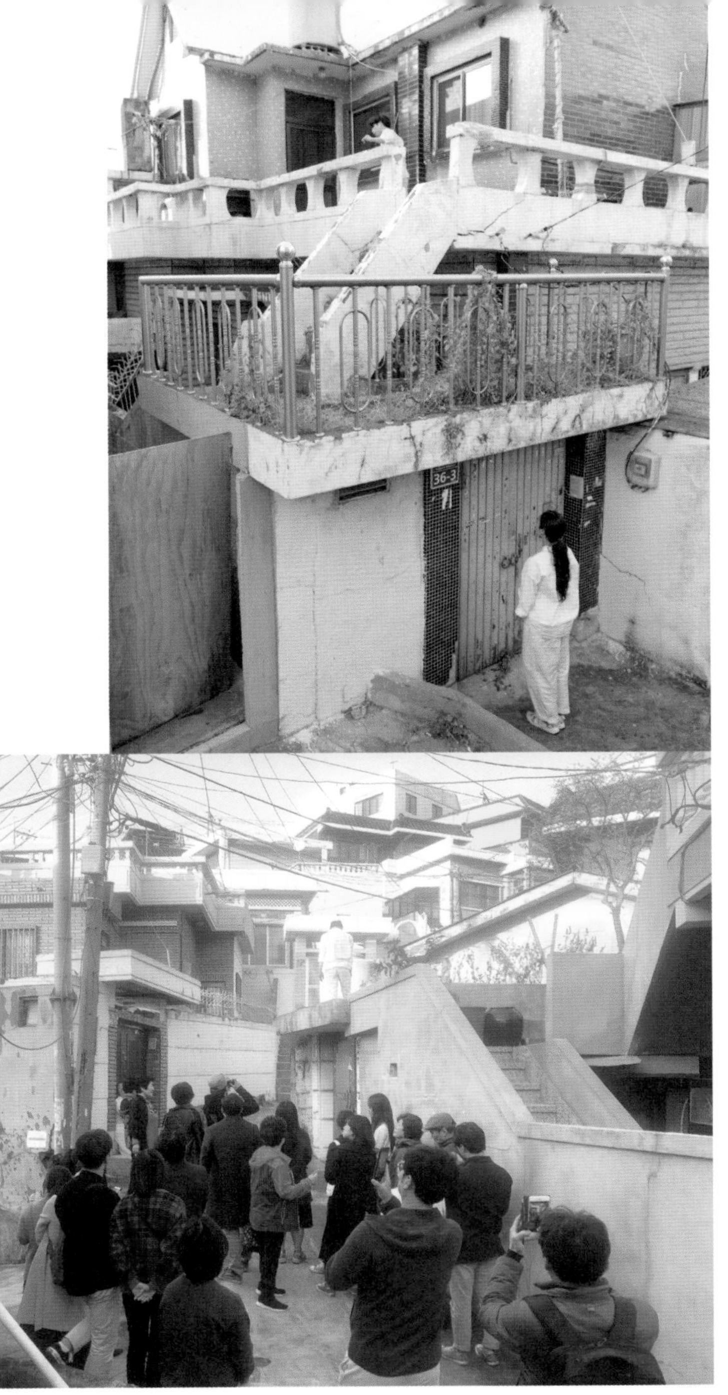
36-3

스트리밍 시티

2017

2017년 9월 22일(금) 오후 8시에 부산 동래구 명륜동 지하철역 일대를 돌며 진행한 멀티미디어 퍼포먼스이다. 페이스북이라는 SNS 플랫폼을 이용한 영상과 무용의 콜라보레이션 작업으로 페이스북 라이브 스트리밍으로 영사되는 이미지들이 온천천이라는 또다른 스트림 위에서 무용수들과 함께 흘러가며 아날로그와 디지털이 공존하는 퍼레이드를 만들어낸다.

연출: 홍석진
조연출: 김보민
움직임 연출: 허경미
안무/출연: 강동환, 김평수, 김현정, 엄효빈, 장일국
프로젝트매니저: 이연승
모션그래픽/프로젝션맵핑: 진홍스튜디오, 김기석

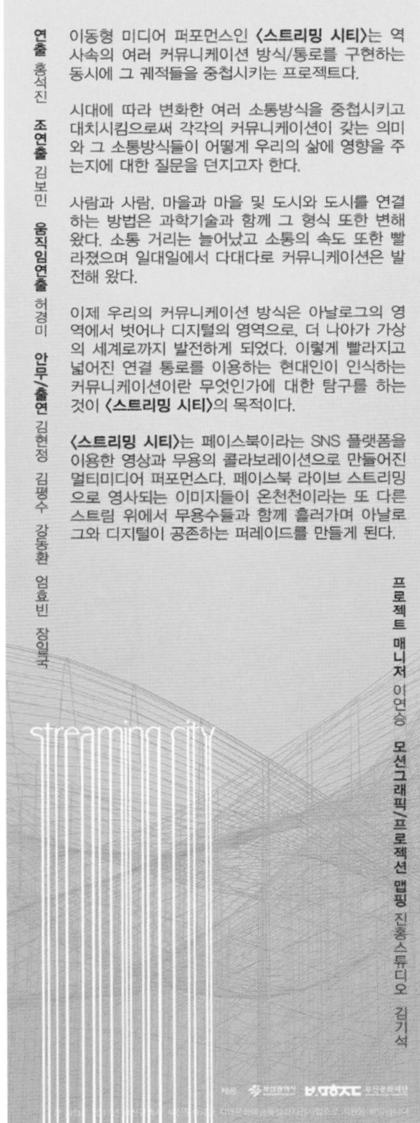

〈스트리밍 시티Streaming City〉를 기획하며 (홍석진)

이동형 미디어 퍼포먼스인 <스트리밍 시티>는 역사 속의 여러 커뮤니케이션 방식/통로를 구현하는 동시에 그 궤적들을 중첩시키는 프로젝트다. 시대를 달리하는 다양한 소통방식을 중첩 및 대치시킴으로써 각각의 커뮤니케이션이 갖는 의미와 소통방식들이 어떻게 우리의 삶에 영향을 주는지 질문을 던지고자 한다.

사람과 사람, 마을과 마을 및 도시와 도시를 연결하는 방법은 과학기술과 함께 그 형식 또한 변해 왔다. 소통 거리는 늘어났고 소통의 속도 또한 빨라졌으며 일대일에서 다대다로 커뮤니케이션은 발전해 왔다. 이제 우리의 커뮤니케이션 방식은 아날로그 영역에서 벗어나 디지털의 영역으로, 더 나아가 가상의 세계까지 확장되었다. 이렇게 빨라지고 넓어진 연결 통로를 이용하는 현대인이 인식하는 커뮤니케이션의 정체는 과연 무엇인지 연구하는 것이 <스트리밍시티> 퍼포먼스의 목적이다.

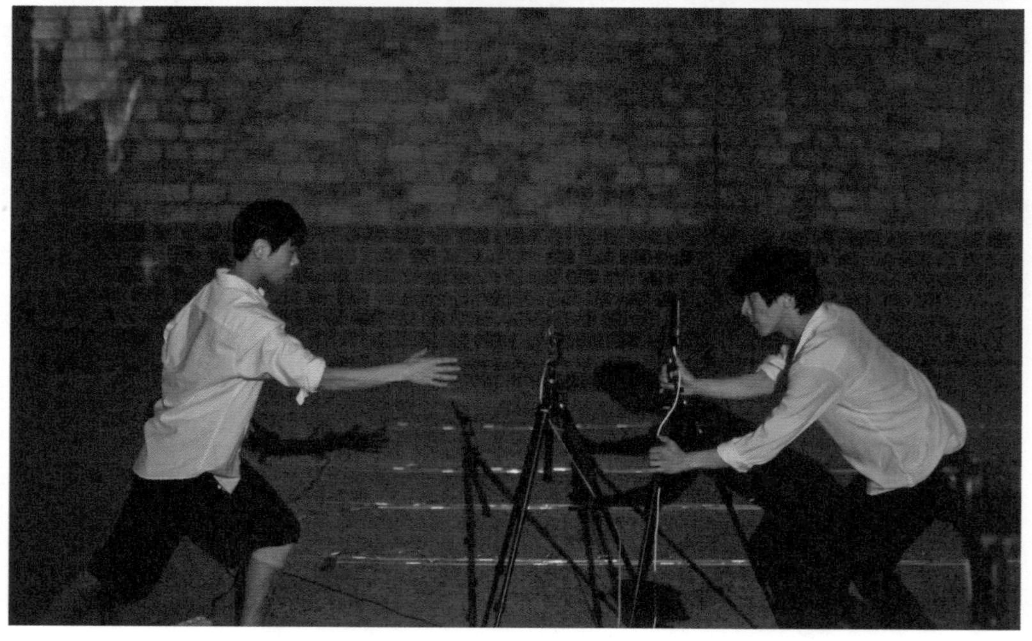

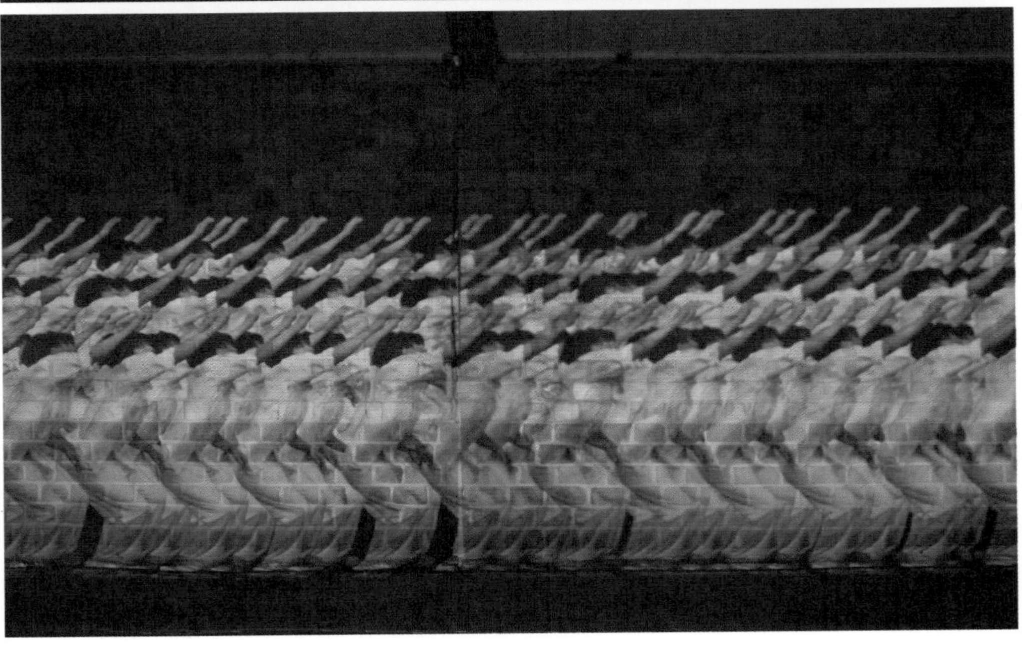

다이얼로그

2016

<다이얼로그: 바이트의 궤적>은 2016년 11월 25일(금)과 26일(토) 오후 8시에 영화의전당 비프힐 1층에서 진행된 멀티미디어 퍼포먼스이다. 2015년 진행된 <바디 오브프로젝션즈>의 연작으로 홍석진이 총연출을 맡고 무용가 허종원, 허경미, 엄효빈, 박세준, 허성준, 뮤직 크루 Veilofignorance의 김프로 등 다양한 장르의 지역 중견 예술가들이 협업하여 현실과 초현실, 실재와 가상을 넘나들고 몸의 움직임과 영상, 음악 등이 조응하며 낯설면서도 새로운 시도를 했던 작품이다. 무용이라는 장르와 몸이라는 오브제가 가진 물리적 시공간의 한계를 영상 및 미디어를 활용해 확장함으로써 새로운 다원예술의 가능성을 보여주고 평소 관객이 소화하기 어려워하는 무용이란 장르예술을 영상의 스펙터클과 대중성의 요소들을 통해 보다 친근하게 다가갈 수 있도록 유도했다.

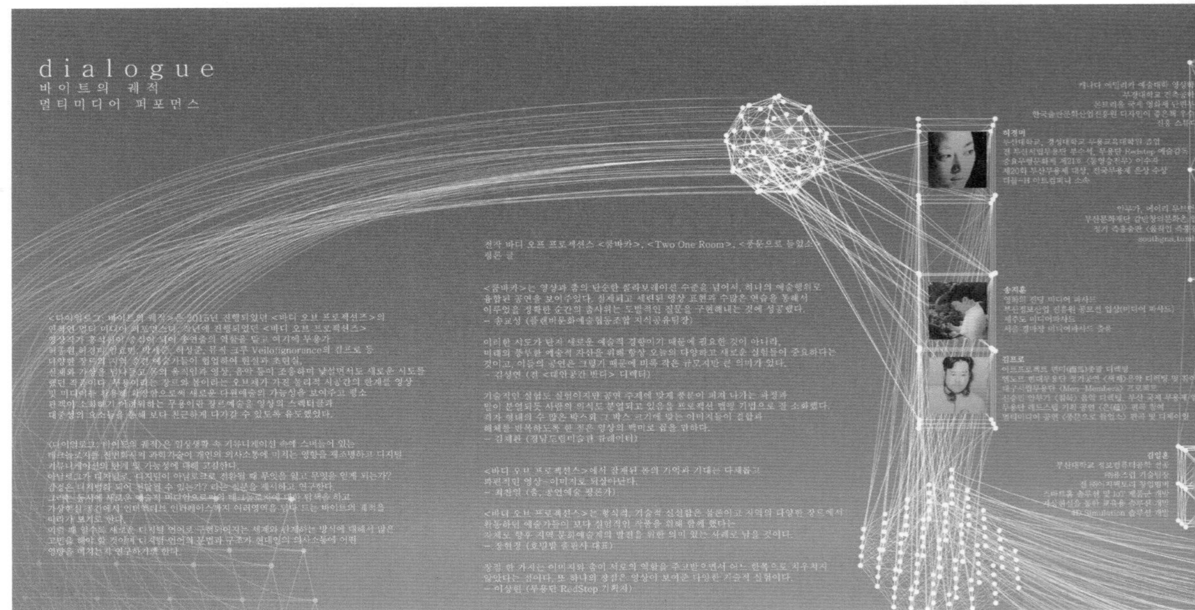

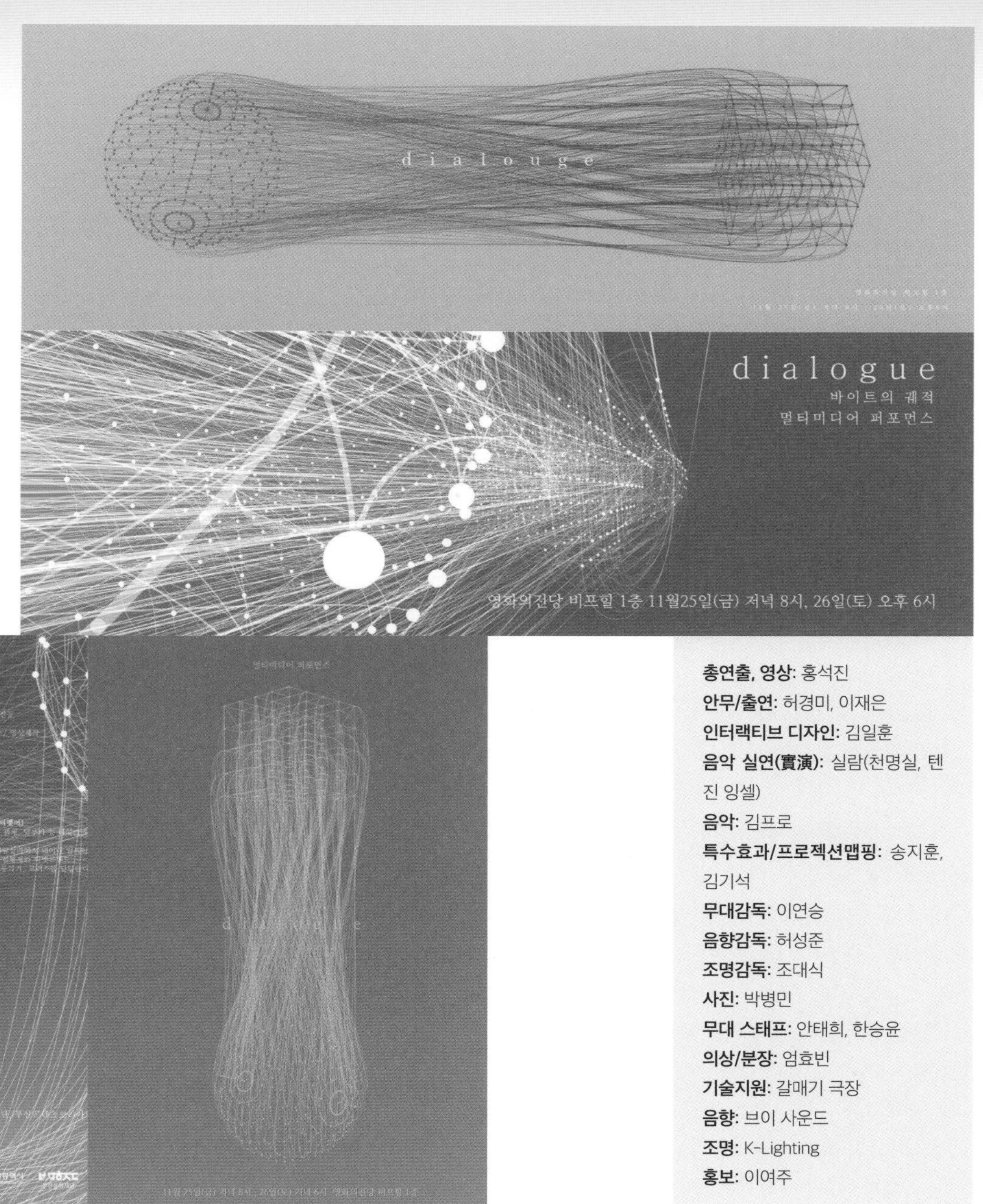

총연출, 영상: 홍석진
안무/출연: 허경미, 이재은
인터랙티브 디자인: 김일훈
음악 실연(實演): 실람(천명실, 텐진 잉셀)
음악: 김프로
특수효과/프로젝션맵핑: 송지훈, 김기석
무대감독: 이연승
음향감독: 허성준
조명감독: 조대식
사진: 박병민
무대 스태프: 안태희, 한승윤
의상/분장: 엄효빈
기술지원: 갈매기 극장
음향: 브이 사운드
조명: K-Lighting
홍보: 이여주

다원예술프로젝트 'Dialogue : 바이트의 궤적'을 기획하며 (홍석진)

과학기술은 어느덧 우리 삶 전반에 아주 깊숙이 스며들어 있고 우리가 의식하던 그렇지 못하던 아주 많은 영향을 끼치고 있다. 현대인의 생활 중에서도 커뮤니케이션에서 테크놀로지의 역할은 매우 중요하다. 예를 들어 간단한 전화 통화에 들어가는 연산, 코딩 및 네트워크 시스템조차도 어마어마하다.

입 > 마이크 (ADC) > 인코딩 > 패킷교환망 -> 디코딩 > 스피커 (ADC) > 귀

- ADC : Analog to Digital Converter (아날로그-디지털 컨버터)
- DAC : Digital To Analog Converter (디지털-아날로그 컨버터)

위의 과정처럼 한 사람의 목소리가 다른 곳으로 전달되기 위하여 목소리는 아날로그에서 디지털로, 디지털에서 아날로그의 변환 과정을 거치며 패킷교환망의 경우 기지국에서 EPC 망으로, 다시 EPC 망에서 기지국으로 전달되는 과정에 있어 가장 효율적인 전송방법을 택하기 위해 다시 한번 압축, 변조의 과정을 거치게 된다. 이런 과정에서 원래의 목소리가 최종적으로 통화하는 사람의 귀에 들어갈 때까지 어떤 변화를 겪는가에 대해서 연구하는 것이 이번 프로젝트의 목적 중 하나이다.

인간의 감정을 쉽고 빠르게 표현하기 위해서 이모티콘이라는 것이 만들어졌다. 그러나 이제는 그 이모티콘들로 인해 오히려 사람들의 감정들이 규격화되는 현상이 나타나고 있다. 자신의 감정을 시스템에서 제공하는 몇몇 이미지들로 전달하게 된 것이다.

전체 의사소통 중에 아주 큰 부분을 차지하는 소셜 네트워크 시스템이나 모바일 메신저 서비스에서 사람들은 이모티콘으로 규격화된 감정들을 서로 주고받는다. 이미지로써 자신의 이미지를 구축하는 SNS 사용자들은 디지털 이미지를 보정 및 보강해서 더욱 화려하고 아름다운 자신의 이미지를 만들어 낸다. 이렇듯 현대의 통신자들은 거대한 디지털 커뮤니케이션 구조가 만들어낸 이미지를 소비하며 자신을 표현하고 전달한다. <다이얼로그>는 그런 디지털 구조를 노출함으로써 개인들의 의사소통 과정에 대한 새로운 인식틀을 만들고 그 틀을 바탕으로 디지털 언어로부터 감정이 소외당하지 않게 하는 것이 목표이다.

고대 인간은 커뮤니케이션을 더 원활하게 하기 위해 언어를 만들었다. 언어는 고차원적 커뮤니케이션을 가능하게 했고 그로 인해 문명이 발생하고 문화가 발전했다. 그러나 그런 언어로 인해 인간이 가지고 있던 원초적인 감정들은 배제되었고 언어로 생각하기 시

작한 인간은 이제 언어 밖에서 생각할 수 없게 되었다. 현대의 인간도 디지털 언어로 인해 비약적인 발전을 했으나 고대 인간들처럼 디지털 구조 안에 구속되어 가고 있다.

가상현실에서부터 인터렉티브 인터페이스까지 인간의 표현 영역은 기하급수적인 속도로 확장 되어가고 있다. 이럴 때일수록 이런 새로운 디지털 언어로 구현되는 세계와 관계하는 방식에 대해서 많은 고민을 해야 할 것이며 디지털 언어로 인간의 감정을 표현하고 전달하는 것에 대한 새로운 가능성에 대해 생각해 보고자 한다.

무용수와 뮤지션은 서로의 동작과 음악을 보는 동시에 듣고 같이 교감하면서 작품을 만들어 나간다. 그러나 이번 프로젝트에서는 인간과 인간 사이에 숨어 있는 테크놀로지를 전면에 내세우기 위해 무용수와 뮤지션 사이에 프로그래머를 위치시킨다. 무용수와 뮤지션 사이에 프로그래머를 통한 알고리즘이 전달자/통역이 되어 감정, 느낌 및 정보를 전달하며 공연을 만들어 나간다.

카메라를 통해 인식한 무용수의 동작을 프로그래머는 특정한 알고리즘을 사용하여 전자음악으로 전환하고 그 전환된 음악에 맞추어 뮤지션은 연주를 하게 된다. 그리고 또 다시 뮤지션이 연주하는 곡은 마이크를 통해 인식되어 알고리즘을 거쳐 영상으로 전환된 후 무용수는 그 영상을 보고 또 춤을 추게 된다. 이 과정은 반복된다. 이렇게 반복되는 사이클에서 무용수의 느낌과 뮤지션의 감정이 어떻게 변화하는 것을 관찰한다. 인간의 감정을 비언어적으로 몸짓과 소리로 전달하는 과정에서 어떤 변화와 전환을 겪는지 관찰하고 새로운 전달방식의 가능성을 탐구한다.

이번 퍼포먼스와 같은 세트업은 감정의 영역 변화를 보여 주기 위해 설계되었다. 여기서 3가지 영역에서 정보는 서로 반복해서 전환된다.

a. 아날로그→ 디지털→ 아날로그
b. 청각→ 시각→ 청각
c. 인간→ 기계→ 인간

아날로그에서 디지털로 감정/정보는 계속해서 전환되고 전환되는 과정에서 인간(무용수, 뮤지션) 또는 알고리즘(컴퓨터)은 서로의 감흥을 주고받으면서 하나의 작품을 만들어 나간다. 무용수의 동작이 음악으로 전화되는 과정은 아날로그와 디지털 사이의 전환뿐만 아니라 청각이라는 감각과 시각이라는 감각 사이의 전환을 뜻하기도 한다. 무용수의 동작이 음악이 되는 것은 시각의 청각화이고 뮤지션의 음악이 영상이 되는 것은 청각의 시각화이다. 동시에 인간과 기계 사이의 전환이 있다. 무용수에서 컴퓨터 프로그램으로 다시 뮤지션으로 도는 순환에서 인간적이고 기계적인 이분법적인 구분을 넘어 인간과 테크놀로지의 새로운 관계를 탐색하여 디지털 커뮤니케이션의 새로운 패러다임을 제시하는 것이 목표이다.

Critique 1

〈다이얼로그〉, 테크노에틱 커뮤니케이션 시대를 논하다

정재형 (경성대 교양학부 교수)

#테크놀로지, 소통의 틀을 휘어놓다

1871년 프랑스의 시인 랭보는 기존의 언어 표현에 따른 제약에 반발, 자신이 쓴 시어(詩語)에 소리와 빛깔을 병치함으로써 조응 감각의 수용계를 청각에서 시각적 리듬으로 넓히고자 했다.* 이러한 커뮤니케이션 소통 방식의 확장은 140여 년이 지난 현재에도 범주와 양상을 달리한 채 커뮤니케이션의 새로운 채널 모색이라는 목적성 분명한 퍼포먼스 형태로 시도되고 있다. 지난 2016년 11월, 부산 영화의 전당 내 비프힐의 작은 터에서 펼쳐진 <Dialogue : 바이트의 궤적이 그러하다.

디지털 퍼포먼스 <Dialogue : 바이트의 궤적>(이하 '다이얼로그'로 줄임)은 앞서 시도했던 프로젝션 맵핑이나 미디어 파사드 방식을 넘어 장르상 위계를 배제한 춤과 다채널 소통 기제(Device)로써 혼종(Hybridity)을 시도하고 있다. 이 공연은 일상의 의사전달에서 볼 수 있는 자·모음 결합에 의한 통사적(Syntactic) 체계와 연합이 아닌, 신체언어로서 디오니소스적 춤과 미디어 시스템 속에 존재하는 영상과 음악, 바이트 표현 등을 도구 삼아, '일상생활 속에 스며있는 테크놀로지를 전면화한 과학기술이 개인의 의사소통에 어떻게 영향을 미치고 또한 영향을 받는지' 진단하는 계기가 되었다.

진단 내용으로는 먼저, 기계와 시스템[技術]의 연동으로 치밀하게 계산해 낸 '디지털 언어'의 실체는 무엇이며, '디지털 언어로부터 인간 감정이 소외되지 않게' 하기 위해서는 디지털 시스템상에서 상호 소통에 필요한 인식의 틀을 어떻게 구축하고, 또 어떤 방식으로 매체 간 조율을 해나갈 것인가 등이다.

* 랭보(A. Rimbaud)는 시(詩) '모음들(Voyelles)'에서 첫 시행의 시어(詩語)를 'A noire, E blanc …' 등으로 표기한 뒤 'A[a] noire'는 '까망으로 힘이나 부패, 점령과 같은 악(惡)'을 뜻하고, 'E[e] blanc'는 '하양으로서 순수, 정상, 활기의 상승'과 같은 의미를 부여함으로써 이른바 공감각적 표현을 시도하였다. - 박지선, 「모음 Voyelles의 색채의 의미작용에 대한 문체론적 접근」, 한국프랑스학논집 제54집, 2006. 본문 내용 일부 편집

• <매트릭스>(The Matrix)는 1999년 미국 앤디와 래리 워쇼스키 형제가 구상하여 만든 영화로서, 인공두뇌를 장착한 컴퓨터에 지배되는 가상현실 공간 매트릭스에서 탈출하고자 하는 모피어스가 이끄는 해커 조직과 그들이 찾아낸 구원자 네오의 해커 해체반의 사투를 그리고 있다. 정보공학에 기반 한 가상현실을 다루고 있는, 1990년대 대표적인 에스에프(SF) 판타지이다.

소통을 위한 유기적 조정의 주체가 인간에게서 기계로 넘어간 상태에서 시스템으로부터 제공되는 특정한 이미지나 사운드 프로세싱 알고리즘의 효용성 진단은 이번 작업의 향후 진전 가능성을 가늠해 볼 수 있는 의미 있는 지표가 된다.

소통은 태생적으로 '닮은꼴 대화'[twin-logue]를 지향한다. 작품 <다이얼로그>에서 도입과정이 두 춤꾼의 소박한 대화(di-a-logue & dance)에서부터 시작되는 것은 그러한 상황을 보여주기 위한 것으로 판단된다. 그러나 이후 몇 단계 프로세스를 거쳐 가상현실로 재현됐을 땐 그것은 이미 '다원화된 소통'(multi-communication)으로 확장되어 초기에 단순 명확해 보이던 소통의 주체가 모호한 상태로 바뀌게 된다.

그것은 마치 오래전 가상 미래를 그린 영화 '매트릭스•'의 한 장면에서 나오는 모피어스와 네오의 대화처럼 '우리가 기계에 연결되어 있다고 생각하는 순간, 인간과 기계 사이에서 과연 누가 조종하고 조종받는 것인지 판단하기가 모호해져' 버린 것과 같다. 즉 <다이얼로그>에서 모색하는 '디지털 커뮤니케이션의 새로운 가능성'이란 기계에 의해 인간이 인큐베이팅되는 미래 세계에서 인간과 기계 간 상호 '조종(操縱)의 주체'가 무의미해진 다채널 커뮤니케이션 상황의 도래를 뜻하는 것이다.

#구조적 접속으로 잉태된 디지털 언어

문화가 풍요로워질수록 인간의 의사소통 체계와 그에 따른 의미망은 더 복잡해지고 촘촘해진다. 그러나 미디어 간 장르 위계마저 벗어 던져버린 <다이얼로그>에서는 그러한 조밀한 인간언어의 소통을 전제하고 있지는 않다. '감성 및 정보'와 '디지털' 매체 간 순환 소통을 다루고 있는 이 작업에서는 인간언어의 인지적 연계가 아닌 시스템상의 '구조적 접속'을 기저로 소통을 주도하고 있다는 사실에 주목해야 한다.

<다이얼로그>에서는 기획 의도를 통해 '일상의 인간 언어 소통을 넘어 테크놀로지가 우리 일상에 끼치는 영향 관계'를 알고자 했다. 그러나 그 영향 관계는 테크놀로지가 만들어낸 소통의 실체가 무엇인지 먼저 밝혀져야만 규명될 수 있다.

변방의 유인원 호모 사피엔스가 진화의 단계를 거치며 합리적 소통 방법으로서 '언어'를 창안(創案)해 낸 이후, 인간은 의사소통을 수단으로 도시를 건설하고 신과 권력을 신봉하기에 이른다. 그러나 이제는 오히려 그 진화의 총아인 '언어'로 인해 사고(思考)에 제약을 받게 되었다. 인간은 제 감정마저 낱낱으로 조각낸 언어 형식에 가둠으로써 더 이상 표현의 영역을 넓혀가지 못하는 지경에 처한 것이다. <다이얼로그>는 이 역설적 현상을 디지털 테크놀로지를 활용한 시스템으로써 소통적 전회(communicational turn)를 시도하고 있다.

현장에 도입된 춤은 종래 '무용'이라는 독립된 장르의 그것이 아닌 실사 이미지와 그 행위로써 재현된 아바타이다. 이 행위를 동작인식 카메라로 읽어 들인 뒤 그것이 의미하는 바를 시스템을 통해 재구성하는데, 이때 도출된 결과(outpu)t는 흔히 보는 이모티콘처럼 고착된 시각 상징물과는 전혀 다르다. 다시 말해 <다이얼로그> 속 '춤'은 시스템으로 유입되고, 프로그래머의 기계적 조작과 해석 과정을 거쳐 다시 춤이나 음악, 영상 등으로 표출되는, 소통 도구용 언어로 만들어진, '외연이 확장된 언어'라고 할 수 있다.•

• 몸짓은 사회에서 오랫동안 통용된 움직임의 양식이다. 그러나 '달리기, 뜀박질 등은 새로운 움직임이라기보다는 단지 걷기의 속도를 높인 것으로서··· 걷기가 그저 하나의 선을 따라가는 직선적 운동이라면 장식적 동작들로 이루어진 춤은 '성과의 원리'에서 완전히 벗어나 있는 사치이다'라고 본 한병철(B.C.Han, 김태환 역, 『피로사회 Mudigkeitsgesellschaft』, 문학과 지성사, 2012, pp.32~34)의 견해는 춤을 신체-운동적 관점의 효율성으로서만 따져본 것으로서, 이른바 '성과의 원리'와는 본질적으로 다르다. 춤이 만들어내는 긴장은 직선의 차가움과 곡선의 따뜻함을 모았다 다시 풀어내는, 풍부한 동작 표출이라고 할 수 있다. 그러므로 이러한 춤을 '소통에 수반되는 외연이 확장된 언어 표현'으로 보는 것은 당연하다.

그렇다면 다시 앞선 물음으로 되돌아 가보자. 우리가 이 공연을 통해 지각하고 있는, 기계와 시스템[技術]의 연동으로 치밀하게 계산해 낸 '디지털 언어'의 실체는 무엇인가. 그것을 우리는 시스템에서 재구축된 - 확장되고 계획된 알고리즘의 총합으로 볼 수 있지 않을까. 그리고 어쩌면 그것은 거대한 디지털 커뮤니케이션의 구조적 접속으로 잉태된, 소비하는 대상으로서의 이미지가 아닐까.

#디지털 시스템의 확장과 테크노에틱 커뮤니케이션

<다이얼로그>에서는 균형 잡힌 구도가 돋보인다. 따뜻함과 차가움으로 대비되는 무용의 두 축은 공연에서 주요 프레임으로 작용하는 아날로그와 디지털적 수단과 상응한다. 그리고 이 틀에 얹혀가는 수많은 바이트의 궤적은 복제된 아바타 무용수와 더블 매칭됨으로써, 확장되거나 때론 서로 충돌하

여 변형·소멸되면서 선명한 시·청각적 대비를 이룬다. 아날로그적 '감성'을 규격에 맞게 정보화한 뒤 디지털 소스를 통해 이를 변용하거나 확대함으로써, 소통을 구조화시키는 수단으로 활용하고 있는 것이다.

이는 강력한 비트의 리듬과 빛, 이미지, 바이트로 구성되는, 적당히 온기가 있는 미디어 커뮤니케이션이라는 새로운 유동적(fluid) 소통 방식으로서, 마치 메마른(디지털) 세계와 온화한(아날로그) 세계 사이에 잠재된 가능성으로서 소통의 인터페이스가 놓여 있는 것과 같다.

인지언어학(cognitive linguistics, 認知-)에서 이미지 스키마는 다양한 형태와 방식으로 개념을 넓혀간다. 예를 들어 '그릇(container)'이라는 이미지의 경우, 이는 '철수는 [연구실]에 들어갔다'에서처럼 물리적 공간에서부터 '철수는 드디어 [촛불국민행동모임]에 들어갔다'의 사회적 공간으로, 그리고 '철수는 조울증에서 이제 [울증 상태]에 들어갔다'의 심리적 공간으로 확장시켜 간다.

이에 반해 <다이얼로그>에서 개념 확대는 전적으로 '테크놀로지 시스템'에 의존한다. 그것은 촘스키가 말하는 생득적(生得的) 언어습득 기제를 가동한 언어정보화가 아닌, 리얼타임 카메라나 마이크에 의해 인식되거나 캡처되어 이미지나 사운드의 교차해석에 따라 시스템 속에서 정교하게 리엔지니어링(reengineering)되어 무한 재생된다는 점에서 인간언어의 인지적 확장과는 궤를 달리한다.

영상이 공연의 미장센을 구성하면서 공간을 채우거나 비우기도 하고, 큐브 같은 틀에 갇히기도 하며 춤꾼과 동등한 무게로 다루어지고 있는 점은 이번 작품에서 놓쳐서는 안 되는 중요 포인트이다. 그것은 무용과 영상, 사운드 모두가 독자적 영역을 갖고, 개별 움직임에 의해 다양한 형식과 의미로 구축되어 시간과 동작에 따라 그 형식이 상호 연계돼 유동함으로써, 소통에 필요한 공통 의미 맥락을 유지하고 있기 때문이다.

무대장치 또한 단순한 배경 요소가 아닌 무용수와 영상 간 다채널 의미 순환을 위한 연결고리로 존재한다는 점에서 '소통을 위한 인식 틀'은 매우 입체적이고 상호적이어야 함을 알 수 있다. 이는 디지털 언어로부터 인간 감정이 소외되지 않게 하기 위해 매체 간 밀도 높은 조작(操作)과 설계가 왜 필요한지를 보여주는 것으로, <다이얼로그> 제작팀에서 앞으로 더 고민해야 할 부분이기도 하다.

소통의 항진(亢進)과 역진(逆進)의 상보적 관계를 보여준 춤의 아바타, 즉 춤꾼의 움직임과 방향의 대칭적 존재로서 아바타는 조명과 카메라 위치, 카메라와 춤꾼과의 거리 조절, 무대의 가변적 상황을 읽어내는 모션 캡쳐나 퍼포먼스 캡처를 통해 가시적으로 재현된다. 그러나 여기에 감정이입을 위한 이모션 캡처까지 더해졌다면 어떠했을까?

인간과 시스템의 밀도 높은 촘촘한 쌍방향 소통, 이는 실사 영상의 작업을 넘어 장르 간 고도의 협업 기술이 전제되어야 가능한 일이다. 지난한 작업과정을 거치며 인큐베이팅 된 작품 <다이얼로그>를 무대에 올리기 위해 각기 다른 영역의 전문기술팀이 모여 상당한 시간 동안 자기만의 코드로 힘들게 소통했을 순간들이 의미 있게 그려지는 까닭이 여기에 있다.

엇박자의 불협화음 속 대화의 시도, 높낮이를 반복하는 반수리의 선율과 젬베, 달부카의 혼음(混音), 그리고 이들 소리의 흔적(trace)을 되살려 지속가능한 소통 선율을 만들어가는 시스템의 역할이 돋보였던 무대. 조율되고 제어되는 시스템에 이따금씩 과부하가 걸린 기계음의 틈새로 소통 기능을 상실해버린 인간[춤]이 투입되고, 이어 그들에게 감정의 불씨를 지펴 디지털 라인 상에서 다시 소통의 고리를 이으려는 시도. 시스템을 거쳐 끊임없이 생성되는 바이트의 궤적처럼 감정의 다중소통(multi-logue)을 위해 차갑고 디테일하게 계산된 디지털 시스템에 인간 감성의 체세포를 접목하려는, 얼핏 무모해 보이기조차 하던 것들… 모두 기대 이상의 도전이었다.

네크로폰테*의 선언 이후 우리 사회는 포스트디지털 시대에 접어들었다. 휴대전화, 티브이 등 컴퓨터 밖의 아날로그 매체들은 디지털화의 마무리 단계에 있다. 포스트디지털 시대 <다이얼로그>는 문자로써 형성해 가던 우리의 의식을 영상과 이미지, 사운드를 결합시켜 만들어 갈 수 있음을 보여준다. 온전히 테크노에틱**한 상황을 예고한 것이다. 시스템과 기술이 의식을 재구성하고 세계와 인간을 이어주면서 더불어 변해가는[共進化] 시대의 도래를 눈앞에서 확인케 해 주고 있는 것이다.

태생적으로 서로 닮아야 비로소 가능한 인간언어 소통. 그 유기체 사이에 기계가 개입되어 현란한 감성 조율을 시도한다는 것만으로도 디지털과 아날로그의 용융(鎔融) 가능성이 엿보인다. 어릴 적 종이컵에 바늘로 구멍 내어 실을 팽팽하게 연결한 뒤, 한 아이의 입에서 다른 아이의 귀로 소리를 전하던 전화놀이… <다이얼로그>의 퍼포먼스는 그 실낱같던 소리 줄에 무한 반복의 감정선(線)과 정보 덩어리를 겹치고 꼬아 만든 바이트, 소통의 선(Communication Code)을 겹겹이 얹어 누락되거나 손상되지 않을 디지털 언어의 생성을 꿈꾸고 있다.

* 네그로폰테(N. Negroponte), 백욱인 옮김, 『디지털이다 Being Digital』, 커뮤니케이션북스, 2014

** '테크노에틱 technoetic'은 기술을 뜻하는 '테크노 techno'와 인식을 의미하는 '노에시스 noesis'의 합성어로서, 인간의 정신을 기술적 매체와 관계 속에서 탐구한다는 의미를 담고 있다.-Roy Ascott, 이원곤 옮김, 『테크노에틱 아트 Technoetic Arts』, 연세대학교출판부, 2002

#<다이얼로그>, 인간 의사소통에 조종(弔鐘)을 울리다

N. 루만은 '매일 경험하고 실행하는 것이지만··· 커뮤니케이션은 실현 불가능하다'[*]고 했다. 인간의 완벽한 소통이란 원초적으로 불가능하다는 말이다. 60여 년 전 구상된, 수학적으로 정밀하게 공식화된 섀넌과 위버의 '정보-통신공학' 모델[**]은 일종의 신호 이송 체계로서 여기서 말하는 '정보'(Information)란 소통에 필수적인 '의미'를 지칭하는 것이 아닌 일련의 '신호집합'에 불과했다. 그러나 <다이얼로그>의 커뮤니케이션 과정에는 내용은 물론 발신자와 수신자 간 관계 측면까지 고려한 '감정'까지 들어가 있어, 그것이 소외·유실되지 않도록 하는 전략까지 고려되어 있다.

[*] 지크프리트 J. 슈미트, 박여성 옮김, 『미디어 인식론 : 인지-텍스트-커뮤니케이션』, 까치, 1996, pp.63~64에서 재인용

[**] Shannon, C. E. & Weaver, W. Urbana, The Mathematical theory of Communication, IL: University of Illinois Press, 1963

현대는 인간 고유의 언어수행에서조차 그 효율성을 의문시해 온 나머지 역설적으로 소통 장애에 직면하게 된바, <다이얼로그>에서는 이 지점을 의미 있게 주시하고 이의 대체 내지는 극복 대안으로서 선제적 소통전략을 세운 것으로 보인다.

'공학적으로 처리되어 물리적으로 정확히 규정될 수 있는 신호 집합체'에 발신자와 수신자의 인식과 감정은 물론 담화상황까지도 반영해 내고자 하는 디지털 소통 방식은 앞으로 우리에게 얼마나 '효율성 높은 소통행위'로 주목받을 수 있을까. <다이얼로그>는 잠재적 소통 장애증후군에 시달리는 우리에게 범주와 코드를 달리하는 진일보한 소통 방식을 제시했다는 사실만으로도 그 실연(實演) 가치는 크다.

현실에 존재하는, 낯설지만 이미 우리 생활 속 깊숙이 들어와 버린, 진화하는 소통의 기제를 <다이얼로그>를 통해 보았다. 가까운 미래 어느 시점에 도래할 현실로서, 치밀한 기계적 계산으로 산출해낸 결코 소외되지 않을 감정과 가치 있는 다중정보가 교환되는 디지털 현장으로서, 있는 그대로, 우리가 볼 수 있는 만큼 보았다.

다소 설익고 낯설어 아직은 '신기한' 퍼포먼스였다는 지적도 있었지만, 분명한 것은 <다이얼로그>는 우리 모두에게 '인간과 기계는 서로 조종하고 조종받는, 제어의 주체성을 선점하기 위한 치열한 게임의 단계를 이미 넘어서 버렸다'는 것을 계고(戒告)하고 있다는 사실이다.

그래서 그랬을까.

다매체, 다채널 소통의 시대, 머지않아 이모션 캡처(emotion capture)를 기반으로 편차 없는 의사전달을 수행하고 그것을 제어할 에이아이(AI) 시스템까지 예고된 시대… 아직은 온기가 남아 있는 '인간' 중심의 발생학적 소통 방식을 망각하지 않으려 '다이얼로그 Dialogue'를 타이틀로 지목한 것인지도.

Critique 2

〈Dialog: 바이트의 궤적〉의 시도

김태희 (영산대 교수)

다원성의 개념은 요즘과 같은 사이버 시대에 있어서 여전히 매우 흥미로운 주제이다. 특히 컴퓨터와 네트워크가 제공하는 가상의 세계는 우리가 거주하는 세계를 다원적으로 바꿔놓았다. 컴퓨터와 네트워크가 제공하는 가상의 세계는 컴퓨터 프로그램과 시스템에 의하여 그 자체가 변화할 수 있을 뿐만 아니라 2중, 3중으로 겹겹이 쌓아갈 수도 있다. 사람은 이 세계, 저 세계를 넘나들며 생활하는 것이다. 사람이 이러한 가상성, 중첩된 공간을 운운할 수 있는 것은 사람에게는 그러한 것을 머리에 담을 수 있는 지각체계가 있기 때문이기도 하다. 이와 같은 우리의 복잡한 지각체계와 소통하는 적절한 장르의 하나가 공연예술일 것이다.

공연예술은 그 특성상 다양한 도구와 매체가 활용된다. 무용수, 조명, 사운드, 그리고 무대 공간 또한 매체라 하겠으며, 때로는 관객도 매체가 되기도 한다. 이렇게 다양한 매체가 어우러지는 공연예술에서 다원성을 다루는 것은 자연스러울 뿐만 아니라, 공연예술은 다원성을 다룰 적절한 플랫폼이라고도 할 수 있겠다. 공연예술에서 가상성은 다양한 레이어에서 존재한다. 관객은 대상을 보는 주체이며 공연은 관객에게 무언가를 보여주는 것인데, 먼저 이 보여주는 이야기 속에는 본질적으로 '가상성(virtuality)'이 내포되어 있다. 그 위에 올려지는 다양한 현대적인 매체, 이를테면 이미지를 투사하는 프로젝션과 같은 레이어는 가상성을 증강시키며 나아가서 활용하기에 따라서 대단히 복합적인 관점을 제시한다. 활용하기에 따라서 하나의 공연에서 매우 큰 표현적 용량을 제공할 수 있다 하겠다.

<다이얼로그 : 바이트의 궤적>은 다원적 시도를 하고 있다. 두 무용수가 벽 앞에서 대화하는 사이, 벽에 드리워지는 무용수의 그림자, 마치 이탈된 자아와 같은 그림자가 오버랩으로 투사되어 만들어지는 또 다른 사람. 그 사람은 하나의 아이콘이 되어 서로의 영혼이 건너다니는 '포트'의 역할로 쓰인다. 이 포트들은 가상의 실체로 살아나 서로가 서로에게 자극을 주며 반응한다. 걸리적거리는 문턱이 느껴지지 않게 다면적 두 무용수 간 그리고 가상의 자아들 간의 다면적 다이얼로그를 성공적으로 보여주고 있다. 이렇듯 공연은 적절한 개념과 기술의 정합성과 함께, 높은 기술적 완성도를 보여주고 있다. 특히 두 무용수의 손에 정교하게 동기화되어 서로의 손과 공간을 연결하는 선들, 그리고

이렇게 생성되는 그래픽 요소에 의하여 창출되는 다이내믹하고 인터렉티브한 비주얼 공간은 인상적이며, 이렇게 만들어지는 관계성의 창출은 현실과 가상을 밀도 높게 연결하고 있다.

일반적으로 공연에 도입되는 상호작용 비디오는 다수의 중첩된 레이어를 형성하고 있다. 우선 공연자가 있고 실물의 투사대상, 즉 벽이나 오브제가 있다. 여기에 빛이 투사되고 빛은 컴퓨터에 의하여 다양하게 모듈레이션된다. 컴퓨터 프로그램은 시각적 요소들을 변화시키는 입력을 공연장 안에서, 그리고 많은 경우 무용수로부터 찾는다. 컴퓨터가 만들어내는 그래픽 영상은 무용수의 한 부분에서 따온 요소를 내포하고 있다. 몸의 한 부분이든, 움직임의 한 부분이든, 센서나 카메라 등을 이용하여 추출한 무용수의 무엇인가를 투사할 비디오를 만드는 데 활용한다. 따라서 투사할 비디오에는 무용수의 어떤 무엇이 담기게 된다. 무용수의 일부가 복사되어 투사되는 것이다. 또한, 무용수는 자신으로부터 복사된 무엇과 자신이 상호작용하게 되는 것이며, 관객은 무용수와 무용수의 무엇인가가 중첩된 정체성을 보게 되는 것이다. 이렇게 상호작용 비디오는 공연 오브제, 공연 공간, 컴퓨터의 가상 레이어 생성으로 다면적, 회기적, 중첩적 장면을 보이게 되는 것이다.

<Dialog: 바이트의 궤적> 공연에서는 실물의 오브제를 쓰는 면도 흥미롭다. 투명 사각 오브제와 다각형 요소를 포함하는 변화무쌍한 그래픽이 격렬하게 이루어가는, 정리되기 어려워 보이는 혼돈을 던져준다. 투명성도 다분히 가상성과 밀도 있는 관계성을 가지는 속성으로써, 빛이 비치지만 또한 통과되는 이중성을 가진다. 그러한 속성을 가진 재료를 활용한 오브제의 도입은 공연 전반에 흐르는 다면적 특성을 더욱 강화해 주고 있다 할 수 있겠다. 이어지는 마지막 장면의 감당되기 어려운 중복과 다면적 자아 표출은 오히려 혼돈을 차분히 정리해 주는 듯도 하다.

공연에 도입된 사운드는 즉흥성을 얌전히 개입시키며 무용수와의 적절한 동기화를 꾀하여 공연의 조화로운 일부가 된다. 독특한 악기가 내는 울림소리는 원초적 진동에 가까운 소리로써 공명을 창출해 낸다. 선율의 저변에서 깊게 깔리는 진동은 생각을 비우고 공연이 보여주는 모습을 여과 없이 마음에 비치게 하는 마력이 있다.

이 공연에서 그려졌던 하나의 인상은 가상성이 두드러지는 시각적 효과와 사운드의 적절한 증강적인 조화로부터 관객의 시공간적 수용을 넘어서 관객의 가상적 감각 공간 채워준다는 것이다. 따라서 공연을 보며 사람이 가지는 추상화 능력, 상상하는 능력, 가상을 꿈꾸는 능력은 새삼 놀랍다는 것을 상기한다. 사람이 실제의 세상으로부터 이끌어 낸 개념과 이들 개념의 언저리에서 어렴풋이 생동하는 감각은 머릿속에서 만들어지는 공간을 채우는 소재가 된다. 눈앞에서 일어나는 일이 실제이든 비디오가 만들어내는 가상이든 이들은 관객의 머릿속에서 그들 자신의 그림을 그려나가고 공간을 채워간다. 인간이 가진 최대한의 가상지각 능력을 시험하는 것이 아마 이런 기술을 활용한 적극적인 가상성 창출, 특히 중첩된 이미지들 속에서의 비현실적인 '사실'의 창출이 아닐까 한다.

이 공연은 의외로 담백하다. 기술을 걸림 없이 수용하여 꾸밈없이 소화하였다. 기술로 인해 가능할 수 있었던 장면들을 보면서 앞으로 미래의 더욱 발전될 기술이 가져다줄 공연 표현 공간의 확장을 다시금 기대하게 된다.

Critique 3

아날로그/디지털, 존재론적 차이를 몸짓하다

김재환 (비아트 편집위원/경남도립미술관 학예사)

20세기 중반, 마샬 맥루한은 매스미디어의 등장을 목도하고는 미디어는 메시지(message)라는 유명한 말을 남긴다. 모든 매체는 감각기관의 확장이라는 것인데, 책은 눈의 확장이고, 바퀴는 다리의 확장이며, 옷은 피부의 확장이고, 전자회로는 중추신경 계통의 확장으로 보는 것이다. 확장으로서의 미디어는 독자적인 메시지를 전달한다. 예컨대 동일한 메시지라고 해도 컴퓨터로 접하는 것과 텔레비전으로 접하는 것, 스마트폰으로 접하는 것과 직접 듣는 것은 모두 판이한 반응을 유발한다. 매체 자체가 하나의 독자적인 메시지라는 것이다. 맥루한은 여기서 한발 더 나아가 미디어가 감각에 직접적으로 접촉한다는 점에 착안하여 미디어는 마사지(massage)라고 말한다. 미디어가 점차 촉각적으로 변한다는 것이다. 이러한 주장은 21세기인 지금도 꽤 유효한 미디어 해석이다. 그런데 이제는 여기서 한발 더 나아가 미디어가 인공지능의 발달로 말미암아 인간과 메시지를 주고받는 대화의 상대로 거듭나고 있다. 요컨대 미디어가 메시지를 전달하는 단순한 기계에서 스스로 메시지를 전달하는 존재로 진화하고 급기야 인간과 대화를 나누고 의견을 교환하는 새로운 존재로 발돋움하고 있는 것이다.

<다이얼로그 : 바이트의 궤적>은 바로 이런 디지털 매체의 급속한 변화 속에서 현대인의 의사소통 행위가 어떻게 변화하는지를 탐구해보는 공연이다. 무용수 두 명이 몸짓을 하고 무대 바로 옆에서 실제 연주가 이루어지는 모습은 아날로그를 대변한다. 무대 반대편에서는 컴퓨터를 활용한 디제잉에 의해 아날로그가 디지털로 변환되는 과정을 시각적으로 보여준다. 더불어 이 모든 것에 대응하여 디지털 영상이 빔 프로젝션에 의해 무대 벽에 투사되는데 이를 통해 아날로그와 디지털의 어우러짐이 완성된다. 일반적으로 이러한 다양한 장르의 예술이 융합하는 공연은 하나의 주류 예술을 중심에 두고 이를 뒷받침하는 방식으로 이뤄지기 쉬운데 이번 공연은 이러한 구분을 가볍게 넘어서고 있다. 그렇다고 장르의 구분이 사라졌다거나 모든 것이 하나로 융합되었다는 식의 환상적 선언을 하지도 않는다. 각자의 예술이 각자의 형식과 내용으로 자유롭게 드러남으로써, 그 차이를 서로 받아들임으로써 꽤 신선한 시각적 경험을 선사하고 있다. 그런데 나는 이 공연에서 주제의 문제의식보다는 아

날로그와 디지털의 존재론적 차이를 시각화한 연출에 더 관심이 쏠렸다.

초반 무대는 몸짓하는 두 명의 무용수가 장악한다. 두 명(허경미, 이재은)의 무용수는 몇 가지 안무만을 공유하고는 현장의 음악과 서로의 몸짓에 근거하여 자유로운 몸짓을 만들어낸다. 이 둘의 몸짓은 공연 전체의 주제를 담고 있는 듯하다. 이 공연은 아날로그와 디지털의 혼재 속에서 다양한 차원의 미디어가 현대인의 삶에 총체적으로 미치는 문제를 주제화했다고 볼 수 있을 텐데, 이 둘의 몸짓은 서로 다른 존재이며 심지어 다른 공간에 존재하듯 움직이지만, 또 서로에게 영향을 미치어 몸짓에 변화를 야기하는 관계이기도 하다. 인트로 부분의 공연에서 이 둘은 교감을 하는 듯 보이지만 분리된 존재로서 공간을 부유하고 있는 것으로 읽힌다.

분리된 존재이면서 또 서로에게 영향을 미친다는 이야기는 티베트 전통악기로 구성된 연주와 컴퓨터 디제잉 사이에서도 그대로 드러난다. 실람이 연주를 하면 이를 받아 김프로가 컴퓨터를 통해 변주해 연주한다. 실람의 아날로그 연주와 김프로의 디지털 연주는 동일한 음률을 사용하지만 음색과 리듬에서 확실한 차이가 난다. 그 차이를 지켜보는 재미가 꽤 쏠쏠하다. 두 뮤지션이 무대의 주인공으로 서로의 음악을 교환하다 점차 소리가 합쳐지고 섞인다. 소리는 합쳐지지만 그 속엔 이질적인 소리들이 뒤섞여있음이 드러나 연주는 더욱 흥미진진해진다.

공연은 다시 무용수에게 집중된다. 한 명의 무용수가 일정한 몸짓을 이어가다, 둘은 마주 보고 몸짓으로 대화를 나눈다. 특별히 안무를 맞춘 것으로 보이지는 않고 현장에서 즉흥적으로 주고받는 몸짓인데. 스트리트 댄서의 배틀을 보는 듯하다. 하지만 이들은 서로의 몸짓에 반응하여 자신의 몸짓을 만들어내기 때문에 숙련된 춤을 뽐내기만 하는 배틀과는 전혀 다른 시각적 효과를 만들어낸다. 예컨대 이들이 무슨 대화를 하는지 지켜보기 위해 몸짓 하나하나에 집중하는 그런 것? 하지만 그것이 구체적으로 무슨 내용인지 이해하기 힘들기에 몸짓 자체에 집중할 수밖에 없다. 관객은 여기서 몸의 대화 바로 그 사건의 목격자가 된다.

이 주고받음은 조금 뒤 디지털의 힘이 가세하면서 보다 활력을 띤다. 프로젝션을 통해 투사되는 무용수들의 이미지로 대화성은 교차성과 결합성으로 성격이 변하게 되고, 매우 역동적인 무대가 만들어진다. 얼핏 이 장면은 실제 몸과 투사된 몸의 차이가 거의 드러나지 않는다. 조명에 의해 그림자가 덧씌워진 실제 몸과 실제 몸 크기로 투사된 디지털 몸은 주고받음의 순간 동일한 시각적 범주 내에서 움직이게 된다.

하지만 이런 합일성은 위태롭다. 프로젝션 영상이 2D이기 때문에 이 결합은 공간성이 부여되는 순간 무너지기 때문이다. 무용수가 한 발이라도 평면과 수직으로 움직이면 금방 그 결합은 깨진다. 그래서일까. 적절한 순간 무용수들의 움직임은 정확히 스크린에서 수직으로 나아간다. 한 명 한 명이 수직 동선으로 관객 근처로 왔다가 다시 스크린 쪽으로 복귀한다. 이 순간 관객은 무용수라는 실제 몸과 스크린의 몸이 분리되어 있음을 자각하고 다시 공연 전체를 보게 된다. 연극에 몰입되는 전통적 관람 방식의 관성을 깨기 위해 관객에게 말을 거는 배우가 연상되는 순간이다. 그러고 보면 이 공연 무대는 재현과 서사에 의존해 관객의 몰입을 강요하는 무대와는 확실히 거리가 멀다. 무대장치와 관객 그리고 좌우에 배치된 연주자가 그대로 드러나고 주 무대는 말 그대로 빈 공간이다. 전형적인 무대라면 구성되기 어려운 형태다.

또 흥미로운 건 디지털과 아날로그의 결합이 만들어내는 효과가 그 차이를 명확히 인지하는 순간 발생한다는 것이다. 예컨대 아날로그 영역인 사람의 몸짓은 관객의 몸과 시공간을 같이 공유한다. 즉 일 대 일 대응 관계로 연속적이고 온전한 움직임을 만들어낸다. 반면 편집된 디지털 화면은 시간을 축소하고 공간을 잘라버리기 때문에 내가 머무르는 현재의 시공간과는 다른 시공간을 창출한다. 잘라내고 압축하면 역동적이고 분절적인 움직임을, 늘리고 지연하면 연속적이되 이질적인 디테일을 연출한다. 다이얼로그에서는 주로 잘라내고 압축하는 편집 방식을 사용하는데 이를 통해 스크린의 무용수는 매우 빠른 움직임과 이동 속도를 보여준다. 인물의 이미지가 동일한 크기임에도 불구하고 액티브한 시각적인 효과를 만들어내는 건 바로 이런 이유 때문인 것 같다.

그래서 다음과 같은 해석을 해볼 수 있겠다. 실제 공간의 두 무용수와 스크린에 나타나는 두 무용수는 흥미로운 상관관계를 가진다. 허경미라는 실제 무용수가 있다. 그리고 이를 촬영해서 스크린에 투사된 카피 된 허경미가 있다. A와 copy A이다. 이재은이라는 무용수가 있다. 그리고 이를 촬영해서 스크린에 투사된 카피 된 이재은이 있다. B와 copy B이다. 논리적 구조를 따른다면 A와 copy A가 당연히 훨씬 많은 유사성을 획득하고 있어야 한다. B와 copy B 역시 마찬가지다. 그런데 실제 현장에서는 전혀 다른 관계가 성립된다. 실제 무대 공간에서 움직이는 A와 B가 더 많은 유사성을 가지고 copy A와 copy B가 또 서로 더 많은 유사성을 공유한다. 현장에서는 존재의 논리적 유사성보다는 현장의 맥락적 유사성이 강조되는 것이다. 이런 사실 때문에 우리는 무용수의 실제 움직임과 스크린상 수없이 복제되는 무용수의 움직임에서 묘한 차이를 발견하고 일반적인 공연에서는 느끼지 못했던 시각적 쾌를 경험하게 된다.

후반부로 가면 공연은 더욱 역동적으로 변한다. 스크린에 투사된 이미지는 이제 연주와 디제잉, 그리고 몸짓과 연동해 매우 현란하게 구현된다. 스펙터클의 순간은 강화되는데 디지털과 아날로그의 관계를 탐구하는 디테일은 사라진다. 아마도 공연의 클라이맥스를 구현하기 위한 방법으로 선택한 것 같다. 개인적으로는 애초에 서사를 배제한 공연인데 시각적 클라이맥스를 만들어 서사 구조에 입각한 즐거움을 관객에게 선사해야 하는지 의문이다. 그럼에도 불구하고 아날로그와 디지털 이미지의 존재론적 차이를 보여준 이 공연은 매우 인상적이었다. 더불어 다양한 장르의 예술가들이 프로젝트 차원임에도 완성도 높은 공연을 만들어 냈다는 점도 감격스럽다. 역시 예술은 교감이고 공감이다. 심지어 실험성마저 가미되어 있으니 앞으로의 공연이 더 기대될 수밖에 없지 않은가.

반가운 기술의 실패, 따뜻한 소통을 위하여

하영신 (무용평론가, 공연해설가)

Contemporary Dance Researcher, 명함에 이렇게 적어 두었습니다. 명시하고픈 정체성이란 '현재적 춤에 관한 훈련된 관찰자' 정도입니다. 뜬금없는 괜한 설명은 미디어아트에 관한 정밀한 이해가 부족하거나 혹은 선연한 입장차를 가지고 있음을 고백하기 위함입니다.

졸고를 의뢰받은 후, 미디어아트에 관한 책 몇 권을 책상 위에 놓아두었습니다. 프리드리히 키틀러(Friedrich Kittler)의 『광학적 미디어』가 마음에 듭니다. 기술이 과연 존재의 연장에 이바지하는지. 과히 적극적으로 디지털적 생활을 영위하고 있는 편은 못 되지만, 또 뭐 그리 집요하게 아날로그적 삶의 방식을 선택하고 있는 편도 아니므로, 대강은 테크놀로지로 구성된 삶을 살고 있는 와중에 종종 맥루한(Marshall Mcluhan)의 명제들에 의구심을 갖습니다. 기술을 빌어 내 몸에 주어진 것 이상을 보고 듣게 된 것, 내 몸이 할 수 있는 이상의 일을 처리하게 된 것이 과연 '연장'에 속하는지. 맥루한의 말처럼 미디어가 인간의 확장이라면, 왜 미디어의 시대를 살고 있는 현대인들의 소통은, 관계는, 삶은, 점점 더 파편이 되고 깊어지지 못하는지. 누군가의 눈을 찬찬히 들여다보는 일, 가만히 손을 잡고 있는 일, 나직이 몇 마디를 주고받는 일이 감각적으로 시릿한, 못 견딜 일이 되어버렸습니다. 사용하는 통신 기기에 오고 간 텍스트는 넘쳐나는데, 심지어 기록으로 고스란히 남아 있기조차 하는데, 그 메시지들의 무게와 질감은 어찌나 부박한지, 봄날 흩날리는 벚꽃보다도 무상합니다. 당신은 과연 그 몇 줄 비문에 담긴 내 마음을 알까요, 당신의 말들은 내가 감지한 그만큼의 무게였을까요. 'ㅋㅋㅋ' 만큼인 것 같습니다, 소통이, 관계가, 우리 존재의 무게가. 언제부터 우리는 ㅋㅋ하고 웃고 ㅠㅠ하고 울게 된 것일까요.

그러니까 키틀러가 맞습니다. 기술은 사람과 비대칭의 관계입니다. 그러므로 예술입니다. 차가운 기술적 환경에 놓인 사람들이 모처럼 따뜻한 아날로그적 삶을 환기할 수 있는 순간. 예술보다는 식도락이 아날로그적 삶의 전략으로 선택된 것이 현상이지만, 어쨌든 예술은 아날로그형 인간들의 최후의 집성촌이라고, 개인적으로는 그렇게 생각합니다. 예민한 눈, 예민한 귀, 예민한 촉각을 가진 사람들이 저마다의 차이 나는 몸의 사태를 살아내고 있는 생생한 현장. 이모티콘만큼만 웃어야 하고 이모티콘만큼만 울어야 하는 사람들을 위해, 환하게 웃고 뜨겁게 울 수 있는 자리를 만들어주는 게 예술의 기능이자 의무라고 생각합니다. 그러나 오늘의 예술은 종종 기술을 이용하고 사유합니다. 말릴 도리는 없습니다, 예술이 항상 삶을 견인하는 것은 아니니까요.

컨템포러리 댄스를 연구하다 보니 필연적으로 융복합 현상에 대한 언급을 피할 수 없습니다. 아이러니합니다. 문학, 영화를 지나 몸의 거처로 간신히 피난 왔는데, 언어의 구조 사이로 마구 흘러내리는, 기표로는 결코 포착 못 할 그 풍성한 뉘앙스들이 차마 아까워 애를 써 몸의 세계로 진입했는데, 그래서 극렬한 몸성(corporeality)이 현전하는 컨템포러리 댄스에 집착하는데, 강연을 하든 글을 쓰든 융복합 현상을 이야기하게 됩니다. 주로 춤의 현장에서 일하게 되니까 마음 놓고 춤의 입장을 세워도 괜찮았습니다. 그래서 이렇게 이야기를 합니다. 융복합의 시대에 특정 장르에 대한 천착은 미련한 짓인지도 모르겠지만 내 장르의 매체, 몸이 가진 장점을 결코 잊거나 놓치지 말았으면 합니다. 우리가 선택한 몸은 유일하게 살아있는 매체입니다. 무엇보다도 뜨겁고 강렬한, 관객의 몸으로 바로 파고들어 갈 수 있는 강력한 자장을 지닌 매체. 그러니까 굳이 언어나 영상의 활용은 꼭 필요한 경우에만, 몸의 뉘앙스를 가두거나 생명력을 희석시키지는 않는지 재삼 새삼 숙고해서. 이렇게 당부를 합니다. 새로움은 예술의 숙명이므로 모든 지원과 정책과 현장 예술가들의 관심이 이 최신의 경향인 융복합 현상에 집중되는 것은 당연합니다. 그런데 조바심이 납니다. 무대 위의 몸은 한없이 강렬하지만, 턱없이 유약하기도 하니까요. 영상의 조도(照度)와 속도를 어찌 견주어낼 수 있겠습니까. 그래서 대부분의 춤 장르에서의 융복합의 결과가 대개 마음에 들지 않습니다.

그러다 지난해 'Body of Projections'의 세 작품 <쿰바카>, <Two One Room>, <풍문으로 들었소>를 보았습니다. 아주 흡족한 수작(秀作)이었습니다. 시간·공간·사람, 공연예술의 3요소가 어찌나 유려하게 변형되던지. 편집적인 시공간 속에서 중첩되는 몸, 반복되는 몸, 확산하는 몸, 수렴되는 몸, 출현하는 몸, 소실되는 몸이 증명하는 존재는 정(靜)과 동(動), 공(空)과 색(色), 양가(兩價) 사이의 모든 차원에서 충만했습니다. 영상물을 얻어 융복합 작업의 좋은 사례로 소개하곤 합니다. 장르와 장르가 대등하게 만나 상호보완의 유기적 관계를 형성해 낸 협업 이상의 시너지적 성과, '융복합'의 어의(語義)가 정확히 구현된 보기 드문 성공작. 괜한 상찬이 아닙니다. 시각예술가 출신의 안무가 호세 몽탈보(Jose Montalvo)의 작업들, 세계적인 설치미술가 줄리언 오피(Julian Opie)와 협업을 하는 웨인 맥그리거(Wayne McGregor)의 신작까지, 관찰해온 춤과 영상의 융복합 작업 중 가장 이상적인 작품들이었습니다.

그러나 이번 작품 <바이트의 궤적, Dialogue>의 기획안을 접했을 때, 우려를 금할 수 없었습니다. '감정은 디지털화되어 전달될 수 있는가?' 아니오, 실패를 예감할 수밖에 없었습니다. 감정은 변화무쌍하고 애매모호한 질성의 차원이 아니던가요. 그 다루기 어려운 누층을 중간값을 취하지 않는 단절적 신호의 연산 값으로 환원하고자 하는 시도라. 인간은 이미 똑같은 구조의 실패를 경험한 바 있습니다. 기표 사이로 미끄러지는 기의, 구조 사이로 빠져나가는 차이, 인간 사유의 역사는 이미 오래전에 구조주의 시절을 마감했던바, 알고리즘의 규제와 명령이 제아무리 촘촘히 설계된다 한들 그 불확정적이고 유동적인 감정들은 체 사이로 다 빠져나가겠지요. 게다가 알고리즘의 전제, 명백성, 각 명령은 명백해야 한다. 감정이 단위 지어질 수 있는 것이라면, 그 단계 단계마다에서의 요구값이 예상 가능하여, 그리하여 명쾌하게 프로세싱화하여 처리할 수 있는 것이었다면, 그렇게 해결할 수 있는 것이었다면, 차라리 사는 일은 수월했을 텐데요.

기실은 이 작품의 주요 시도, 그러니까 아날로그적 작업(춤과 연주)이 프로그래밍의 단계를 거쳐 디지털(영상과 음악)로 변환되는 구조의 작업은 종종 있어 왔습니다. 특히•올 6월, 서울 LG 아트센터와 파리 테아트르 드 라 빌(Theatre de la Ville)이 공동 주관한 융복합 무용예술 경연대회 댄스 엘라지(Danse Elargie)에서도 이러한 시도의 작품이 출품되었습니다. 그러나 아직 적절한 성공의 사례는 발견되지 않았습니다. 여태 디지털적 전환은 카피의 단계이고, 카피는 '다이얼로그'가 될 수 없으니까요. 사람들은 대화를 통해 서로의 감정을 확인하고 그 감정을 키워내면서 관계란 의미를 공유합니다. 혹은 반대로 감정을 소진하고 관계를 상실하기도 합니다. 프로그래밍은 의미를 증감(增減)시키지 않습니다. 그렇다면 왜 이 미디어적 과정이 창작과 시연의 단계에 첨가되어야 할까요? 음악과 몸과 영상은 이전의 작품들에서처럼 직접 작용할 수 있는데 말입니다.

그래도 한동안 이러한 실험 의지는 계속될 것입니다. 예술의 토양은 현실이기도 하니까요. 디

• '무용예술과 관련하여 이러한 시도는 '탈신체적 현상'이라 정의되며 나름의 발전사를 가지고 있기도 합니다. 무용예술과 관련하여 탈신체적 현상을 주도하는 테크노 매체의 발전사는 다음과 같다. 1956년 모리스 베자르(Marice Bejart)의 공연에서는 사이보그적 신체 'CYSPI'가 출연한 바 있다. 1986년에는 머스 커닝햄(Merce Cunningham)이 사이먼 프레이저(Simon Fraser) 대학 연구팀과의 합동 연구로 'LifeForms'라는 안무 프로그램을 고안하였고, 이후 커닝햄은 테클라 시포르스트(Thecla Schiphorst)와 함께 'LifeForms'를 더욱 발전시켜 관객의 반응에 따라 움직이는 쌍방향적인 장치 'DanceForms'를 완성했다. 이 외에도 'Isadora'나 'Keystroke'와 같이 무용수가 특수 제작된 의상을 입고 움직이는 것을 비디오카메라에 담아 이를 디지털화하는 방법과 전파측정기인 고니오미터(goniometer)를 달고 실제 움직임을 측정하여 이를 디지털화하는, 움직임캡처(motion tracking/capture systems) 기술이 발달되어 있는 상태다. 보다 자세한 내용은 Roger Copeland, Merce Cunningham: The Modernizing of Dance, Routledge, 2003 · 플로랑스드 메르디외, 정재곤 역, 『예술과 뉴 테크놀로지』, 열화당, 2005 · 이지선, "디지털 예술과 춤 테크놀로지", 『무용예술학연구』, 한국무용예술학회, 2006. 등을 참조.

지털 노마드들에게 디지털 예술이 주어지는 것은 일견 당연한 것일지도 모르겠습니다. 그러나 한편, 예술은 탈주자들의 영토이기도 합니다. 예술 창작에 어떤 값이 주어져야 한다면 그것은 살아온 경험의 뜨거운 값이지, 매커니즘의 차가운 값은 아닌 것 같습니다. 적어도 아직까지는.

'대화의 기본은 상대의 말 듣기'라는 것을 한 번 더 확인해 준 우리들의 〈다이얼로그〉

허경미 (무용가, 안무가)

이번 멀티미디어 퍼포먼스 <Dialogue : 바이트의 궤적>은 개인적으로 <바디 오브 프로젝션 body of projections>의 <쿰바카>, <Two one room>에 이어 영상작업과 협업하는 세 번째 작품이었다. 그래서인지 전작들과는 다르게 작업 과정에 자신감을 가지고 출발했던 것 같다. 하지만 기대와는 달리 새로운 주제로 새로운 작업이 추가되면서 처음 하는 작업과 별반 다르지 않게 낯설고 예측하기 힘든 장면들이 연출됐다. 낯섦과 예측 불가의 장면들은 역시나 분야별 소통 과정에서 일어나는 문제들이었는데 다양한 소란 속에서 같이 합의를 얻어낸 부분들은 작품에 긍정적으로 반영되었고 시간에 쫓겨 끝내 답을 얻지 못한 부분들은 부족한 대로 작품에 반영되었다. 아마도 작품을 세 번이 아니라 여섯 번, 열 번을 한다고 하더라도 타 장르 간의 협업에서 일어나는 소통의 문제들은 상대의 전문성을 비등한 수준으로까지 이해하지 못하는 한 반복적으로 일어날 것이다. 그리고 이러한 완벽하지 못한 이해도가 <다이얼로그>와 같은 융복합적 작품에 대한 열망을 일으키는지도 모르겠다는 생각도 해본다. 여하튼 이러한 세 번의 과정을 거치며 다시 한번 더 확인한 것은 장르 간의 협업에서 중요한 것은 자기 영역을 어떻게 부각할 것인가 고민하는 것보다 작품의 주제를 드러내는 데 어떠한 역할을 할 것인가를 고민하는 것이 중요하다는 것이다.

그러나 이러한 확인에도 불구하고 춤 작업자로서의 아쉬움도 남는다. 연행자는 다른 협업 장르와는 달리 대부분 매체를 거치지 않고 나 자신, 내 몸이 직접 무대에 오르게 된다. 그래서 공연 형식을 띤 퍼포먼스 현장에서는 연행자의 비중이 그만큼 크게 읽히게 되는데 이것은 작품제작 과정의 비중을 떠나 모든 제작 과정이 공연 현장의 연행자에 의해 수렴되기 때문이다. 그래서 연행자가 춤꾼인 작품에서 춤꾼이 작품에 대한 정확한 이해도가 부족하면 그야말로 춤추는 인형이 될 수밖에 없다. 이런 측면에서 이번 작품 <다이얼로그>가 제기하고 제시한 주제 의식에 나 스스로 얼마나 접근했었는지, 좀 더 집요하게 고민하고 공감하고 해결해 나갔어야 할 문제들을 다른 작가와의 마찰이 두려워 적당히 회피하고 넘어가지는 않았는지 반문해 본다.

이번 작품을 통해 새로운 경험을 했다고 한다면 다른 작품에서 경험하지 못했던 자유로운 움직임에 대한 경험이었다. 일반적으로 춤이 타 장르 특히 영상과 만났을 때 가장 우려되고 의심받는 부분은 시각적 충돌에 밀려 손실될 가능성이 있는 현장성과 몸의 순수성이다. 현장성과 몸의 본성은 춤의 고유한 특성이기도 하다.

<다이얼로그>와 같이 영상의 시각적 효과와 기술력을 전면으로 내세우는 작품에서는 이러한 예상된 우려는 그대로 현실화될 수밖에 없다. 그러나 개인적으로 나는 전작들의 작업 과정에서 춤의 고유성 획득에 접근하기보다는 작품 주제에 집중하여 관성이 된 춤 작업을 환기하고 다른 가능성을 발견할 수 있기를 희망했었다. <다이얼로그>에서 나는 무대에서의 짧은 순간이었지만 동작에 구속받지 않고 자유롭게 움직이고 있는 나 자신을 발견할 수 있었다. 전공이 한국 춤이다 보니 나도 모르게 내 작품과 춤에 정형된 동작의 틀들이 있었다. 그래서 그 틀 이외의 움직임들을 소화해 내는 데 어려움을 느꼈고 또 이런 점을 항상 의식하고 주춤하는 순간들이 많았다. 이러한 어려움은 한국 춤이나 발레같이 클래식을 움직임의 베이스로 한 춤꾼들이라면 공감할 수 있는 이야기일 것이다. 그런데 이번 작품에서는 그런 발목을 잡는 의식이나 주저함에서 벗어나는 경험을 했던 것 같다. 이는 아마도 실람과 김프로의 즉흥 연주의 영향과 공동안무·출연한 컨템퍼러리 춤꾼 이재은 씨와의 움직임의 질감 차이를 최소화하기 위해 노력한 것이 자연스럽게 반영된 것이라 짐작한다.

그리고 또 한 가지 중요한 원인은 내 움직임보다 작품 주제에 효과적인 표현에 집중하여 잠시나마 익숙한 움직임을 내려놓을 수 있었다고 생각한다. 공연장에서 서로 조우하지 않은 영상물과 컴퓨터 프로그램, 음악 작업은 그 하나만으로도 좋은 콘텐츠가 될 수 있다. 하지만 굳이 이들이 각자의 영역에 타 영역의 개입을 적극적으로 허락하고 만나 새롭게 조합하는 것은 자기의 장르가 아닌 하나의 주제를 더욱 뚜렷이 드러내기 위한 실험을 원하기 때문이다. 그래서 우리가 집중해야 할 것은 결국은 각자 장르의 기술력 과시보다는 작품 그 자체여야 한다.

그래서였을까. 이 발견과 경험은 비록 작품의 완성도를 높이는 전체의 성공에 기여하지는 못했을지언정 춤꾼인 나로서는 특별한 것이었다. 장르 간 협업에서 스스로를 내려놓음으로써 얻을 수 있었던 특별함 말이다. 작품 <Dialogue : 바이트의 궤적>은 디지털화된 대화 속에서 길을 잃은 우리의 자화상을 들여다보고자 의도했었다. 이 묵직한 주제로 각자의 화려한 어휘나 유희로 끌고 갔던 우리들의 대화 <다이얼로그>를 통해 나는 소박한 발견과 가볍지만 변화발전 가능한 결론을 얻을 수 있었다. 그래서 나는 우리들의 대화 <Dialogue : 바이트의 궤적>을 유익한 대화로 기억할 것이다.

〈다이얼로그〉 작품의 의미 되새겨보기

이재은 (무용가, 안무가)

일을 마치고 집으로 가는 버스 안에서 전화 한 통을 받았다. 대략의 내용은, 무용수는 두 명이고 프로그래머와 라이브 뮤지션, 영상이 함께하는 미디어 퍼포먼스 작업이 될 건데 같이할 수 있겠냐는 섭외 전화였다. 그때 나는 막 대학원을 입학하고 개강을 앞두고 있었던 터라 큰 규모의 작업, 다른 안무가의 작업 등 몇 가지는 제한하기로 마음을 먹었었는데 다분히 출연진 라인업이 좋아서 출연을 승낙하게 되었다.

우리는 적당히 덥고 적당히 선선해진 계절에 한 차례의 회식을 했고, 이후 9월부터 본격적인 작업이 시작되었다. 주로 연출가가 장르별 아티스트와 만남을 가지며 작업을 밀고 나아갔고, 예술가들은 팀을 이루어 그 사이사이에 연출의 의도와 구성안에 맞는 창작을 스스로 해나가는 형식이었다. 그리고 마지막 한 달은 최대한 다 같이 모여서 연결과 합을 맞춰 갔다.

양일간의 공연이 끝나고 다이얼로그는 두 가지의 굵은 피드백으로 나뉘었다. 한 전시 관계자는 "시민들이 두루두루 좋아할 요소가 있고 흥미로웠다", 다른 입장에서는 "시간이 부족했나 보군요."

나는 두 가지의 견해를 모두 이해할 수 있을 거 같았다. 연출가의 의도가 이 작품이 어떤 이들을 주 대상으로 하며, 관객이 공연을 보고 어떤 상상을 했으면 좋겠다고 생각했는지, 처음에 그린 의도에 가깝게 나왔다면 그걸로 된 거다. 그리고 현재 부산에서 이 정도 수준으로까지 구현해 낼 수 있는 예술가가 있는지 질문했을 때 떠오르는 이가 없었다. 정말 많은 관객이 왔었고 그들 앞에서 내 움직임을 선보일 수 있어 행복했다. (부산에서 대학교만 졸업하고 서울에서 계속 활동했기 때문에 부산에서의 창작 활동이 거의 없었고 인지도 역시 없었는데, 실제로 이 공연 이후 새로운 모임에서 인사를 나눌 때 얼굴을 기억해 주는 이들을 '여러 번' 만났다)

아마도 공연 이후 연출가는 새롭게 또 많은 고민을 낳았을 거로 생각한다. 미디어 그리고 미디어 퍼포먼스의 영역은 하루가 다르게 확장되고 발전하고 있다. 하지만 <다이얼로그> 작품은 우리가 기술을 이만큼 구현할 수 있다고 뽐내는 어떤 박람회로서의 쇼가 아니라 좀 더 예술의 영역에서 연출가가 흥미롭게 생각하는 부분, 질문을 여러 장르의 언어의 벽들을 부딪쳐가며 소중히 만들어냈기에 의미가 있다.

내가 잠시 사라졌던, 그 하나의 순간

뮤지션 실람 (천명실, 텐진 잉셀 Tenzin Ingsel)

가을바람 스치는 9월쯤, 공연 미팅이 시작되었다. 별일 없는 일상에 별일이 생겨 좋았고 한 번도 해보지 않은 춤, 영상, 음악이 어떻게 섞여 표현될지 궁금했다. 간만의 공연으로 설렌 마음과 함께 악기를 분주하게 챙겨 들고 짝지 잉셀과 함께 해운대 빌딩 숲속에 자리한 콘텐츠랩 건물로 향했다. 총감독 겸 영상 석진 오라방, 무용가들, 경미 언니, 재은 씨. 함께 음악을 맡게 된 DJ 김프로, 무대감독 연승 씨, 영상엔 일훈 씨, 기석 씨, 황리 씨, 처음 본 분도 있고 이미 여러 차례 함께 작업하신 분도 계셨다. 석진 오라방의 여전한 농담에 분위기가 더 밝아지기도 했다. 연습 스케줄을 잡았지만, 여전히 어떤 그림인지 감은 안 잡히고 다음 연습을 기대해 보았다.

11월 공연을 두 달 남짓 앞두고 개개인들이 워낙 바빠서 함께 연습할 시간이 정말 얼마 되지 않고 그림도 잡히지 않은 채 시간은 정말 빠르게 흘러갔다. 실람은 즉흥을 좋아하지만, 영상, 춤, 음악, 그리고 음악 안에 전자음악과 아날로그가 어떻게 조화롭게 섞일지 감도 잡히지 않았고 영상도 한창 작업 중이고... 어떻게 공연 준비가 되어가는지 감독님만 알았던 것 같다. 어쨌든 연습 막바지에 대략적인 그림들이 나오고 춤도 정리되고 음악도 뭔가가 되어가고 있었다. 음악과 춤의 즉흥적인 하모니는 언제나 즐겁다.

경미 언니와 첫 만남 이후 실람은 여러 차례 함께 작업 하면서 큰 즐거움을 느꼈었다. 이번엔 연습 시간이 부족했지만 경미 언니와 재은 씨, 두 에너지가 어우러져 조금씩 하나가 되는 춤 동작들을 보며 매번 즉흥적인 소리도 찾고 새로운 아이디어가 나왔다. 김프로의 반복되는 루프들과 섞여 실람 음악은 한층 힘을 받아 신선한 소리가 나왔다. 신나는 일이었다.

편집된 영상들이 하나둘씩 터져 나오기 시작했다. 공연을 일주일 남겨두고 모두 초인적인 힘을 발휘하여 집중에 집중 또 집중했다. 몰두하는 모습들은 참 아름답다.

어느새 공연 날이 오고 잉셀과 난 악기들을 꼼꼼히 챙겨 영화의 전당으로 향했다. 비프홀 공간은 참 멋진 장소였다. 아무것도 없는 공간에 음향 팀이 세팅을 하고, 영상 팀 장비들도 자리를 잡고 무용가들은 몸을 풀고 실람은 악기를 튜닝하고 위치를 잡았다. 김프로도 맞은편에서 장비 세팅에 여념이 없고. 각자의 위치에서 언제나 그래왔듯이 능숙하게 해낸다.

무대감독은 무슨 일을 할까? 항상 궁금했었다. 자세히 관찰하지 않으면 눈치채기 어렵다. 가까이서 본 연승 씨는 정말 없어서는 안 될 존재였다. 각각 역할들의 흐름이 끊이지 않게 연결해 주고 흩어지지 않게 정리를 잘해주어 항상 집중할 수 있도록 조율해 주는 역할인 듯하다. 새삼 멋져 보였다.

객석엔 사람들로 꽉 채워져 기대감, 설렘, 궁금증, 재미 진, 활기찬, 진지한, 어색함, 반가움, 낯섦 등 여러 감정들이 뒤섞여 비프홀 공간을 휘휘 돌아 무대 뒤 대기 중인 우리에게 전해졌다. 김프로는 튼튼한 외모와는 다르게 엄청 긴장했고 배테랑 경미 언니 또한 엄청 긴장하고 있는 게 아닌가. 간만의 공연으로 재미져서 빨랑 공연하고 싶어 안달 났지만, 예측하지 못한 그들의 긴장감에 나 또한 긴장하고 말았다. 잉셀은 내색은 안 했지만 왔다 갔다 하는 걸 보니 그 또한 긴장한 듯. 이 순간은 또 재미있게 기억되겠지.

춤이 시작되고 소리가 나오고 영상이 비치고 조명이 돌고 짱짱한 스피커에서는 잉셀의 피리 소리가 비프홀을 꽉 채웠다. 무대 위 그들은 언제 긴장했냐는 듯 너무나 자연스럽게 훌륭히 해냈다. 무대를 흘끗 쳐다보니 우리 네 살배기 조카 수아도 눈을 초롱초롱하게 반짝이며 춤사위에 집중하고 있었다. 몸짓 하나하나에 나의 시선이 꽂히며 소리에 집중을 가했다. 순간 내가 사라지고 소리와 몸짓 영상에 빨려 들어갔다. 정말 한순간이었다. 경미 언니의 숨소리가 내 귓가까지 전해져 왔다. 재은 씨의 살갗을 치는 소리가 심장을 두들긴다. 영상은 절정을 달하고 김 프로의 루프는 뇌리에 박히고 잉셀의 반수리 소리 나의 젬배는 모두와 합쳐져 끝을 향해 내달렸다.

아........... 후아...............

박수 소리가 힘차다. 아, 끝났다. 다들 정말 최선을 다했고 수고했다. 뒤풀이에서 울리는 술잔 부딪히는 소리에는 여러 감정이 섞여 있겠지. 이번 멤버들 첫 만남부터 어색함도 있었지만, 함께 작업하면서 계속해서 어색한 사이들도 있었지만, 뒤풀이 자리에서만큼은 한층 더 편안해지고 웃을 수 있는 순간이었다. 응원 와준 친구들과도 함께 어우러져 정말 오랜만에 흥을 풀어냈다.

공연하는 사람, 지켜보는 사람, 우리는 함께 돌고 돈다. 음악, 춤, 그림, 영상, 글 모든 행위는 우리의 몸으로, 마음으로, 머리로 돌고 돌아 메시지를 전달한다. 모든 예술의 행위가 삶을 노래하고 춤을 춘다. 모든 존재의 관계에 열림을 바라고 사랑이 충만해지길 염원하고 행위하고 또 행위를 한다. 또 함께 작업하길 바라보며. 이번 시간 함께 해서 반가웠고 감사드리고 사랑합니다. 또 보아요!!!!!!!

〈다이얼로그〉 후기

김프로 (뮤지션, DJ)

공연 전 약 2개월 정도 개인 작업실에서 시람의 악기 소리를 녹음하고 그 소스를 디지털 사운드로 변환하는 작업에 들어갔다. 실람의 아날로그 사운드를 실시간으로 변형 또는 일정 구간 샘플링 작업을 통해 생각지 못한 리듬이나 의도치 않은 사운드들이 발견되어 흥미로운 작업이었다.

리허설 전에는 컨트롤해야 하는 상황이 몇 가지 있었다. 예를 들어 무용수에게 주는 큐 사인, 동작을 보고 음악이 들어가는 큐, 시람과 즉흥적으로 맞춰 들어가야 하는 큐 등을 놓칠까 집중해야 하는 장면들이 많았다. 전반적인 사운드가 뒤틀리거나 저음 대역을 많이 차지하는 소스들이 대부분이라 밸런스를 잘 컨트롤해야 하는 상황이었다.

공연 당일에는 긴장을 많이 하는 편인데 이번 공연은 관객과의 거리가 가깝고 기존의 공연장이 아니었기 때문에 더욱 긴장되었다. 아날로그 사운드를 디지털로 변환시키는 씬에서 함께 어울리는 모습을 보여주지 못한 거 같아 아쉬움이 생긴다. 이번 공연은 부산에서 가능성 있는 여러 분야의 아티스트에게 기회를 주는 프로젝트였다고 생각한다,

이런 좋은 기회를 만들어 준 홍석진 감독님, 많은 관객 동원력을 보여주신 허경미 안무가님, 공연에만 집중할 수 있게 해주는 숨은 조력자 무대감독 연승 샘, 함께 음악을 하는 좋은 친구가 된 실람, 부산의 새로운 움직임 재은, 인터랙티브를 맡았던 일훈, 앞으로가 더더욱 기대되는 기석. 모두 각자의 자리에서 더욱 빛나길 바란다.

아날로그와 디지털의 경계에 대한 문제의식

김일훈 (인터랙티브 프로그래머)

장거리 연애를 하고 있다. 스마트폰에 감사한다. 예전 같았으면 어림도 없을 관계가 기술의 발전으로 인해 극복된다. 우리는 같은 물리적 공간에 있지 아니함에도 얼굴을 보며 대화를 할 수 있고, 목소리를 들을 수 있다. 하지만 이상한 점은 있다. 함께 있을 때는 사이가 좋은데, 왜 폰으로, 문자로, 화상으로 대화하면 꼭 오해가 생기고 다투게 되는 걸까. 디지털을 통한 소통의 양적인 확장은 오히려 어떤 상실감을 불러일으키기도 하는 것 같다. 콕 짚어 표현하기 어려운 그 느낌을 보통 아날로그 감성이란 말로 모호하게 뭉뚱그려 표현한다.

음질의 향상은 상대방의 목소리를 있는 그대로 듣고 있다는 착각을 불러일으킨다. 하지만 기술이 아무리 발전한들 A/D 컨버터가 신호 교환을 하는 과정에서 상실되는 것들이 있다. 이것을 단순하게 보여주는 과정을 통해 상징적으로 펼쳐놓고 싶었다. 이는 이번 '다이얼로그'에서 무용수의 동작과 소리가 반응하는 소프트웨어가 되었다. 미디어아트를 접하게 된 이후 표현하고 싶었던 아날로그와 디지털의 경계에 대한 문제의식을 '다이얼로그'로 처음 표현할 기회가 있어서 감사하게 생각한다. 이것은 내가 프로그래머의 정체성을 가지고 세상을 보는 방식이기도 하다.

이번 작품에 얼마나 잘 반영이 되었는지는 모르겠다. 하지만 나는 개인적으로 이 화두를 계속 디깅(digging) 할 생각이다. 앞으로 할 작업에서는 관람자들에게 이 내용으로 더 가까이 다가갈 수 있기를 바란다.

작업을 해나가는 과정 자체가 '대화'의 연속이었던

김기석 (영상작가)

나에게 <다이얼로그> 작업 참여는 의미가 깊다. 영상작가, 무용가, 밴드, DJ, 프로그래머와 교류하면서 일할 수 있다는 것은 설레고 흥미로운 일들의 연속이었다. 새로운 이미지들과 체험들로, 일상에서 얻을 수 없는 영감들이었다.

공연이 끝난 후 지인으로부터 '어렵다', 혹은 '잘 모르겠다'는 말을 들었다. 그 말을 듣고 나는 여러 가지 생각이 들었다. 관객들은 짧은 공연으로 갈무리된 이미지, 몸짓, 소리만 받아들이지만, 그 이면에는 작품이 만들어지는 동안의 수많은 시행착오가 존재한다. 그 과정에서 작품은 의미가 켜켜이 쌓이고, 변화한다. 분명 공연은 관객과 공연자의 호흡, 그 한순간의 공유만으로 가치가 있다. 하지만 작품이 만들어지는 과정을 지켜본 나로서는 관객들이 공연을 관람한 것만으로 이 작업에 대해 얼마나 이해할 수 있을까, 생각도 든다. 나는 작업을 함께한 팀원이었지만, 관객으로 한 발짝 떨어져서 지켜보게 되는 경우도 많았다. 그리고 그 경험은 무척 흥미로웠다. 다양한 작업자들이 모여 서로의 의견을 모으고, 또 흩어지고, 분열되고, 다시 일치하며 의미를 찾아가는 모습들은 내게 예술이라는 이름으로 읽혔다. 이런 장면들은 나를 작업자이면서, 관객으로 만드는 묘한 힘을 가지고 있었다. 뒤돌아 생각해 보면, <다이얼로그>는 작업을 해나가는 과정 자체가 대화의 연속이었다. 작품의 의미가 곧 과정의 실천이었다.

작품을 만드는 것은 어려운 일이다. 그리고 그것을 누군가와 함께 만들어가는 것은 더욱 어려운 일이다. 하지만 어려운 일이었기 때문에, 그것을 함께 찾아가고 만들어가는 과정에 의미가 있었다. <다이얼로그> 작업을 함께하면서 영상과 춤, 그리고 음악과 기술이 한데 엮어지는 과정을 보았다. 또한, 나와 당신의 소통 가능성을 꿈꾸었고 한편으로 그 심연의 깊이를 느꼈다. 이 경험은 나를 어떤 관객보다도 앞에서 공연을 보게 만들었다.

바디 오브 프로젝션스

2015

미디어아트퍼포먼스 <바디 오브 프로젝션스>는 2014년 무용가 허경미와 영상작가 홍석진의 콜라보레이션으로 진행된 공연 <쿰바카>의 성과를 토대로 보다 전위적이고 실험적인 다원예술공연의 가능성을 보여주고자 새롭게 기획된 공연으로, <PART1: COME ACROSS>와 <PART2: 이미지의 원심력과 구심력>으로 나누어 진행되었다.

PART1 <COME ACROSS>의 작품, <쿰바카>와 <TWO. ONE. ROOM>는 10월 2일(금)부터 10월 3일(토)까지 예술지구 P에서 공연되었다.

PART2 <이미지의 원심력과 구심력>의 작품, <풍문으로 들었소>와 <TWO. ONE. ROOM>은 12월 19일(토) 장전동 B홀에서 공연됐다.

영상작가 홍석진이 중심이 되어 드라마투르그의 역할을 맡고 여기에 무용가 허경미, 엄효빈, 현대무용 및 비보이 백그라운드의 허종원, 뮤직 크루 Veilofignorance의 김프로 등 다양한 장르의 지역 중견 예술가들이 협업하여 현실과 초현실, 실재와 가상을 넘나들고 몸의 움직임과 영상, 음악 등이 조응하며 낯설면서도 새로운 감동을 선보였다.

무용이라는 장르와 몸이라는 오브제가 가진 물리적 시공간의 한계를 영상 및 미디어를 활용해 확장함으로써 새로운 다원예술의 가능성을 보여주고 평소 관객이 소화하기 어려워하던 무용이란 장르예술을 영상의 스펙터클과 대중적 요소들을 통해 보다 친근하게 다가갈 수 있도록 유도했다.

<PART ONE : COME ACROSS>
기획, 총감독: 홍석진
안무예술감독: 허경미
영상: 홍석진
음악: 김프로
조명: K-LIGHTING
무대감독: 이연승
사진: 박병민
디자인: 이여주
무대미술: 김보민
워크북: 장현정
디자인: 진홍 스튜디오
기술지원: 부엉이극장
제작: 진홍스튜디오

<PART TWO : 이미지의 원심력과 구심력>
기획, 연출: 홍석진
안무: 허종원 허경미 엄효빈
영상: 홍석진
조명: K-LIGHTING
무대감독: 이연승
사진: 박병민
디자인: 이여주
워크북: 장현정
기술지원: 갈매기극장
홍보: 김보민
제작: 더블H

쿰바카 KUMBHAKA

작품 '쿰바카 KUMBHAKA'는 허경미(안무/출연)와 홍석진(영상/연출)의 콜라보레이션으로 만들어진 작품이다. 쿰바카는 들숨과 날숨, 날숨과 들숨 사이에서 일어나는 무호흡의 호흡을 일컫는다.

요가에서는 이 무호흡의 순간을 본질적 자아와 가까워지는 순간으로 본다. 그렇다면 사회 속의 한 개인에게 일어나는 무호흡의 순간들은 언제일까. 개인의 본질 즉 정체성은 다양한 사회적 가치와 시선으로 끝없이 분할/복제되어 확산됨과 동시에 해석/정제되어 수렴된다. 한 개의 사회적 확산과 수렴 사이에 있는 어떤 지점을 인식하는 것 그것이야말로 사회 속에서의 한 인격이 갖는 자아성찰의 과정일 것이다.

TWO. ONE. ROOM

작품 '투원룸'은 허경미(움직임연출), 엄효빈(출연), 홍석진(영상/연출)의 콜라보레이션 작품이다.

도심 속의 이웃은 얼굴이 없다. 그들은 벽 너머의 소리로, 그리고 냄새로만 존재한다. 따닥따닥 붙어있는 각자의 방에서, 서로의 소리 속에서, 서로가 풍기는 냄새를 맡으며 외롭게 살아간다. 우리는 이렇게 가까운 거리에서 이렇게 서로 멀게 살고 있다. 프라이버시를 가장하고 있는 공간은 우리가 생각하는 것보다 많은 부분 중첩되어 있다. 도시의 구조 및 건물의 구조 속 중첩된 공간에 우리는 과연 공존할 수 있는가? 중첩된 공간의 범위도 소리와 냄새 그리고 생활반경으로 그 경계가 모호하다. 무한히 중첩되는 공간들 속에서 개인과 타인은 어떻게 만나야 하는 것일까? 외롭고 불안한 도시에서 혼자 산다는 것은 가혹한 일이다. 그럴 때일수록 두 개의 방은 하나가 될 필요가 있는 것이다. 타인의 소리나 냄새는 불쾌감을 주지만 가족의 소리나 냄새는 포근함과 안도감을 준다.

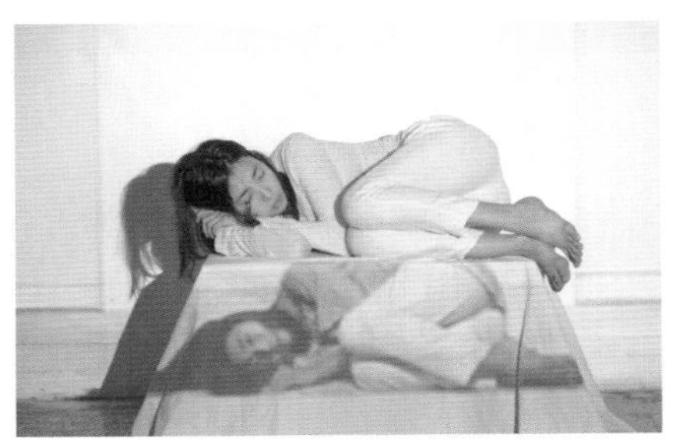

풍문으로 들었소

작품 '풍문으로 들었소'는 허종원(안무/출연), 홍석진(영상/연출), 허성준(출연), 박세준(출연), 김프로(음악/라이브 DJing)의 콜라보레이션 작품이다.

소문은 입에서 입으로 돌아 진원지에서부터 한 사건/인물의 위치를 이탈시킨다. 그리고 풍문은 진실의 무게중심을 구심력으로 흔들고 또한 밖으로 계속 밀어낸다. 이렇게 만들어진 균형을 잃은 소문은 그 사람/사건과 상관없이 별개로 그 사람/사건의 정체성을 만든다. 그리고 이렇게 진원지의 밖으로 뻗어나간 풍문은 반대로 원심력을 받아 중심으로 인물/사건에게 회귀한다. 이때 실재는 실재가 아닌 것과 대면해야 되고 이런 과정에서 또 다른 소문은 발생한다. 이런 현상은 사회적 차원에서도 발생하지만 한 개인의 머릿속에서도 일어난다.

다원예술프로젝트 '바디 오브 프로젝션스'를 기획하며 (홍석진)

인터넷에서 미디어 파사드 영상을 접하고 한 번 해보고 싶은 마음에 조사를 했더니, 작업비용이 천문학적이어서 나와는 인연이 없는 분야라 생각하고 소주를 마시러 갔던 적이 있었다. 그 후 몇 년이 지나고 어느 무용가와의 술자리에서 미디어 파사드 이야기가 다시 나왔는데 그때 디오니소스 님이 나에게 아이디어를 하나 던져주셨다. 거대한 건물에 영상을 쏠 수 없으니 스케일을 줄여서 사람한테 쏘면 저렴하게 작업할 수 있겠다는 생각이 소주와 함께 꿀꺽 목을 타고 넘어가 속을 후끈 달아오르게 했다.

평소 미디어 파사드 중에서도 재미있게 느꼈던 작품들은 건물에 컬러풀한 영상을 쏘는 것이 아니라 한 건물에 똑같이 그 건물의 영상을 쏘는 작품들이었다. 건물에 영사된 영상이 늘어나고, 줄어들고, 파괴될 때, 마치 실제 건물이 그렇게 변하는 것처럼 느껴졌다. 현실에 가상을 투사함으로써 현실을 변화시킬 수 있는 것이다. 같은 맥락에서 무용수 몸에 바다를 쏘는 것이 아니고 무용수 뒤에 산을 쏘는 것이 아니라 한 무용수(가상)를 그 무용수(현실)에게 일대일 스케일로 영사하는 것, 그럼으로써 현실을 가상의 영역으로 이동시킬 수 있는 것이다.

같은 사람일지라도 여러 모습이 있고, 여러 역할을 수행하고, 수많은 감정에 휩싸이기도 한다. 이런 현상은 한 사람 위에 영사되는 그 사람의 여러 모습으로 시각화될 수 있다. 무용수 위에 영사되는 또 다른 무용수의 모습은 그 무용수의 영혼, 욕망 또는 외로움이 된다. 만화에서 가끔 어떤 선택 앞에서 오른쪽 머리 위에는 천사가, 왼쪽 머리 위에는 악마가 서로 싸우는 모습을 볼 수 있다. 이렇듯 한 사람 안에서도 여러 감정과 사고들이 의인화되는 것을 많이 보아 왔다. 실제 무용수와 가상의 무용수들의 춤은 한 개인 안의 여러 감정과 사고들이 상호작용하고 갈등하고 화해하는 것의 표현이 될 수 있다. 실제의 무용수는 혼자 춤을 추기도 하고 가상의 무용수와 듀엣을 추기도 하며 백 명의 클론과 함께 군무를 추기도 하면서 내재된 감정의 드라마를 연출하는 것이다.

무대 위에서 현실의 무용수와 영상의 무용수는 같이 춤을 추게 되는데 현실의 무용수와는 다르게 영상 속 무용수는 초인이 될 수도 있다. 코브라보다 빠르게 또는 나무늘보보다 천천히 움직일 수도 있고 마이클 조던보다 높이 점프할 수도 있다. 이렇듯 영상은 물리적 법칙을 초월하기에 현실의 무용수가 할 수 없는 많은 것들을 할 수 있는 것이다.

Critique 1

영상과 몸, 그 움직임의 관계

김성연 (부산비엔날레 집행위원장, 前부산현대미술관장)

'빛'은 예술에서 매우 중요한 요소다. 공연 분야도 그렇지만 미술에서는 특히 그렇다. 인상주의 화가들은 '빛'의 변화에 따른 색의 가변성에 주목했다. 이는 대상의 고유한 외형을 포착하는 전통적인 재현의 범주를 넘어서는 시도였다. 어떤 의미에서 이들에게 '빛'은 과거의 고정된 인식을 분산시키는 매개로 활용된 것이다. 이 새로운 시도의 배경에는 19세기 서구사회의 변화와 함께 등장한 사진도 영향을 끼쳤다. 카메라 옵스큐라(Camera obscura)라는 빛의 속성으로부터 탄생한 사진술은 회화에 부여되었던 재현기능을 넘어 다각화된 시점과 방향으로 나아가게 하는 효과를 촉발시켰다. 즉 사진이라는 기술이 회화라는 전통적 예술과 마주하며 발생된 여러 관계와 상호작용이 미술의 지평을 넓히는 하나의 계기가 되었다.

그러나 초기 다게레오 타입의 사진은 8시간이 넘는 엄청난 노출 시간이 요구되었기 때문에 순간의 움직임을 포착할 수는 없었다. 이로부터 40여 년이 지나 머이브리지(Eadweard Muybridge), 쥘 마레이(Etienne Jules Marey) 등은 인간의 눈으로 포착하기 어려운 동작의 세부변화를 촬영해냈다. 이들의 초기 촬영대상은 말이나 새와 같은 동물도 있었지만, 계단을 내려오는 여인의 움직임이나 체조와 같은 몸의 동작도 그 주요 대상으로 삼았다. 이 사진술이 실제 움직임으로 보이는 영화라는 매체로 전개되기까지는 그리 오랜 시간이 걸리지 않았고, 오늘날의 극장 방식으로 상영한 1895년 뤼미에르 형제의 영화는 대중들의 관심을 끌기에 충분한 매체였다. 조르주 멜리에스(Georges Melies)의 상상과 이야기가 더해지기 이전 영화의 카메라앵글은 당시의 사회 풍경들을 주로 담았는데, 이들 초기 영화 중에서 춤추는 무희의 장면은 무용과 동영상(영화) 기술이 만난 최초의 장면일 것이다.

이후, 1960년대 플럭서스 예술가들의 전위적 퍼포먼스와 실험의 연장선에서 전개된 초기 비디오아트도 몸의 움직임, 해프닝과 밀접한 관계가 있다. 백남준 스스로도 퍼포먼스를 통해 인지도를 쌓았지만, 60년대 중후반 경찰에 연행되기까지 했던 샬롯 무어만(Charlotte Moorman)과 펼쳤던 에로틱한 퍼포먼스는 본격적으로 미디어와 공연이 함께한, 즉 비디오 매체와 결합된 공연예술의 시효로 볼 수 있다. 백남준과 슈야아베가 개발한 이미지 변환장치인 신디사이저(Paik-Abe Video Synthesizer)로 제작한 글로벌 그루브(Global Groo-ve, 1973년)에도 샬롯 무어만의 TV첼로 퍼포먼스, 현대무용의 커닝햄(Merce Cunningham), 한국고전무용가 이선옥 등의 탭댄스, 부채춤을 포함한 여러 문화권의 춤과 음악이 등장하는데 이는 무용이 비디오아트 화면으로 들어온 경우다.

비디오카메라가 등장한 1960년대 후반부터 개념적 작업을 했던 여러 작가들이 퍼포먼스를 비디오 작품으로 남겼다. 신체와 행위를 탐구한 브루스 나우만(Bruce Nauman), 사적/공적 공간에서의 통제된 신체나 욕망 등을 언어와 몸을 통해 드러낸 비토 아콘치(Vito Acconci), 여러 페미니스트 작가들, 그리고 80년대 초 존 발데사리(John Baldessari)의 비디오 <I am making art>는 작가의 모든 작은 움직임이 예술 행위임을 몸소 증명한다. 이처럼 많은 개념미술가의 퍼포먼스 비디오는 작가의 몸을 중요한 표현 수단이자 대상으로 개입시켰다. 이와 같은 '신체'의 표현은 오늘날 가장 유명한 비디오아티스트인 빌 비올라(Bill Viola)의 여러 작품에 중요하게 등장하고 있으며, 제프리 쇼(Jeffrey Shaw)를 포함한 90년대 뉴미디어 테크놀로지를 이용하는 작가들은 작품-관객과의 상호작용(interaction)을 통해 관객의 몸과 움직임까지를 작업으로 확장시키고 있다.

회화가 사진을 만나면서 그 행로를 다각화한 것처럼, 새로운 과학 기술 매체들이 전통적인 예술과 상호작용하며 그 지평을 확장해 온 예를 본다면 영상예술과 몸, 소리, 무용과의 결합이 그리 놀라운 것만은 아니다. 특히 비디오아트는 그 혼성적인 성격으로 여타 분야들과 적극적으로 결합해왔는데 공연예술 영역과도 적극적으로 관계해왔다. 과거 회화/조각/설치 개념의 물리적인 무대장치에서, 영상과 뉴미디어를 이용한 비물리적 무대구성이 도입되었고, 지속적으로 공연과 뉴미디어의 결합가능성이 시도되고 있다. 90년대에는 무용/공연의 배경 정도로 영상이 활용되었지만 최근에는 여러 센서 장치와 프로그래밍을 통해 무용/공연과 연동되어 상호작용하는 방식을 포함, 매우 적극적인 관계로 나아가고 있다.

물론 영상미디어와 공연의 관계를 단일한 관계로 단순화하여 파악할 수는 없다. 앞서 언급한 것처럼 몸 혹은 퍼포먼스 연장선에서의 비디오작업, 공연을 기록하기 위한 매체로써의 영상, 공연의 무대장치로 활용되는 영상과 미디어, 공연과 영상매체가 모두 중요한 요소로 작용하는 경우 등 여러 층위의 관계들이 있다. 물론 명확하게 구분하기 힘든 경우도 많고 또 특별히 구분하여 파악할 필요도 없겠지만, 과거로부터 맺어온 영상과 몸의 다양한 관계를 모두 한 묶음으로 보기는 힘들고, 또 그 차이를 언급할 필요는 분명히 있다. 왜냐하면 장르 간의 단순한 나열 수준의 '결합'과 엄밀한 의미에서의 '융합'에는 차이가 있기 때문이다.

이러한 맥락에서 본다면 이번 허경미, 홍석진의 공연 <Body of Projections>는 무용과 영상 두 장르가 모두 중요한 요소로, 서로 융합한 사례라 볼 수 있다. 특히 이들의 협업은 부산이라는 지역적 상황에서 태생했다는 점에서 그 의미가 크다. 지난 20여 년간 국내외에서는 수없이 많은 미디어 관련 실험들이 있었지만, 지역의 열악한 예술적 토양 속에서 이와 연관된 작업을 찾기란 힘들었다. 이러한 시도가 단지 새로운 예술적 경향이기 때문에 필요한 것이 아니라, 미래의 풍부한 예술적 자산을 위해 항상 오늘의 다양하고 새로운 실험들이 중요하다는 것이고, 이들의 공연은 그렇기 때문에 비록 작은 규모지만 큰 의미가 있다.

공연에 소개된 두 작품, <two. one. room>과 <쿰바카>는 비슷한 구성으로 진행되었다. 두 작품 모두 무용과 비디오가 동시에 연동하여 움직이도록 계획된 -Synchronized video projection and performance- 작업으로, 벽면을 향해 투사되는 영상 이미지와 실제 현장의 무용가 사이의 관계로 이루어졌다는 점에서 형식은 유사하다. 미리 촬영되고 계획된 영상의 투사 이미지에 따라 몸의 움직임을 정확하게 맞추는 방식이다. 따라서 최근 미디어 테크놀로지를 활용한 공연에서처럼 센서의 반응과 프로그래밍을 통해 몸의 움직임에 따라 영상이 변화하는 인터렉티브한 작업은 아니다.

무엇보다도 이들의 작품이 무대가 아니라 갤러리 공간에서 이루어졌다는 점에 주목할 필요가 있다. 공간의 선택 그 자체가 일반적인 무용공연을 접근하는 태도와 다르다는 것을 전제하고 있다. 어쩌면 영상예술이 익숙한 '미술적' 공간에서 무용과 접점을 이루었다는 점에서, 과거 무대공연에서 영상예술이 활용된 경우와는 다르게 접근할 필요가 있다. 즉 배경으로서의 영상이 아니라 상호 관계가 중요하다는 것을, 기본적으로 구현되는 공간의 채택에서 제시하고 있는 것이다. 물론 편안한 관람을 위한 관객용 의자가 객석과 분리된 공간을 연출한 것과 같은 효과로 작용하여 약간은 반감되는 점도 있었지만, 이 갤러리 공간은 관객과 간극을 줄일 뿐만 아니라, 관객과 분리된 공간으로서의 일반적인 무대를 상정하지 않았다는 점에서 긍정적으로 다가왔다. 주변의 밝은 흰 벽들이 몰입에 약간의 방해요인이 되기도 했지만(특히 <쿰바카>의 경우), 치밀하게 미리 계획된 영상과 몸동작의 결합이, 영상을 제외한 무대의 특별한 연출 없이 주어진 공간(given space)의 조건을 유지하며 진행되었다는 점에서 무엇보다도 공간은 흥미로운 선택이었다.

이는, 같은 작품이라도 공간에 따라 다른 해석이 가능하고 또 달라 보일 수 있다는 미술의 디스플레이 개념처럼, 전통적인 공연 무대와는 확연히 다른 기운을 가져다주었다. 다시 말해 조명이나 여타 무대 장치를 통해 '시/공간의 조건'을 부여하려는 것에서, 현실/현장을 근거로 하여 영상작업과의 관계에만 관심을 둔다는 것을 의미하기도 한다. 물론 작품을 제작하는 입장에서는 조명 등 주변 환경을 조절하여 보다 효과적이고 세심한 부분들까지 고려하고 싶었을 수도 있지만 자연스러운 환경 속에서 진행되었다는 점에서 긍정적인 측면이 강했다.

두 작품 모두, 가능한 부가적인 이미지들을 배제하여 온전히 몸의 움직임과 영상의 변화에만 몰입하도록 하여, 보다 근원적인 질문에 다가가려 하였다. <two. one. room>이 구체적인 이미지와 약간의 이야기 구조를 가진 동작과 영상의 관계를 조명한 반면, <쿰바카>는 구체적인 스토리 구조보다는 몸과 영상의 추상적이고 명상적인 관계에 주목하였다. <two. one. room>은 우리 사회의 현상, 특히 단절된 도시 속 삶의 단면을 드러낸다. 오직 방의 프레임과 문(door) 이미지만 매우 단순한 형태로 묘사되고 있어서 상당히 간결한(minimal) 공간과 화면을 구성하고 있다. 이 단조롭고 획일화된 각자의 공간/틀/구조 속에서 공전하는 삶의 모습은, 인간의 고립/불안/소외를 드러내며 역설적으로 소통과 관계의 문제를 제기한다. 명상적 사운드가 어우러졌던 <쿰바카>는 객체화된 자아를 인식하는 과정과도 같다. 끝없이 복제되고 분할되며 또 합체하는 분열적 상황을 드러내며 인간 내면과 외면의 혼돈 그리고 갈등적 상황을 제시하고 있다.

사실 이번 작업들을 표피적으로만 본다면 형식적 유사성으로 인해(특히 유사한 공연 형태를 접한 경우에는) 크게 신선하게 받아들여지지 않았을 수도 있다. 이러한 싱크로나이즈드 비디오프로젝션(Synchronized video projection) 공연에서 흔히 등장하는, 단골 메뉴로 불릴만한 유사한 방식들이 도입되고 있기 때문이다. 예를 들어 <쿰바카> 공연에서 무용수의 복제된 이미지들이 연속적으로 뒤따라오는 복제된 영상을 포함하여 여러 화면기법이 그렇다. 작품의 내용 면에서 필요한 표현이었고 여타 작품들과의 직접적인 비교는 바람직하지 않겠지만 너무나 익숙한 표현방식이라는 점에서 이 공연의 신선함이 반감된 면이 없지 않다.

그리고 이번 공연의 안내문을 참조하면, 무용을 "영상의 스펙터클과 대중성의 요소들을 통해 보다 친근하게" 접할 수 있도록 유도하겠다고 밝히고 있다. 하지만 일반인의 시선에서 본다면 일정 부분 성공적이라고 할 수도 있겠지만 애초부터 '스펙터클과 대중성'으로는 기성의 엄청난 자본이 투입된 공연들과 경쟁하기란 현실적으로 쉽지 않다. 대중음악과 상업적 공연에서의 미디어의 활용을 떠올려보라. 따라서 어쩌면 이러한 현실 속에서, 쉽지는 않다는 것을 잘 알지만, 기존의 흥미로운 이미지에 경도되기보다는 오히려 차별성을 확보한 방향 설정이 이후 작업의 예술적 과제라는 점을 고려할 필요가 있어 보인다.

아무리 단순해 보이는 그 어떤 전시나 공연이라고 해도 준비과정과 현장에서는 항상 돌발 상황과 문제들이 발생하기 마련이다. 영상, 음향작업과 같이 기술을 이용한 작업은 특히 그렇다. 거기에다 공동 작업은 개인적 감정과 예술적 지향의 관계에 따라 정말 힘들어질 수 있으며 결국 파행으로 끝나는 경우도 허다하다. 이번 공연을 전후하여 작가, 공연자들과 어떤 대화도 나누지 못했지만 얼마나 어려움이 많았을지는 충분히 예측가능하다.

어쩌면 지역에서 이와 같은 시도가 이루어진 것 자체가 귀한 사건일 것이다. 물론 지역에서도, 영상과 무용이 만난 경우는 무수히 많았다. 하지만 대부분은 배경의 역할, 즉 무대장치로서의 영상이라는 측면이 강했다. 하지만 이번처럼 영상과 무용과 음악이라는 세 장르가 밀접하게 협업하고 실제로 상호 관계에 의해 이루어진 경우는 드물었다. 거듭, 이와 같은 시도 자체가 가지는 소중한 가치는 기억될 필요가 있으며, 앞으로의 작업에도 많은 이들의 관심과 격려가 필요하다.

오늘날 예술에서 장르 간의 결합이 보편적으로 행해지고 있기에, 단순하게 두 장르 혹은 몇몇 장르의 물리적 결합이 특별하고 새로운 것이 아니라, 융합을 통해 어떤 새로운 가치와 담론을 제시할 수 있느냐가 중요한 문제가 되었다. 즉 단순한 시각적 생경함과 과학기술의 놀라움만으로는 예술적, 문화적 의미를 부여하지 못한다는 것을 이미 알고 있다. 최근 이들의 결합이 순수예술 분야를 넘어 대중음악과 공연, 홍보를 위한 상업적 공연으로까지 확장되고 있는 시점에서 새로운 과학/기술의 도입을 넘어서 새로운 예술/문화적 가치의 생성에 고민을 더해야 할, 쉽지 않은 임무까지 대두되고 있다는 점을 상기하게 된다.

Critique 2

융합의 스펙터클과 이미지 해석

김재환 (경남도립미술관 학예팀장)

꽤 오랜만에 금정구 장전동의 B홀을 찾았다. B홀은 과거 독립문화 공간인 '아지트'가 문을 닫으며 새롭게 생겨난 공간 중 하나다. 돌이켜보면 아지트는 부산에서 본격적으로 다원예술을 실천한 곳이 아닌가 싶다. 주로, 인디(indie) 계열이기는 하지만 공연, 음악, 미술, 그래피티 등 다양한 예술들이 어우러져 난장을 펼쳤던 곳이다. 이런 역사가 있는 아지트의 후예인 B홀에서 다원예술프로젝트 <body of projections>의 두 번째 공연을 보게 되었으니 말 그대로 만감이 교차하는 기분이다.

뮤지컬이나 연극을 1년에 한 번 볼까 말까 한 나에게 현대무용은 낯선 장르다. 여태껏 현대무용과 관련한 공연을 본 게 다섯 손가락 안에 들 정도니 이 부분에 대해서는 문외한이라는 표현이 딱 어울린다. 그런 내가 이 공연에 대한 글을 쓰고 있는 이유는 <body of projections>의 'projections' 때문 아닐까 싶다. 촬영된 영상이나 컴퓨터로 편집된 디지털 영상을 투사하는 방식인 프로젝션(projection)은 다양한 분야에 사용될 수 있지만 현대 미술에서는 미디어아트의 대표적인 기법으로 대접받는 귀중한 존재다. 따라서 몸짓, 영상, 음악 등이 한데 어우러지는 이번 공연에서 내가 말할 수 있는 것은 몸짓과 영상의 상호 관계에 대한 리뷰 정도겠다.

첫 공연은 <TWO. ONE. ROOM>이라는 제목의 1인극이다. (아니 2인극이라 말해야 하나?) 무대에는 동일하면서도 다른 두 개의 장소가 마련되어 있다. 두 장소 모두 빔프로젝터에 의해 투사된 두 개의 문이 존재한다. 하나는 탁자와 인물이 영상에 들어가 있고 다른 하나는 탁자와 인물이 영상 밖에 실제로 나와 있다. 그리고 두 사람이 등장한다. 두 사람은 동일한 인물로 보이지만, 하나는 영상 속에 존재하는 인물로 과거 어느 시점 어느 장소에서 포착된 이미지이며, 다른 하나는 지금 여기서 직접 만날 수 있는 인물이기에 엄밀히 말해 다른 존재다. 그래서 이들은 서로 다른 존재로 공연장에서 구현된다. 외롭게 살아가는 1인 생활자의 원룸과 그 옆집을 모티브로 하고 있기에 이들이 다른 존재라는 건 애초 연출 의도에서도 파악된다. 유사하고 중첩된 공간에서 아주 가까이 붙어살아 가면서도 얼굴 한 번 마주칠 일 없는 도시 생활자. 그 고단한 삶을 표현하고 있는 이 작품은 흥미롭게도 실재와 가상, 무대와 배경의 관계에 대한 개념적 사유를 불러일으키고 있다.

다시 이야기해 보자. 무대 정면 오른편에는 흰 벽과 두 개의 문, 그리고 작은 탁자 하나. 그리고 그곳에 머무르는 여성이 있다. 모두 프로젝션 된 이미지이다. 왼편에도 흰 벽과 두 개의 문, 그리고 작은 탁자 하나가 놓여 있고 그곳에 머무르는 여성이 있다. 그런데 여기서는 구분이 생긴다. 흰 벽과 두 개의 문은 프로젝션 된 이미지이며 탁자와 여성은 무대에 실제로 존재한다. 여기까지는 쉽게 관찰 가능한 구분이다. 한발 더 나아가면 재미난 읽을거리가 생겨난다. 무대의 배경이 되는 두 개의 문은 모두 프로젝션 된 이미지라고 할 수 있을 텐데 사실 이것은 순전히 공연을 바라보는 관람객의 입장일 뿐이다. 공연 행위자의 입장에서 보면 오른편의 문은 자신이 몸짓을 실제로 구현했던 장소이기에 그녀에게는 현실적 공간이다. 그러나 공연 현장에서 벽면에 비친 문은 모두 이미지화된 프로젝션일 뿐이다. 즉 행위 주체와 보는 주체의 위치에 따라 동일한 공간이 상이하게 인식된다.

우리가 공연에 빠져들수록 이 문제는 더 강화된다. 오른편에 프로젝션 되는 이미지는 실제로 하나의 배경에 불과하지만 관람객의 입장에서 그것은 무대이자 공연 자체로 느껴진다. 특히 왼편의 실제 공연자의 움직임과 시너지 효과를 발휘하면서 오른편의 무대 배경은 단순히 무대를 꾸미고 공연자의 행위를 북돋우는 것이 아니라 다른 형태의 공연을 같이 실행하는 것으로 여겨진다. 말로 풀자니 어렵게 되었지만 현장에서 공연을 보면 우리는 이를 직관적으로 파악할 수 있다. 그것이 다르다는 걸 당연히 알고 있음에도 불구하고, 우리는 가상의 이미지와 실존 인물의 몸짓을 동일한 수준의 공연으로 받아들이고 있는 것이다. 허구적이나 실제적인 효과를 불러일으키는 이미지. 스펙터클은 이런 식으로 시작된다.

<풍문으로 들었소>는 첫 장면부터 몰입감을 선사했다. 등산이나 캠핑, 아니면 자전거 탈 때 사용했던 손전등이 어둠과 빛의 대비를 한껏 살린 멋진 무대 소품으로 변신할지는 전혀 상상하지 못했다. 일반적으로 공연에서 빛은 무대 효과를 극대화하기 위한 도구인데 실제 공연에서 빛을 만들어내는 기계장치 자체는 드러나지 않는다. 빛의 주체는 감춰지고 빛이라는 오브제만이 공연장에 나타날 수 있는 것이다. 즉 드러나야 할 것과 숨겨져야 할 것이 명확히 구분된 공연 방식에 틈을 벌렸다고나 할까. 몸짓과 함께 움직이는 빛은 몸과 함께 무대의 주인공으로 등장한다. 그 순간 그 어떤 장치로 투사되는 빛보다 훨씬 역동적이고 다양한 동선을 만들어낸다. 사건의 진실과 관계없이 확대 왜곡되는 풍문의 흐름은 비보이의 몸짓과 손전등의 현란한 빛에 의해 역동적으로 표현되었다.

자칫 지루해질 수 있는 스토리에 흥미를 돋운 건 역시나 프로젝션이었다. 특히 부산 지역 공연에서는 보기 드문 프로젝션 매핑(projection mapping) 작업을 선보여 대단히 풍부한 이미지 연출을 시도했다. 프로젝션 매핑은 입체 사물에 이미지를 투사하는 방법이기 때문에 그 사물의 형태와 이미지를 맞추는 작업이 꽤 까다롭다. 그런데 이번 공연에서는 이미지가 투사되는 사물(공연장에서는 격

자 형태의 박스들)들의 위치를 이동하는 방법을 사용해 세팅 작업에 아주 많은 공을 들였음을 짐작할 수 있었다. 기술적인 실험도 실험이지만 공연 주제에 맞게 풍문이 퍼져나가는 과정과 말이 분열되듯 사람의 의식도 분열되고 있음을 프로젝션 매칭 기법으로 잘 소화했다. 격자 형태의 수많은 박스와 그 박스 크기에 맞는 이미지들이 결합과 해체를 반복하도록 한 점은 영상의 백미로 꼽을 만하다.

한 시간 남짓 현란한 공연을 관람한 나는 뜨거운 박수로 화답했지만 가볍게 밀려오는 의구심 하나를 떨쳐버릴 수가 없다. 현대무용의 난해한 몸짓을 이해하기 위해 영상과 음악을 접목시킨 점은 충분히 공감하나 몸짓보다 영상이 과도하게 부각되는 장면들이 자꾸 떠오른다. 이미지의 과도함은 결국 스펙터클로 귀결된다. 스펙터클은 순수한 조형 요소로서 미적 쾌를 불러일으키기도 하지만 자칫 보는 이의 주체성을 무력화하고 그저 바라보는 대상으로 만들어버릴 위험도 있다. 다시 말해 보는 주체와 보이는 이미지가 모두 대상화되고 피상화 될 수 있다는 거다. 이미지는 끊임없이 투사되고 우리는 그저 보고 있는 그 순간, 사유는 멈춰지고 몰입감만 남게 된다. 몰입에 의한 주체성의 상실을 우려했던 브레이트의 '낯설게 하기'를 떠올린다면 이는 꽤 조심해야 할 부분이다.

내가 아주 가끔 소규모 극장의 몸짓이 있는 공연을 보는 이유는 몸을 쓰는 사람을 만날 수 있기 때문이다. 대상화된 몸이 아니라 주체로서 몸을 만나고 그 몸이 내뿜는 에너지와 가쁜 숨소리가 좋기 때문이다. 이것은 영화는 물론 대형화된 뮤지컬 따위에서는 경험할 수 없는 것들이다. 융합과 콜라보가 성취한 새로운 이미지의 창출은 분명 의미가 있으나 기존의 장르가 가지고 있던 고유한 가치를 얼마나 잘 지키는가도 중요한 문제다. 이번 공연이 그렇다는 것은 아니다. 이번 공연이 잠재적으로 가지고 있는 그런 가능성에 대한 이야기이다. 다음 콜라보레이션이 기대되는 이유도 여기에 있지 않을까.

Critique 3

당신이 본 것은 무엇입니까

송교성 (문화예술플랜비 대표)

언젠가 길을 걷던 중에 어머니께서 'TV에서 본 것 같은데...'라는 말씀을 하신 적이 있다. 적잖이 놀랐다. 어디서 경험한 것 같은 느낌을 흔히 기시감(旣視感, Dejavu)이라고 하는데, 어머니의 표현을 해석해보면 영상이 직접적인 현실 경험을 대신하고 있다는 뜻이기 때문이다. 휴대폰으로 직접 통화하는 것보다 문자나 이모티콘을 사용하는 것을 점점 더 선호하고 있는 것이나, 트위터의 글과 페이스북의 사진과 같은 가상 세계의 모습에 비추어 사람을 판단하는 일도 잦아지는 것을 보면 그리 놀랄 일도 아니긴 하다. 원본이나 실체 없는 이미지들이 가상현실을 더 현실처럼 만든다는 장 보드리야르의 논의가 평범한 사람들의 생활 속에서 매일매일 증명되고 있는 것이다.

그런 점에서 <쿰바카>는 대단히 도발적인 작품이다. 영상의 시대에 본다는 것, 그 자체에 대해 근본적인 질문을 던지고 있다. 당신이 본 것은 과연 무엇인가? 쿰바카 공연이 끝난 직후 떠오른 질문이다. 관객은 쿰바카의 질문에 쉽게 답변이 가능할까.

쿰바카는 영상과 춤의 단순한 콜라보레이션 수준을 넘어서, 하나의 예술 행위로 융합된 공연을 보여주었다. 절제되고 세련된 영상 표현과 수많은 연습을 통해서 이루었을 정확한 순간의 춤사위는 도발적인 질문을 구현해내는 것에 성공했다. 아마도 관객은 자신이 본 것을 명확하게 정의 내리기 어려울 것이다. 흐트러짐 없이 영상과 춤이 결합되어서 춤 공연을 본 것인지, 영상을 본 것인지 애매하기 때문이다. 물론 생각하기에 따라서는 쉽게 답할 수도 있는 질문이다. '영상을 활용한 춤 공연을 보았다.', '춤을 추는 무용수의 모습을 담은 영상을 보았다.' 둘 모두 가능한 대답이다. 무대 위에서 실제로 춤을 추던 무용수를 본 것도, 무용수의 춤을 사전에 촬영해 둔 영상을 본 것도 사실이다. 그렇다. 실제이든 영상이든 확실히 '춤'을 본 것은 맞다. 문제는 무대의 무용수와 스크린의 무용수가 중첩되면서 발생한다. 끊임없이 무대의 무용수와 스크린의 무용수가 하나로 교차, 결합되고 분열되면서 본 것에 대한 믿음을 흔들리게 한다. 정말로 당신은 춤을 추는 '무용수'를 본 적이 있는가?

물음에 답하기 위해 공연을 되짚어 보자, 시작과 끝부분에 등장하는 무용수(허경미 分. 이하 실제 무용수로 지칭)는 한쪽에 우두커니 서서 무대(스크린)를 바라보고만 있다. 이후 실제 무용수가 무대 위에서 영상이 재생되고 있는 스크린을 향해 가는 장면과 끝부분에서 멀어지는 장면도 모두 암전으로 처리되어 있다. 실제와 영상 속 무용수(같은 허경미 分. 이하 영상 무용수들로 지칭)의 크기를 같게 하고, 편집기술과 의상, 걷거나 뛰는 춤사위를 적절히 활용하여 실제와 영상을 구분할 수 없게 해두었다. 이로써 공연 전체가 하나의 영상 - 가상현실 - 이 되었다. 그렇다면 관객은 '실제 무용수의 춤'이 아니라 영상작가(홍석진 分)의 연출로 표현된 '춤의 이미지'를 본 것이 아닐까.

조금 복잡하지만 이 질문이 다시 몇 개의 문제와 예술적 특징으로 이어지는 점을 짚어보자. 먼저 자아에 대한 전제이다. 쿰바카는 개인의 자아가 다양한 정체성으로 분열되고 다시 수렴됨을 전제하고 있다. 현실로서 실제 무용수와 가상 세계로서 미리 촬영한 영상 무용수들이 함께 하나의 공연을 구성하는 표현방식 자체가 그것이다. 여기에 많을 때는 수십 명의 영상 무용수들이 등장하여 실제 무용수와 뒤섞이는 장면 또한 자아에 대한 쿰바카의 전제이다. 개인은 개인을 둘러싸고 바라보는 세계에서 탄생되지만, 이로써 끊임없이 분할되고 복제되는데 진정한 자아가 있느냐는 것이다. 다시 말해, 관객이 본 것은 실제 무용수의 자아가 표현된 춤이 아닌 복제된 무용수의 이미지일 수도 있다는 것이다.

재미있는 것은 자아의 변화이다. 쿰바카 공연은 영상 속에 등장하는 무용수나 무대 위에 등장하는 실제 무용수를 같은 자아로 가정한다. 그런데 과연 둘은 같은 자아일까. 상식적으로 영상 속의 자아는 더 이상 변하지 않는다. 재촬영하지 않는 이상 영상 속의 자아는 자연의 시간을 획득할 수 없다. 그러나 매번 공연을 거듭하면서 실제 무용수의 자아는 신체이든 정신적이든, 작든 크든 변화를 겪게 될 것이다. 시간이라는 자연현상이 하나의 자아를 가정하는 쿰바카 공연에 작은 균열을 가져오는 것이다. 첫 번째 공연이든, 마지막 공연이든 모든 관객은 공연 이전에 촬영된 무용수의 과거 자아와 무대 위 현재 자아를 동시에 보게 된다. 만약 10, 20년 뒤 실제 무용수의 눈에 띄는 신체적 변화가 왔을 때도 재촬영 없이 지금의 영상을 사용한다면, 공연은 또 어떠한 느낌을 줄 수 있을까? 쿰바카는 '성장하는 공연'이라는 특징을 지닌 것이다.

한편, 쿰바카는 영상과 춤이 가진 예술의 기존 특징 또한 살짝 비튼다. 최근에 종영된 드라마에서 악역을 맡은 배우가 한 연예프로그램의 거리 인터뷰에서 시민에게 욕을 듣는 모습이 방영되어 사람들에게 웃음을 준 일이 있다. 이처럼 때로 혼동하는 경우도 있긴 하지만, 대개는 영화나 드라마, 연극의 배역 자체가 배우의 진실한 자아가 아니라는 것을 사람들은 안다. 어떤 연기를 어떻게 하느냐는 배우의 자아와 깊이 연결되어 있겠지만 그렇게 창조된 인물은 허구다. 반면에 미술, 음악과 춤과 같은 예술행위에서 작품은 작가 자신이자, 현실 그 자체이다. 예술행위가 예술가 내부의 미적인 정서와 긴밀하게 연결되어 있기 때문이다. 쿰바카 공연이 흥미로운 것은 이러한 춤 공연의 특징을 어긴다는 점에 있다.

영상 속에서 춤을 추는 무용수는 결코 실제 무용수와 연결되어 있지 않다. 영상 속의 무용수의 몸짓과 이미지는 촬영된 그 순간 고정불변의 것이 되었다. 변함없는 사실은 춤이 아니라 기호, 이미지, 전자적 신호라는 것이다. 그것은 결코 현실이 아닌 가상세계일 뿐이다. 실체 없는 이미지, 지금 여기라는 생생한 현장감을 잃은 몸짓이다. 이처럼 기존의 춤 공연들이 가진 특징이 비틀어졌지만, 실제 무용수가 현실과 가상세계를 오가면서 영상의 춤을 현실로 끊임없이 불러오고 있기 때문에, 춤을 보지 않았다고 할 사람은 아마도 없을 것이다. 가상현실이 불현듯 현실을 지배하려는 순간이다.

쿰바카의 진가는 이 문제를 돌파하는 방식에서 드러난다. 현실과 가상현실을 구분 짓는 기호/신호를 사용한 것이다. 처음과 끝에 등장하는 하얗게 빛나는 원은 가상현실을 현실로 인식하는 순간에, 실제와 가상의 세계의 고리를 끊는 역할을 수행한다. 튕겨 오름을 반복하기 때문에 실제의 공처럼 착각할 즈음, 돌연 허공에 가만히 멈춘다. 관객에게 '이것은 가상의 영상 이미지'임을 보여주는 것이다. 일종의 브레히트가 주장한 소격효과다. 이로써 관객은 자신이 본 것이 무엇인지 생각할 수 있는 기회를 얻게 된다.

다시 처음의 질문으로 돌아가 보자. 쿰바카 공연에서 당신이 본 것은 과연 무엇일까? 어쩌면 우리는 춤, 영상, 현실, 가상세계가 아니라 무용수의 정신세계를 살짝 들여다본 것이 아닐까. 과학기술 덕분에 사람의 감각기관이 확장되어 실제로는 볼 수 없는 뱃속의 아이를 확인하고, 추억과 기억을 이미지로 저장하고, 바다 저 깊은 곳과 우주까지 눈으로 확인하는 새로운 초현실적 세계를 경험하듯이 말이다.

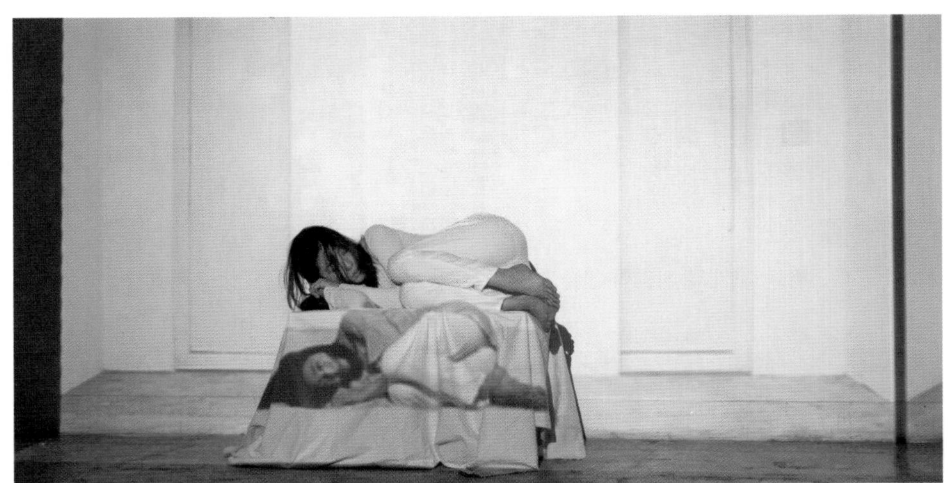

Critique 4

1인칭의 권리

장현정 (작가, 문화사회학자)

<바디 오브 프로젝션스>는 영상작가 홍석진이 허경미, 엄효빈, 허종원 등 지역의 대표적인 무용가들과 함께 작업한 콜라보레이션 연작 프로젝트이다. 세부작품들은 각각 '쿰바카', '투원룸', '풍문으로 들었소'라는 제목으로 공연됐다. 영상과 무용이라는 상이한 영역에서 활동해 온 예술가들이 한데 모였다는 점도 그렇지만 지역에서는 그동안 좀처럼 감상 기회가 없었던 다원예술 공연작품이라는 점에서 흥미로웠다.

미디어파사드나 프로젝션 맵핑 같은 현대적 기술이 본격적으로 접목된 독특한 작품을 지역 관객들이 편하고 쉽게 감상하는 기회를 제공한 점은 이 프로젝트의 가장 큰 기여일 것이다. 관객들의 훈련된 안목과 제대로 된 비평을 위해서는 질도 물론이지만 그 이전에 우선 일정한 양의 작품이 감상 가능해야 한다. 하지만 부산의 경우, 다원예술 분야에서는 질적 논의에 앞서 일단 양적으로 빈약한 형편이었다. 그런 의미에서 <바디 오브 프로젝션스>는 형식적, 기술적 신선함은 물론이고 지역의 다양한 장르에서 활동하던 예술가들이 보다 실험적인 작품을 위해 함께 했다는 자체로 향후 지역 문화예술계의 발전을 위한 의미 있는 사례로 남을 것이다.

같은 장르의 예술가들끼리도 협업은 결코 쉬운 일이 아니다. 편의상 특정 장르로 묶기는 하지만 사실 예술가들은 기본적으로 홀로 작업하는 이들이다. 하물며 서로 다른 장르의 예술가들이 공통의 주제와 관점을 조율하고 공유하며 하나의 작품을 향해 나아간다는 것은 정말 쉽지 않은 일이었을 것이다.

#차가움과 뜨거움, 체계와 생명의 대립과 조화

<바디 오브 프로젝션스>는 영상과 몸이라는 두 오브제를 축으로 삼고 있다. 이 둘은 태생적으로 매우 다른 성질을 갖는다. 우선 영상은 빛, 인공이며 계산된 체계이다. 차가운 시스템에 기반한다는 것이다. 반면 무용은 몸, 생명이며 활력이다. 에로스와 생기(生起)라는 뜨거움에 기반 한다. 그래서 영상

은 끊임없이 그 태생적 차가움에 어떤 방식으로든 살아있음의 온기를 불어넣으려 한다. 실감을 북돋기 위한 스토리나 현실보다 더욱 과장되고 극대화된 이미지나 기술요소들의 삽입, 이미지와 이미지를 연결할 때 우연성과 리듬을 강조하는 등의 방식이다. 반면 무용은 그 뜨거움을 어떻게든 무대 위에서나마 장악하기 위해 안무라는 시도를 통해 나름의 짜임새를 갖추고 몸이 가진 강한 힘과 생명의 기운을 통제함으로써 공연이라는 형식을 구현한다. 장르의 역사만 따져 봐도 영상은 비교적 현대의 예술이지만 무용은 가장 오래된 예술 중 하나다.

이런 비교가 기계적이며 다소 과장된 측면도 있을 수 있다. 하지만 어쨌든 영상과 무용이 태생적으로 그 결을 달리하는 예술임은 확실하다. 또 그 다름의 크기만큼이나 서로에게 매력을 느낄 만한 요소도 많고 실제로 자주 협업이 이루어지기도 한다. 그럴 때 몸이라는 한정된 조건 속에 갇혀 있던 무용은 영상의 힘을 통해 보다 확장된 세계로 나아갈 수 있게 되고 반면 그 자신만의 고유한 물성이 없는 영상은 비로소 의미 있고 고정된 대상을 통해 활력을 회복하게 된다. 하지만 이런 시도는 한편으로 일정 시공간 속에 담보되어 있던 고유한 생기와 아우라, 계산되지 않은 우연의 힘과 독특한 촉각성을 휘발시키기도 하고 그렇게 개별적 생명력이 증발된 자리에 거대한 기술의 체계와 과시를 통한 획일화된 자극만을 남기고 사라질 때도 많다. 많은 이들이 이를 스펙타클이라 부르며 경계하는 이유다. 완벽한 균형이란 기실 신화와 같은 것이라는 점에서, <바디 오브 프로젝션스> 역시 한쪽으로 무게가 쏠린 감은 없지 않다. 안무가가 아닌 영상작가가 총괄한 프로젝트라는 점에서 영상이 가진 장점과 미학적 부분이 상대적으로 많이 부각됐다는 인상은 피할 수 없어 보인다.

#개인과 집단, 현대의 제의

세부 작품들을 살펴보면 우선 '쿰바카'와 '투원룸'은 여러 측면에서 유사한 부분이 많다. 무용가의 움직임과 벽에 투사된 이미지가 서로 대립하거나 조응한다는 형식이 우선 그렇다. 또 사전에 철저하게 영상과 움직임이 계산되어 돌발적이거나 우연한 기운의 분출을 최소화했다는 점도 그렇다.

<쿰바카>는 내용상으로 분열된 자아를 다루지만 구체적 내러티브를 갖고 있지는 않다. 요가에서 따왔다는 작품의 제목처럼 명상에 가까운 분위기를 자아내며 구체적인 스토리보다는 몸과 영상이 만나는 접점에서 어떤 추상적인 느낌을 유도한다. 작품의 맨 처음과 끝에 등장하는 통통 튀는 하얀 원은 관객들에게 일종의 최면 역할을 하는 것처럼 보인다. 관객들은 반복적으로 튀는 공을 보며 최면 상태에 들어갔다가 맨 마지막 다시 튀던 공이 중력을 거부하고 공중에 멈출 때 묘한 느낌을 간직한 채 현실로 돌아온다. 그 사이 눈앞에서 구체적으로 움직이던 무용수의 몸은 바로 옆에서 전자적

으로 기호화되어 무한히 복제되거나 변주된다. 끊임없이 움직이는 살아있는 몸의 생기를 증발시키려는 듯, 영상 속의 몸은 더욱 거세게 무대를 압도한다. 뜨거움보다는 차가움, 더 정확하게는 드라이한 느낌이 작품 전반에 깔려있다.

이처럼 살아있는 몸의 온기와 생기를 앗아감으로써 관객들로 하여금 생경한 건조함과 서늘함을 느끼게 하는 것은 <투원룸>에서도 마찬가지다. 현대사회의 삭막한 삶과 외로움을 주제로 한 이 작품에서도 미디어와 빛, 무대 전체를 압도하는 영상기술은 작은 기운의 흐름조차 차단시키고 절개하는 방식으로 작품의 회색빛 주제를 도드라지게 드러낸다. 다만 개인 내부의 의식과 무의식, 분열된 자아 등을 주제로 한 <쿰바카>와 달리 <투원룸>은 집단 속의 개인을 주제로 삼았고 보다 명시적으로 스토리구조를 끌어들임으로써 형식과 구조의 차별화를 꾀한 것처럼 보인다. 그래서 세 작품 중에서는 가장 영화 같다는 인상을 주기도 했고 낯선 형식을 선호하지 않는 관객들에게는 가장 편하게 감상할 수 있는 작품 아니었을까 예상하게 된다. 기왕에 보다 선명한 스토리구조를 갖는 작품을 의도했다면 스토리의 구조 자체에도 나름의 리듬을 부여하거나 풍성한 에피소드를 삽입했더라면 어땠을까 생각해본다.

마지막 작품 <풍문으로 들었소>는 앞의 두 작품과는 많은 면에서 다른 작품이다. 우선 여성이 아닌 남성 무용수들이 등장하고 움직임과 영상의 뒤섞임이 한층 복잡하고 정교하며 명상적이거나 외로운 분위기 대신 강렬하고 폭발적인 느낌이 주를 이룬다. 무대와 관객이 분리되고, 무대 내에서도 또 여러 층위로 분할되던 앞의 두 작품과 달리 이 작품은 객석까지 무대의 일부로 삼는다. 직접적이라기보다 간접적인 접점으로 다가오던 영상과 몸의 만남도 이 작품에서는 보다 강하고 직접적으로 부딪치고 대결한다. 등장하는 무용수의 수도 많고 동원된 기술적 효과도 많아서 짧은 시간이지만 형식적 고민이 많았으리라 추측된다.

<쿰바카>가 현실과 가상을 통해 추상적이고 명상적 분위기를 선사했다면 <투원룸>은 집단 속 외로움에 대해 도회적이고 차가운 이미지로 짧은 이야기를 던져준다. <풍문으로 들었소>는 현대적 제의라 해도 좋을 만큼 손에 잡히지 않는 무형의 존재와 격렬하고 신들린 듯한 대결을 펼친다. 세 작품 모두 나름의 독특한 분위기와 신선한 실험의식으로 즐겁게 관람할 수 있었는데 그러면서도 한편으로는 주관적인 상상 속에 빠져보기도 했다. 예를 들면 영상이 가진 장점들을 오히려 뒤틀거나 버리려는 전복적 태도를 취했더라면 이 작품들은 또 어떤 모습이 됐을까, 하는 호기심이다. 풍경이나 현상을 연출자가 취사선택한 프레임으로 잘라내고 이를 복제하여 반복한다는 편리성이야말로 영상의 가장 큰 장점일 텐데 이런 장점을 오히려 제거함으로써 새로운 예술적 성취를 이룰 수도 있지 않을까 하는 것이다.

#1인칭의 권리

다원예술작품에 대한 심사나 논의과정에 참여할 기회가 많았다. 그때마다 형식과 내용에서 모두 작가 나름의 독창적인 관점이 스며있되 그것의 구현을 위한 현실적 조건들과 실현가능성, 이전 작업과의 일관성과 이후 작업과의 연계성 등을 주요 기준으로 삼았다. 우리가 다원예술에 기대하는 것은 장르 간의 단순한 물리적 결합이 아닌 화학적 시너지일 것이다. 또 다원예술은 아마추어리즘이나 생활매개, 문화예술교육 등과는 지향점이나 태생이 다르고 오히려 일정 기간 나름의 역량을 갖추어 온 프로페셔널 예술가들이 자기 장르 안에서 더 이상 돌파할 수 없는 고도의 실험적 욕구를 충족시키려 할 때 선택해야 할 영역이다.

다만 이런 장르의 혼합은 긴장하지 않으면 플러스의 전개로 치닫는 경우가 많은데 오히려 마이너스의 전개가 더욱 세련되고 긍정적인 효과로 이어지지 않을까 생각해 보기도 한다. 플러스의 전개라고 표현한 것은, 각기 서로 다른 두 장르의 장점을 모두 보여주려 하거나 단일 장르에서는 불가능했을 시도를 하면서도 각각의 장점을 모두 담으려는 태도를 말한다. 반면 마이너스의 전개란 각각의 장르에서 이미 클리셰가 되어버린 대부분의 요소를 보다 적극적으로 덜어냄으로써 둘이 함께 하지만 하나보다 가벼운 상황을 만드는 것을 뜻한다.

정보의 양 자체가 중요한 게 아니라 오히려 차고 넘치는 정보를 가려내고 버림으로써 자신에게 꼭 필요한 것만을 골라 재배치하는 것의 중요성을 강조하는, 오늘날 정보사회의 흐름과도 궤를 같이 하는 것이다. 따지고 보면 다원예술의 등장과 배경에도 모든 것을 잘게 쪼개었지만 관념상으로는 더욱 거대해진 근대에 대한 반성이 도사리고 있다. 서로 파편적으로 흩어져있던 것을 관계 맺게 하고, 그럼으로써 보다 구체적인 방식으로 우리의 사회와 삶을 순환시키려는 것이 탈근대의 태도랄 수 있다.

한편 예전과 달리 모니터, 이어폰 등을 통해 예술을 향유하는 방식 자체가 극단적으로 개인주의적이 된 시대에 우리가 잃어버린 공감대와 고유한 촉각성에 대해서도 주목해 볼 필요가 있겠다. 클럽에서 디제이들이 음악을 틀 때 관객의 반응에 따라 즉석에서 선곡을 바꾸거나 SNS에서 실시간으로 댓글과 이미지들이 올라오는 것, 문학의 하이퍼텍스트 등에서 보이고 있는 것처럼 현대사회의 다양한 문화 영역에서 살이 닿는 소통, 촉각적 소통에 대한 욕구들이 분출하고 있다. 이들은 모두 융복합, 혹은 다원이란 이름으로 행해지는 예술적 흐름을 설명하기 위한 단초를 제공한다.

나는 이런 흐름을 '1인칭의 권리'라는 말로 표현하곤 한다. 영화나 소설을 비롯해 어떤 매체를 통한 작품이든, 예술의 감동은 대체로 몸에 각인된다. 어차피 예술은 1인칭의 권리를 주장하고 누리는 것이다. 장르나 예술론은 참고용이지 반드시 따라야 할 전범이 아니다. 그런 종류의 사회적으로 합의된 보편은 경기장 안의 룰이긴 하지만 경기장 바깥, 혹은 아예 종류가 다른 경기에서는 신경 쓸 이유가 없다. 새로운 예술적 실험을 하는 이유도 여기에 있지 않을까. 다시 말해 3인칭의 시선, 2인칭의 관계 등이 중요한 것이 아니라 1인칭의 권리가 훨씬 중요하다는 것이다. 타성에 젖은 선수일수록 자신들에게 익숙한 룰의 변혁에는 소극적일 수밖에 없다.

예술이란 무엇인가를 비롯한 예술과 관련된 모든 질문은 백전백패일 것이다. 그렇다고 그것이 무가치한 것은 아니다. 그럼에도 우리에겐 더 많은 듣도 보도 못했던 작품과 시도가 필요해보인다. '00은 00이다'라고 정의 내려야 속이 시원하고 뭔가 명쾌해진 것 같은 인식체계, 다시 말해 근대적(과학적) 인식체계가 여전히 보편적이다 보니 가장 자유롭고 도발적이어야 할 예술계 전반도 꽤 오래전부터 활력을 잃게 된 것 같다. 지원을 위한 최소한의 행정적 준거나 기타 여러 이유에서 나름의 정의가 필요하다는 점은 인정하겠지만 보편이란 미명 아래 삶의 영역까지 효율성의 원리로 뒤덮인 시대에 다원예술, 아니 그냥 예술과 예술가의 존재의미는 어디서 찾아야 하는 것일까.

결국 좋은 작품이란, 형식적으로든 내용적으로든 오랫동안 깊고 진한 잔향이 남아 그 작품에 대해 이야기할 거리를 많이 남기는 작품일 테다. 기존의 형식을 깨고 도발적으로 예술 자체에 대한 물음을 환기시킨 작가들의 작품이 그렇고, 우리가 당연하게 받아들이던 일상과 세계를 불현듯 낯선 것으로 느끼게 한 작품들이 그렇다. 몸에 각인되는 작품, 1인칭의 권리가 도저하게 부각되는 작품 말이다. <바디 오브 프로젝션스>를 통해 그 가능성을 보았고 앞으로도 꽤 오래 이 프로젝트에 대해 얘기를 나눌 수 있을 것 같다.

Critique 5

〈바디 오브 프로젝션스〉를 보고

최찬열 (공연예술평론가)

> *"영화는 이미지를 몸짓의 나라로 되돌아가게 한다."*
> *- 조르주 아감벤*

#n-1의 장

다원예술은 기존의 장르로 '어떻게 말할 것인가'를 고민하지 않는다. 다원예술에는 하나의 중심 장르가 없다. 여기서는 모든 장르가 중심이면서 동시에 주변이다. 모든 장르가 동등하게 콜라주로 섞인 <바디 오브 프로젝션스>는 다원예술이 지닌 탈 장르와 장르 간 경계 허물기, 해체와 융합, 혼성, 교차와 교접 등의 특징을 제대로 살린 공연이었다. 춤과 영상, 몸과 사물, 소리와 음성, 빛과 이미지의 '분리된 종합'이 만들어내는 '간격', 그것은 기존의 장르들이 서로 섞이며 형성하는 경계 지대였고, 새로운 감각의 생성을 보게 되는 0의 지대이며 사이-공간이었다.

#간격

나누어진 두 개의 프레임이 벽면에 투사되어 있다. 두 프레임 사이에는 좁은 간격이 있다. 'TWO. ONE. ROOM'에서 프레임 속의 가상적 몸은 나누어진 두 프레임을 오가며 운동한다. 가상적 몸은 현행적인 몸의 분신 혹은 이중화이다. 두 몸은 비대칭 관계를 이루며 운동한다. 그러다가 어느 한순간 한 프레임에서 다른 프레임으로 건너뛰는 춤꾼의 운동은 두 프레임을 연결한다. 두 공간을 나누던 간격은 사라지고 하나의 프레임으로 합쳐진 것이다. 그렇다면 여기서 간격은 한 프레임의 끝인 동시에 다른 프레임의 시작이다. 그리고 춤꾼의 운동은 공간의 통일성을 보증한다. 홍석진은 간격, 즉 두 프레임 사이의 공간 혹은 경계를 춤꾼의 운동을 통해 가볍게 지워 없앤다.

현대사회에서 개인들은 공약 불가능하게 단절되어 있다. 개인과 개인 사이에는 심연이 놓여 있다는 말이다. 심연은 메워질 수 없는 무-바탕이다. 그렇기에 개인들과 두 항, 두 프레임을 나누는 간격은 자율적이며, 자신이 나누는 개인들, 항들, 프레임들의 일부로 환원되지 않는다. 간격은 나누어진 한 프레임의 종착점 또는 시작점을 구성하는 공간적 단면과 별개다. 하지만 홍석진은 두 프레임을 춤꾼의 운동을 통해 가볍게 메우듯, 현대사회의 파편화된 개인들을 소통시키고자 한다. 하지만 심연은 존재론적 바탕에 해당하는 자리가 아닐까? 그렇다면 그것은 그렇게 간단히 메워질 수 있는 것이 아닐 것이다. 하지만 이런 의문은 이 작품의 끝부분에서 말끔하게 해소된다. 홍석진은 현행적인 몸과 가상의 몸을 포개는 아주 매혹적인 장면을 연출한다. 실재와 가상의'포개짐'은 어떤'구멍'이다. 여기서 몸은 같은 것이면서 구별되는 것처럼 보인다. 이러한 연출은 또 다른 간격이자 틈을 만들어낸다.

#식별불가능성

'쿰바카KUMBHAKA'는 상승과 하강, 나고 듦의 운동 사이에 형성되는 사이-시간에 해당한다. 사이-시간은 생성의 틈이다. 이 작품에서 틈은 실재와 가상의 '포개짐'으로 형상화된다. 현행적인 춤추는 몸과 가상적인 몸 이미지는 뚜렷하게 구별되나 때로는 뒤섞여 식별 불가능성의 지대를 만들어낸다. 이것은 현행적인 것과 가상적인 것의 포개짐이 만들어내는 비-경계 혹은 무-경계 지대이다. 이런 식별 불가능성의 지대는 시간에 대한 감수성을 고양한다. 이는 식별 불가능한 틈을 마주하는 관객이 불확실성의 상태를 떠돌게 된다는 의미에서 그런 것이다. 틈은 확률 물리학에서 말하는 분기점, 즉 어디로 선회할지 예측할 수 없는 지점이 된다. 현행적인 운동을 보증하는 연대기적 시간은 불확실한 생성의 이미지로 파편화된다.

이 공연에서는 음악 혹은 음향 또한 자율적이다. 음악은 춤과 이미지, 이 둘은 참조하지만, 그들 셋 모두는 하나의 유기적 전체로 조화롭게 봉합되지 않는다. 그 결과 공연 공간은 서로 연결되어 총체화되지 않고 틈을 만들어낸다. 틈은 춤과 이미지의 운동, 음악의 접선 속으로 사라지는 것이 아니라, 오히려 끊임없는 열림이 된다. 다시 말해 틈은 존재론적 바탕으로의 열림이 되며, 여기서 뜻하지 않은 관계가 발생한다. 그러기에 이 틈은 생성의 공간이며, 여기서는 예측 불가능한 사건들이 얼마든지 발생할 수 있다.

#이미지의 해방

과거 전체가 우리에게 남아 있다면 그것은 어떤 정신이나 관념의 형태가 아니라 몸의 기억일 것이다. 지나간 시간의 모든 감정과 정서, 뉘앙스는 지금-여기의 몸속에 무수한 '애벌레 자아'로 주름 잡혀 있다는 말이다. 도래할 장래도 마찬가지다. 그것은 지금-여기의 몸이 향하는 욕망과 기대의 다른 이름이다. 그렇기에 여기서 몸은 어떤 기억의 주체이자 곧 올 장래와 같다. <바디 오브 프로젝션스>에서 잠재된 몸의 기억과 기대는 다채롭고 파편적인 영상-이미지로 되살아난다.

'풍문으로 들었소'에서 홍석진은 이미지의 구심력과 원심력, 곧 수축과 팽창을 사유한다. 이미지가 수축할 때 춤꾼의 몸이나 사물은 온전한 하나로 드러난다. 반대로 수축보다 팽창하는 힘이 더 강할 때 이들은 파편화되고 흩어진다. 춤꾼의 운동하는 몸은 빛-이미지를 부분적으로 받아들임으로써 파편적 몸-이미지로 분해된다. 이렇게 이미지의 팽창과 원심력은 몸 혹은 사물을 분해하고 파편화한다. 이와 같은 실험은 정육면체 큐브 상자를 이용하여 더 극단적으로 행해지고, 이미지는 더욱더 잘게 쪼개져 흩어진다. 음성과 음향, 몸과 사물의 형상은 해체되고 빛-이미지 속으로 용해되어 사라져간다. 사라짐은 이미지의 해방과 자유이리라. 또 사라짐은 새로운 몸짓의 생성을 위한 창조적 역행이리라.

"만들어지다 나는 이미지를 만들었다"
- 사무엘 베케트

쿰바카

허경미 (무용가, 안무가)

이번 쿰바카(Kumbhaka)는 호흡이다. 들숨과 날숨 사이 아주 미묘하지만 분명히 일어나고 있는 정지된 호흡. 요가의 다양한 수행체계 중 하나인 호흡법(Prayanama)에서는 이 쿰바카의 순간을 들숨과 날숨보다 중요한 개념으로 인식한다. 그 이유는 이 쿰바카의 순간이 길어질수록 요가 수행의 궁극적 목적과 가까워진다고 보기 때문이다. 그 궁극적 목적은 당연히 참 자아로의 복귀이다.

작품 <쿰바카>는 이러한 의미를 차용하여 현대사회 속에서 여러 가지 사회적 자아로 분열되어 있는 한 개인의 진짜 모습은 무엇인지 고민하는 작품이다. 결론적으로 요가에서의 쿰바카든 작품의 쿰바카든 공통적 주제는 '본질적 자아 찾기'라 볼 수 있겠다. 본질적 자아 찾기! 이 얼마나 우주 기운의 도움 없이는 성취해내기 힘든 주제인가. 충만한 자기애로 '자아성찰' 류의 주제를 안무 주제로 꾸준히 밀고 있는 나로서도 감히 시도해보기 힘든 주제이다.

그러나 작품 <쿰바카>는 지금껏 내가 안무한 어떤 작품들보다 쉽게 안무한 작품이다. 아니 쉽게 안무되어진 작품이다. 게다가 누가 뭐라던 스스로 결과에 만족하는 작품이기도 하다. 또한 작품 <쿰바카>는 분명 안무가인 나에게 여러 가지를 환기시켜주는 작품이었다. 그중 하나는 내 안무가 지금껏 너무 어렵게 주제를 드러내고 있었다는 되돌아봄이다. 희망컨대, 안무 과정은 창작의 환희와 내 몸을 통해 정렬되어지는 일련의 움직임들에 대한 경이로움의 향연이어야 한다. 그러나 대부분의 안무자들 또한 그러리라 짐작되는 나의 안무 과정은, 공연 직전까지 작품 전달 성공 여부에 대한 불안감으로 몸서리쳐지는 인생 최대의 골칫거리가 되어버리는 경우가 대부분이다.

그럼 <쿰바카>는 왜 비교적 그 과정이 수월했을까? 당연히 영상과의 협업을 통해 얻어진 결과 때문이라 볼 수 있다. 다시 말하면 영상과의 협업이 작품 주제를 보다 설득력 있게 전달하는데 용이했다고 말할 수 있을 것이다. 영상과의 협업은 시공간의 제약으로 인해 시도조차 고려해보지 못했을 작품을 가능하게 하는 작업이었다. 보다 쉽게 작업하고 좋은 결과를 얻은 나로서는 이러한 결과가 반갑고 고마워야 함이 당연할 것이다.

그런데 안무가의 입장에서 이 익숙지 않은 용이성이 꺼림칙하게 다가오는 것은 왜일까. 안무가로서 왠지 반쪽짜리 작품을 한 듯한 느낌. 이 느낌은 아직 타 장르와의 협업에 익숙하지 못한 탓일 수도, 절대적 작업량의 축소일 수도 있겠으나 가장 큰 것은 규정하기 힘든 춤 작품이 가져야 하는 몸 이미지들을 영상이미지에 뺏긴 듯한 상실감이 아닐까 한다. 비록 고려조차 해보지 않았을 작품 주제이지만 만일 작품 <쿰바카>를 영상연출 없이 춤 작업으로만 진행했었다면 어떤 작품이 되었을까 상상해본다. 분명 많은 표현적 한계에도 불구하고 작품은 완성되었을 것이다. 아마도 주제 전달 측면에서는 장담할 수 없으나 몸의 움직임만이 가지고 있는 특수성으로 춤 적으로는 더 완성도 있는 작품이 나왔을지도 모를 일이다. 이러한 지점에서 협업, 콜라보레이션의 작업들을 어떻게 수용할 것인가에 대한 고민을 하게 된다.

요즘 가장 화두가 되고 있는 예술작업 형태는 '다원성'과 '융복합성'일 것이다. 이 둘의 정확한 개념을 놓고도 아직까지 많은 논의들이 있는 것으로 안다. 혼란스러운 개념 정리를 뒤로 하고 분명 여러 지원처나 예술단체들이 이와 관련된 다양한 시도를 하고 있는 것 또한 사실이다. 대체로 이러한 시도의 예술작업 형태로 장르 간의 협업(콜라보레이션)을 선택하는 경우들이 많다. 협업작업 형태는 이미 꽤 오래전부터 예술계에서 시도되어왔다. 단지 현재와의 차이점은 실험적인 일부 작품에서 시도하던 것이 지금은 다양한 양태로 점차 일반적 작업 형태로 자리잡아가고 있는 것이다.

장르 간의 협업작업은 단지 한 장르의 한계 뛰어넘기의 조력자 역할로서가 아니라 오랜 시간 고정화된 예술장르를 현시대에 맞는 표현양식으로 다양하게 시도하는 동반자적 역할을 한다고 본다. 예술작품의 전달에 있어 그 정형된 양식에 포커스를 두기보다는 효과적 전달에 포커스를 맞추는 것이다. 범위를 좁혀 영상과 춤의 협업은 이미지의 충돌이 일어날 수 있는 작업이다. 영상 못지않게 춤 또한 몸으로 구현하는 이미지 작업이기 때문이다. 이 충돌은 어느 한쪽이 힘겨루기에서 밀려날 수 있는 잠재적 상황을 내포하고 있다. 일반화하여 접용 시킬 수는 없으나 안무가로서 이번 작품의 개인적 만족만으로도 영상과의 협업을 또다시 시도해 볼만한 이유는 있다고 생각한다. 다만 단단히 준비해야 할 것은 앞에서 언급한 상실감을 어떻게 보완할 것인가에 대한 부분이다. 이 상실감은 영상에 자리를 내어준 듯한 실존의 몸이 느끼는 그 무엇일 것이다. 치열하게 몸으로 작업하는 춤꾼의 입장으로 혹시 내주어야 하는 몸의 생생한 현존성을 어떻게 수용해야 할 것인가이다.

이번 작품 <쿰바카>는 주제에서 개인의 본질에 대해 이야기했듯이 한편으로 춤의 쿰바카, 진정한 춤의 본질은 무엇인가 다시 한번 스스로 소중한 질문을 품게 한 작품이었다.

투원룸

엄효빈 (무용가)

나에게 살아간다는 것에 대한 의미는, 어떻게 살고 싶은지에 대한 질문에 답을 찾아가는 것과 같다. 그래서 나에게 혼자 살아간다는 것에 대한 의미는, 어떻게 살고 싶은지에 대한 질문에 나만의 솔직한 답을 찾아가는 것이기도 하다. 나는 스스로에게조차 솔직하지 못하다. 사람들의 시선에, 스스로의 강박에 사로잡혀 정작 내가 무엇을 하고 싶은지는 잊게 되기 십상이다. 원룸이란 공간은 좁지만 지극히 개인적이고 사적인 의미를 가진 공간이다. 원룸에서 나는 마음껏 이기적일 수 있고 온전히 나일 수 있다.

처음 '투원룸' 작업에 참여했을 때 가장 재밌었던 기억은, 내가 원룸에서 어떻게 생활하고 있는지에 대해 인식했던 것이다. 나는 원룸에서 아주 적게 움직이며 아주 많은 생각을 한다. 평소 활동량은 많지만 사고는 죽어있다. 수동적이며 반복적인 일상을 보내는 것이다. 원룸에 들어서는 순간 나는 건어물녀가 되며 섹시하고 자극적이었던 외부의 활동성에서 한 발 떨어져 나와 몸은 게으르지만 생각 속에서는 행복한 내가 된다. 원룸에서는 그래도 된다. 내가 만든 틀 안에서, 내가 원하는 만큼 충분히 외로워도, 충분히 즐거워도, 충분히 게을러도, 되는 공간인 것이다. 이번 작업에서 다른 이들이 원룸 안에서 외로워하고 두려워하고 또 충분히 즐기는 내 모습을 보았는지 모르겠지만 못 보았던들 어쩌겠나. 나는 그때도 충분히 그러해도 되는 원룸 안에 있었는데. 영상작업이란 것이 원룸과 비슷하다는 생각도 들었다. 나를 적나라하게 바라본다는 느낌이랄까. 우리가 살면서 셀카를 찍을 때 정도를 제외하면 그렇게 적나라하게 '나'라는 존재를 대면할 때가 얼마나 있을까?

나는 홍석진 감독, 허경미 안무가와 함께 작업했다. 내가 어떻게 움직이고 옆방에 사는 나는 어떤 감정으로 움직이는지 끊임없이 생각하며 호흡을 맞추기 위해 노력하고 연습했다. 내가 나와 움직이는 데도 어느 것 하나 쉬운 것이 없었다. 영상을 찍을 당시와 현재의 내가 가지는 감정들에 미묘한 틈이 생겼기 때문일까. 내가 나를 바라보지만 다른 시간 속에서의 나는 100퍼센트 나일 수 없다는 느낌이었다.

평소 무용 작업을 했을 때는 어떻게 무대에서 춤추는 내가 현실의 존재가 아닌 것처럼 보일 수 있을까를 고민했더라면, 영상작업은 반대로 어떻게 하면 현실의 나와 구분 없이 잘 섞일 수 있을까를 생각했던 것 같다. 다른 시간 속에서 영상에 담긴 나와 현재의 내가 같지만 다른 사람이다. 지나가는 행인과 내가 같지만 다른 사람이다. 옆집의 코카스패니얼을 키우는 혼자 사는 아가씨와 똥개 진보를 키우는 혼자 사는 내가 같지만 다른 사람이다. 같지만 다르고, 다르지만 모두가 외롭고 두렵긴 마찬가지다. 이러한 감정들이 영상작업을 통해 더욱 다채롭게 표현된 것 같다.

투원룸

홍석진 (총연출)

도시의 역학 속에서 건물은 만들어지고, 그 구조물 안 원룸들 속에서 개인의 삶들이 또한 어떤 식으로 만들어지고 있다. 도시의 레이아웃, 그리고 건물의 구조가 우리의 삶에 많은 영향을 미칠 수밖에 없다. 무자비하게 구획된 중첩되지만 중첩되지 않는 공간 속에서 우리는 서로 너무나도 가까이서 너무나도 외롭게 살아간다. <TWO.ONE.ROOM>은 이렇게 만들어진 두 개의 원룸 안에 사는 사람의 이야기다.

예전에 원룸에 사는 후배에게 들은 이야기가 가슴에 와닿아서 원룸에 사는 사람들의 이야기를 하고 싶다는 생각을 했다. 기타를 배우기 시작한 후배는 틈틈이 아주 작은 소리로 원룸에서 연습했다고 했다. 그러나 연습할 때마다 옆집에서 불평해 건물주에게 주의를 몇 번 받았다. 그래서 기타 줄 사이에 휴지를 끼우고 아주 조용히 연습했는데 아니나 다를까 다음날 또 건물주가 찾아와 밤에 시끄럽게 하지 말라고 주의를 줬다. 후배는 층간소음 때문에 살인까지 일어난 사건들이, 이제는 충분히 이해할 수 있는 일이라고 한다.

그리고 며칠이 지나서 밤에 잠이 깨어 물을 한 컵 마시고 다시 침대에 누웠는데 옆방에서 어떤 소리가 나는 것이었다. 옆방 여자가 숨죽여 흐느끼는 소리였다. 흐느끼는 소리가 너무나 생생하게 들리는데 더더욱 슬픈 사실은 옆방의 여자는 소리를 내지 않으려고 조용히 숨죽여 우는 것이었다. 옆방 여자의 울음소리는 너무나도 선명하게 들렸다. 지금까지 옆방의 여자에게 느꼈던 분노는 그만큼의 연민으로 느껴졌다. 그제야 후배는 벽이 방음을 하나도 못 한다는 것을 깨달았다. 숨죽여 우는 소리가 이렇게 크게 들릴 정도면 자신의 기타소리가 얼마나 크게 들렸을까? 생각하면 너무 미안한 마음이 들었다고 한다.

우리는 너무나 가까운 거리에서 서로 외롭게 살아간다. 그리고 흉흉한 사회 분위기는 혼자 사는 사람들에게 외로움뿐만 아니라 불안까지 가중시킨다. 누우면 머리와 머리가 불과 몇 미터 떨어지지 않았을 방에서, 종이같이 얇은 벽을 사이에 두고 우리는 서로 살아간다. 보지 않는 옆방의 소리와 냄새는 혼자 사는 사람의 불안이 되기도 하고 외로워하는 사람에게는 가족에 대한 염원이 되기도 한다.

풍문으로 들었소

허종원 (무용가)

다원예술 작업은 언제나 어려운 것 같다. 배려와 주장이 공존하는 가운데 그 어떤 것을 선택해서 작품을 만들어야 하기 때문인 것 같다. 물론 주제를 벗어나서는 안 된다는 공통분모는 있지만 너무나도 사용 가능한 분자들이 많은 데다가 절대적 주장도 있을 수 없어 그 선택은 더욱 힘든 것 같다.

나도 고집하면 한 고집하는 터라 다원예술 작업을 하면 조심스러워진다.

댄서의 입장에서 이번 작업의 어려웠던 점 중 하나는 주제와 관련돼 나누었던 이야기들을 움직임으로 만들어내기가 좀 어려웠다는 것이었다. 쉽게 될 것 같던 생각과는 다르게 막상 상황에 닥쳤을 때 몸이 반응하지 않았다. 물론 장면의 내용은 알고 있었으나 표현해내기는 힘든 부분이 있었던 것 같다. 그런 문제에서 각기 다른 장르의 작업자로서 서로 요구하고 이해시켜나가는 과정이 어려웠다.

화성에서 온 남자와 금성에서 온 여자의 모습처럼 서로 한 가지를 위해 있으나 마치 다른 별에서 왔기 때문에 이해되지 않는 어떤 것에 마음이 상해서 작업이 어려워졌다. 그렇게 서로의 차이를 느끼는 시간들을 지나면서 마음은 조금씩 무거워져갔고 몸은 더 반응하지 않았으며 조금씩 소극적이게 되는 것을 느낄 수 있었다. 소극적이게 된 상황을 극복하기 위해 소통을 시도하고 서로를 알아가는 시간이 지나갈수록 서로는 서로를 더욱 이해할 수 있었다. 서로를 위한 배려만이 아닌 서로에게 주장이란 도구를 사용하여 서로를 더욱 잘 알아가는 시간이 되었던 것 같다. 나의 입장에서는 조금쯤 움직임으로나 흐름 상에서 부족한 어떤 것을 느끼지만, 그런 부분을 다른 어떤 것으로 채우는 것이 다원예술이라 생각한다. 남자와 여자가 서로 사랑한다는 것은 혼자서는 채울 수 없는 빈 곳을 인정하는 것, 그래서 서로가 채워주는 것, 채워줄 때 아프고 힘든 것을 다 채워줄 순 없지만 그래도 채워가는 것이라 생각하며 나아가는 것 아닐까.

이번 작업은 그런 과정이 조금 담겨있는 의미 있는 시간이었다. 그렇게 다원예술은 무르익어간다는 것을 느끼는 시간이었다.

풍문으로 들었소

홍석진 (총연출)

한 후배는 술만 취하면 나에게 이런 이야기를 한다.

"만약 사람들에게 나에 대한 기억이 없어지면 나도 없어지는 걸까?"

그 후배는 사람들에게 아름답게 기억되기를 원했고 또 그러기 위해서 부단히 노력했다. 그 친구의 존재와 정체성은 자기 자신보다는 다른 사람들이 만들어주었다.

사회적 동물인 인간은 누구도 다른 사람들의 의견에서 100% 자유로울 순 없을 것이다. 언제나 가십은 넘쳐나고 있다. 연예인들의 대소사부터 주위 지인들의 일상까지, 가십은 뉴스이자 유흥이다. 대중매체에서는 자극적인 헤드라인과 출처가 불분명한 사실을 가지고 이런 가십을 24시간 생산해 낸다. 어떨 때는 사실이 왜곡되고 변질되기도 하지만 다른 경우에서는 진실과는 완전히 다른 사실들이 버젓이 진실처럼 화면과 지면을 채우기도 한다.

참된 정보 및 거짓된 정보가 매 순간 기가바이트만큼 쏟아지는 지금, 우리는 어느 것이 진실이고 어느 것이 거짓인지 판단하기 쉽지 않다. 작게는 소문에서부터 크게는 대중매체에 이르기까지, 우리는 이제 무엇이 진실이고 무엇이 거짓인지를 판단하기 위해서 또 다른 정보를 소비해야 한다.

한 번 이상한 소문이 퍼지기 시작하면 그 동력을 막기란 쉽지 않다. 어느 나라 속담에 "칭찬은 발이 달렸지만 험담은 날개가 달렸다."라는 말이 있다. 그처럼 특히나 나쁜 소문은 빨리 넓게 퍼진다. 그렇게 소문은 기하급수적으로 변질되면서 나중에 어마어마한 파괴력으로 다시 소문의 주인공으로 돌아온다. 그러나 언제나 소문의 주인공은 자신을 변호할 기회가 주어지는 것도 아니거니와 진짜 진실을 호소하더라도 그 자체가 또 변질될 수도 있다.

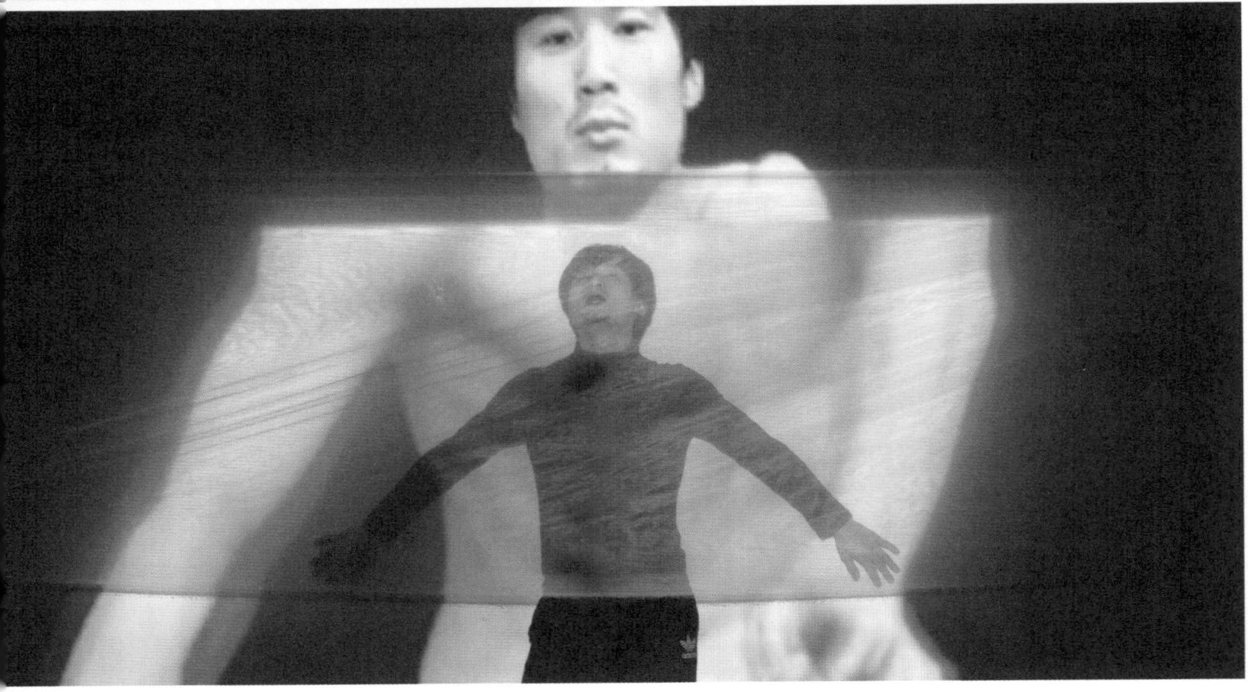

쿰바카

2014

작품 <쿰바카 KUMBHAKA>는 허경미(안무/출연)와 홍석진(영상/연출)의 콜라보레이션으로 만들어져 2014년에 초연된 작품이다. 영상과 무용을 결합한 이후 공연들의 출발점이 된 작품으로 의미가 크다.
쿰바카는 들숨과 날숨, 날숨과 들숨 사이에서 일어나는 무호흡의 호흡을 일컫는다. 요가에서는 이 무호흡의 순간을 본질적 자아와 가까워지는 순간으로 본다. 그렇다면 사회 속의 한 개인에게 일어나는 무호흡의 순간들은 언제일까. 개인의 본질 즉 정체성은 다양한 사회적 가치와 시선으로 끝없이 분할/복제되어 확산됨과 동시에 해석/정제되어 수렴된다. 한 개의 사회적 확산과 수렴 사이에 있는 어떤 지점을 인식하는 것 그것이야말로 사회 속에서의 한 인격이 갖는 자아 성찰의 과정일 것이다.

〈쿰바카〉를 기획하며 (홍석진)

사회적으로 사람들은 여러 역할을 수행한다. 나는 부모님의 자식인 동시에 동생의 형이며 직장 상사의 부하직원이다. 이렇듯 하나의 이름으로 불리는 나는 한편으로 여러 역할을 수행해야 한다. 또한 내 모습 안에는 남 앞에서 강한 척하는 상남자와 혼자 화장실에서 물 틀어놓고 우는 감수성 많은 소년이 동시에 존재한다. 이렇게 수많은 모습이 한 개인 안에 존재한다. 그러나 절대 들키지 않을 일기장에 일과를 쓰는 자신은 진짜 자신일 것이다. 조용한 새벽, 일기장 앞에 앉은 개인은 낮 동안 분할되어 있던 여러 역할에서 해방되어 1인칭으로 글을 쓸 것이다. 이런 과정을 볼 때 낮에 분할되어 있던 정체성은 새벽에 수렴되는 것이다. 이렇게 우리의 정체성은 끝없는 수렴과 분할을 평생에 걸쳐 반복한다.

과연 하나의 정체성은 여러 개로 분할될 수 있는가? 그렇다면 여러 개의 정체성을

공동연출 : 허경미, 홍석진
안무/출연 : 허경미
영상 : 홍석진

하나의 공통분모로 묶을 수는 있는가? 여러 개의 정체성 중에서 수직적 상하 관계성은 존재하는가? 이런 질문들을 쿰바카를 통해 제시해본다.

<쿰바카>는 요가에서 쓰이는 용어로 들숨과 날숨, 날숨과 들숨 사이에서 일어나는 '무호흡의 호흡'을 일컫는다. 그리고 요가에서는 이 무호흡의 순간을 본질적 자아와 가까워지는 순간으로 본다. 호흡에서의 팽창과 수축은 정체성의 분할 및 수축과 많이 닮아있다. 부풀려졌다가 수축되는 운동성이나, 주체 안에 무언가 들어왔다가 다시 나가는 모습 등은 호흡과 정체성이 동시에 가지고 있는 속성들이라고 볼 수 있다. 요가 수련에서 호흡법의 방법론을 정체성으로 가지고 와서, 정체성의 들숨과 날숨 속에서 <쿰바카>의 순간을 찾는 것을 목표로 이번 작업은 시작되었다.

"한국적 디지털 미학의 중첩과 겹침"

장현정 (작가, 문화/예술사회학)

#홍석진 미디어아트의 한국적 디지털 미학

홍석진은 최근 10년 동안 한 해도 쉬지 않고 일정 수준 이상의 좋은 작품들을 꾸준히 발표해 온 주목해야 할 '미디어 아티스트'이다. 미디어아트란, 통상 1990년대 이후 나타난 컴퓨터를 활용한 예술 행위를 가리키는 말이지만 빠르게는 2차 세계대전 이후부터 컴퓨터를 활용한 예술이 있었다는 점과 아직 경제적으로 발전하지 않아 컴퓨터가 대중화되지 않았던 남미 등지에서는 주로 비디오 아트를 의미했다는 점 등을 떠올려보면 미디어아트를 단순히 컴퓨터와 연결해서만 생각하는 건 적절치 않아 보인다. 미디어아트는 단순히 뉴 미디어의 활용 여부보다는 오히려 미디어 자체에 대한 미학적 특징과 가능성에 대한 탐구를 동반할 때 비로소 그 장르적 특성이 명료해진다고 볼 수 있는데, 홍석진을 미디어 아티스트라고 말할 때도 바로 이런 의미에서의 미디어아트를 상기할 때 더욱 그 정체성이 또렷해진다. 그는 미디어의 물리적, 화학적 결합을 넘어 미디어 자체가 가진 성질과 한계를 탐구하고 서로 다른 미디어들을 연결하고 대면하고 병치함으로써 우리에게 새로운 예술적 체험을 선사하고 있기 때문이다.

그의 작품에서 가장 명시적으로 드러나는 특징은 우선 오래된 미디어인 몸과 새로운 미디어인 디지털을 적극적이고 능동적으로 연결하고 있다는 점이다. 이는 지난 10년 동안 그의 가장 중요한 예술적 동료이자 페르소나로 협업해 온 허경미라는 독창적인 춤꾼이자 안무가의 존재 덕분에 가능한 일이었다. 그러나 홍석진의 작품들은 디지털과 아날로그, 기계와 몸이라는 이분법적이고 가시적인 융복합 이면에 더 중요한 미학적 특징들을 숨기고 있다. 나는 그것을 '한국적 디지털 미학'이라고 표현하고 싶다. 물론 홍석진의 미디어아트 작품들에 복류(伏流)하는 이 독특한 한국적 미감의 원인에도 한국 춤을 전공한 춤꾼 허경미의 역할이 컸을 것이다. 그러나 그런 형식을 떠나 일관되게 인물보다는 풍경을, 초월과 도약보다는 땅을, 계산과 계획보다는 우연을 품어 안은 채 작품을 구축해 간다는 점에서 그의 작품들은 매우 한국적이다. 비례와 원근법을 중시하고 인간에 대한 이해와 서사를 중시하는 서양과 달리 동양, 특히 한국은 자연과 땅을 중시하고 인간보다는 풍경을, 서사보다는 생태와 공간을 중시해 왔다. 서양이 수학적 분석과 객관적 사실로 세상을 파악하려 해 온 반면 동양에서 이성은 한 가지 종류만 있는 게 아니었다. 오히려 주관과 직관이 때로는 더 큰 진실을 보여준다고 생각했다. 오랫동안 초월과 도약을 중요한 주제로 채택해 발전해 온 서구 미술과 달리 한국인은 땅을 하나의 생명체이자 유기체로 봤으며 땅에도 에고(ego)가 있다는 관념을 지속해 왔는데 감만동이라는 특정한 '땅'을 중심으로 그것을 생명처럼 품어 안고 기억하고자 노력하는 홍석진의 작품 속 철학과 궤를 같이하는 지점이다. 한국적 미감은 그 땅에서 일어나는 계산하지 않고 예측할 수 없었던 포르투나(fortuna)까지 품어 안는다.

#서로 다른 것들의 대립과 모순을 문화접변으로 극복하기

홍석진은 1974년 생이다. 한국이 소비사회로 진입한 1980년대 말 청소년기를 보냈고 특히 어린 시절 3년 넘게 영국에서 보낸 것은 그의 감수성에 큰 영향을 주었을 것이다. 서로 다른 낯설고 이질적인 것들과의 만남, 그리고 문화적 충격 속에서 그는 나름의 감수성을 구축해 왔다. 성인이 된 후 건축 및 영상 전공을 통해 얻게 된 공간 및 기술에 대한 지식도 그의 작품세계 원형의 중요한 일부가 되었을 것이다. 홍석진은 청소년 시절 좋아했던 만화와 영화를 비롯한 대중문화부터 건축과 도시공간에 이르기까지 다양한 관심을 토대로 새로운 자신만의 시각적 공간을 구축해 왔다. 평화롭고 갈등 없는 유년에서 어느덧 의식과 무의식에 영향을 끼치는 미디어와 도시를 만나고 그 속에서 반자연적이며 인위적인 감각들에 영향받지만, 디지털과 아날로그, 자연과 반(反) 자연, 기계와 몸이라는 이항대립의 선명하고도 명료한 모순을 디지털 기술을 활용해 중첩하고 겹침으로써 나름의 방식으로 이를 극복하려는 것이 그의 작품세계의 핵심이랄 수 있다.

그는 무언가를 강하게 주장하거나 예술을 어떤 이념이나 사상의 주요한 도구로 사용하지 않는다. 반대로 그는 아주 일상적인 소재에 주목하고 작용에 대한 반작용의 형태로 반응하며 작품을 구상한다. 자기가 일상을 보내는 터전에서 눈에 들어온 것들에 주목하고, 경험한 것들을 가능한 한 가장 솔직하게 다루려고 노력하며, 무엇보다 성실하고도 꾸준하게 작업한다. 디지털이 0과 1로 세상 만물을 잘게 쪼개고 나눌 때 그는 오히려 이 디지털 기술을 활용해 위험을 감수하고(계산과 계획에 어긋나는), 대담하게(왜소하지 않은) 미끄러지고 표류한다. 특히 2018년부터 연작의 형태로 예술적 아카이빙을 시도하고 있는 감만동 시리즈는 그가 자신의 일상을 보내고 있는 동네를 위해 건네는 일종의 제의이자 진혼굿이랄 수 있다. 그 작품들에는 일관되게 재현 중심의 근대적 세계관이 아닌 관계와 배려의 서정과 공감대가 깔려있다. 주민들과 관객들, 연행자들이 하나 되어 벌이는 한 판의 디지털 대동놀이에서는 일찍이 우현 고유섭이 "세부가 치밀하지 않은 데서 더 큰 전체에로 포용되고 거기서 '구수한 큰 맛'이 나온다."라고 했던 바로 그 한국 미학의 핵심조차 맛보게 한다.

##홍석진 다원예술 10년, 그리고 앞으로의 전망과 기대

서로 다른 것들이 만나 새로운 세계를 만들어내는 것은 예술 영역에서 상수와도 같다. 디지털과 아날로그, 몸과 기계라는 이질적인 미디어가 부딪히며 만들어낸 홍석진 작품 속 새로운 세계는 앞으로 더 많은 것들이 한데 녹아들고 스며들어 다원적인 요소들이 융합할 것임을 기대하게 만든다.

나는 일찍이 2014년 <쿰바카>에서부터 이미 가장 최첨단의 디지털 기술들이 수천 년 전 고려불화의 배채법(背彩法)을 연상케 하는 은은한 효과를 자아내는 모습을 지켜봤다. 계속해서 수많은 이미지를 스캔하고 그 위에 중첩하고 쌓아가는 과정은 옻칠이나 도자 유약이 흙을 유리화하는 과정을 떠올리게 한다. 겹침, 스밈, 배색, 층층이 쌓고 중첩하기, 서로 다른 이질적 재료를 삽입해 새로운 감각을 환기하게 하는 상감 기법 등은 한국 고유의 미학적 방법론의 핵심들이다. 홍석진은 디지털과 가상 세계를 벗어날 수 없게 된 현대인들, 아니 어쩌면 세계 자체를 디지털과 가상으로 대체하고 있는 현대인들에게 우리가 그사이 잊고 지냈던 것들, 소외되었던 것들의 제자리를 찾아주기 위한 또 다른 가상 세계를 만들어내고 있다. 그리고 그 가상의 세계에는 각자에게 마땅한 자리를 찾아주려는 배려와 공존과 보살핌의 따뜻한 세계관이 묻어난다.

그는 가장 최근의 전시 <감만정원>에서, 실제 감만동의 나무들을 3D 스캔해서 전시장에 AR로 구현한 '유령의 숲'을 비롯한 또 다른 느낌의 인상적인 설치 작품들을 선보였다. 그간의 작품들이 날 것 그대로의 진실한 순간들을 드러내고, 공연 중 잠깐 드러나는 마술적 삶의 진실을 통해 관객들을 감동하게 했다면 이번 전시는 좀 더 차분하고 고요한 분위기 속에서 곡선, 우연, 자연, 생태 등의 소재에 집중하고 있다. 디지털 바로크(digital Baroques)라는 용어를 떠올리게 하는 중첩된 인터페이스를 통한 다차원적이고 환상적인 공간 왜곡은 여전했으나 자연과 생태에 대한 주제 의식을 이전과 달리 훨씬 전면에 드러내며 부각한 것이다. 이전부터 이어진 홍석진 작품 속 영성과 토테미즘의 느낌이 훨씬 진해졌는데 이는 동시에 서구의 근대적 세계관이 배제한 생명과 신성에 대한 복권을 의미하는 것처럼 보이기도 한다. 장 그르니에가 <섬>에 쓴 것처럼 "몸과 혼으로 알려고 하지 않고 지능으로 알려고 하는 모든 사람이 한결같이 가지는 잘못된 생각"에 대한 반성 말이다. 그는 디지털과 기술이 가능하게끔 한 근대과학을 주요 방법론으로 받아들이되 그 과학적 세계관만으로는 해명할 수 없는 세계의 신명과 생기를 보여주고 있다.

미디어 아티스트로서 홍석진의 가장 큰 장점은 숙제하는 학생처럼 답을 찾기 위해 고민하는 게 아니라 자기 주도적으로 질문을 만들고 기꺼이 기술을 응용할 줄 아는 아티스트라는 점이다. <쿰바카>부터 이후 10년 동안 그는 언제나 에너지 가득하고 참신한 발상이 담긴 작품들로 관객들에게 새로운 예술적 경험을 선사해 왔다. 미디어 기술을 장악하며 보여준 세련된 성취와 상상력, 또 서로 다른 장르의 예술가들이 보여준 음악과 연출, 안무의 완성도와 작품의 스케일 등 협업의 과정도 그의 작품이 보여준 큰 미덕이었다.

미디어 아티스트 홍석진과 안무가 허경미의 콜라보레이션 작업은 언제나 관객들을 차가움과 따뜻함, 매끈함과 투박함, 세련됨과 포근함의 모순된 느낌과 함께 역설적이고도 새로운 예술적 경험으로 이끌어왔다. 자칫 과시적인 기술의 스펙터클이 될 수도 있었을 미디어아트라는 영역에서 오히려 가장 첨단의 기술로 가장 오래된 아날로그적 이야기를 들려주며 익숙한 공간을 전유(appropriation)하게 만들어온 홍석진의 다음 작품을 설레는 마음으로 기대해 본다.

홍석진 작가와의 인터뷰는 2024년 8월의 <부식풍경 2> 공연과 전시를 마친 이후 9월부터 11월 사이 세 번에 걸쳐 ㈜호밀밭 사무실에서 진행됐다.

Q: 대학에서는 예술을 전공하지 않았는데 어떤 계기로 미디어아트 작업을 하게 됐나요.

홍석진: 처음 전공은 토목공학이었는데 자퇴하고 다시 건축과로 진학했습니다. 건축 전공으로 졸업하고 이후 무역회사에 취업했는데 회사 다니는 중에도 계속 미술에 대한 갈증이 있었어요. 더 늦으면 후회할 것 같아서 캐나다 유학을 결정했습니다. 주변에서는 대학원 진학을 권했는데 처음부터 제대로 시작하고 싶어 학부 1학년으로 입학했죠.

Q: 거기서 미디어아트를 공부했나요.

홍석진: 처음엔 미술을 전공했어요. 제가 다닌 에밀리카 대학교(Emily Carr University of Art and Design)는 미술로 유명한 학교였는데 3학년 때 영상과 영화에 매력을 느끼면서 전공을 바꿨습니다. 그러면서 그림도 그리고, 포스터 같은 것도 작업했죠. 그렇게 이것저것 작업하다가 2009년에 몬트리올국제영화제에서 수상한 다음부터 전업 작가로 살겠다고 처음으로 진로를 확실하게 정한 것 같아요. 좀 늦은 편이었죠.

Q: 그럼 2010년부터 왕성하게 작품 활동을 시작한 건가요.

홍석진: 그것도 아니에요. 귀국하고 별로 할 일이 없었습니다. 그냥 시간만 보내고 있다가 2011년에 부산대 앞 일원에서 진행된 공공예술프로젝트 '회춘프로젝트'의 영상 아카이브 작업에 참여하게 되었습니다. 후배 서호빈 감독이 도와달라더라고요. 할 일도 없었으니 알았다고 했는데 그때 여러 예술가를 만나고 인터뷰하면서 좋은 기운을 많이 받게 된 것 같아요. 약간 슬럼프였는데 멋진 사람들을 많이 만나니까 나도 그들처럼 멋진 사람이 되고 싶다는 생각이 든 거죠. 그들의 열정에 전염되면서 슬럼프에서 빠져나온 것 같아요. 또 그 아카이브 작업이 디딤돌이 되면서 다른 영상 작업 의뢰도 들어오기 시작했고요.

Q: 이런 얘기는 저도 처음 듣네요. 그 '회춘프로젝트'를 설계하고 총괄코디네이터를 맡았던 게 저였는데 반가운 이야기입니다. 그 이후 영상 작업을 주로 하게 된 거군요.

홍석진: 네, 그러면서 1인 영상회사처럼 움직이게 되었죠. 돌이켜보면 2012년에 부산문화

재단에서 다문화 사업을 담당하던 고윤정 선생님이 홍보영상과 기록 작업을 맡아달라고 했던 게 참 고맙습니다. 그 작업을 이후로 의뢰도 많아졌고, 그때 사업자가 아니면 계약할 수 없다고 해서 일주일 만에 처음으로 '진홍스튜디오'라는 이름으로 사업자등록도 하게 됐습니다.

Q: 그렇게 회사 대표가 되셨군요. 그럼, 작품보다는 주로 용역 작업이 많았을 것 같은데요.

홍석진: 그랬죠. 그래서 개인적인 작업을 하고 싶다고 생각하던 차에 부산문화재단에 다원예술지원사업이라는 게 생겼어요. 당시에는 몰랐는데 다른 도시에서는 독립예술이나 다양한 이름으로 이미 있었던 사업인데 부산에서 가장 늦게 생긴 사업이라고 하더라고요. 그 사업의 지원을 받아서 처음으로 2014년에 <쿰바카>라는 작품을 만들었습니다. 무용수이자 안무가인 허경미라는 아티스트를 만나면서 가능해진 일이기도 했죠.

Q: 미디어아트를 하게 된 데 우연이 많이 작용한 느낌입니다.

홍석진: 네, 사실이 그렇습니다. 만나는 사람들에 따라 인생의 경로도 많이 변한 것 같아요. 제가 일부러 어떤 길로 가겠다고 결심하기보다는 인생이란 길 위에서 만난 여러 파트너들의 영향을 받아 이것도 해보고 저것도 해보다 여기까지 온 게 아닌가 생각합니다. 유학 마치고 한국에 돌아와서 허경미 감독을 만난 게 제가 미디어아트 작업을 하게 된 가장 결정적인 계기이니 우연이 많이 작용했다고 보는 게 틀린 말은 아니죠. 또, 실제 예술적 측면에서도 저는 생성예술(generative art)에 관심이 많습니다. 제가 먼저 어떤 일을 벌이고 자극을 만든다기보다, 저에게 주어진 어떤 자극에 반응하는 방식으로 살아오기도 했고 제 작품들에도 그런 경향이 있는 것 같습니다.

Q: 어린 시절 이야기도 잠깐 해주면 좋겠습니다.

홍석진: 아버지가 해양생물학 교수이신데 제가 어렸을 때 박사학위논문을 쓰기 위해 가족 모두 영국으로 갔다가 4년 가까이 살다 왔습니다. 초등학교 3학년 때 갔다가 중학교 1학년 때 돌아왔는데 그 당시의 경험과 감수성이 지금의 저에게도 많은 영향을 주었으리라 생각됩니다. 영국에 있을 때 로알드 달의 소설을 좋아했고, 팀 버튼 같은 영화감독의 작품들도 좋아했죠. 당시에는 해외여행 자율화 이전이었으니 한국과 영국의 사회적 분위기도 꽤 달랐어요. 중학교 때 그림 그리는 걸 좋아

했는데 한 번은 야한 만화를 보며 베껴 그리는데 뭔가 못된 짓을 하고 있다는, 일탈을 하고 있다는 묘한 쾌감이 느껴지더라고요.

Q: 특별히 좋아하거나 따라 하고 싶은 아티스트가 있진 않았나요.

홍석진: 그림 그리는 걸 좋아했지만 특별히 잘 그린 것 같지는 않고, 어떤 사조나 아티스트로부터 영향받은 것도 별로 없는 것 같습니다. 다만 영국과 한국의 차이, 혹은 이후로도 바뀌는 환경 속에서 어떤 균형을 찾으려는 의식적, 무의식적 관심이 있었던 것 같고 그런 작품들에 매력을 느꼈던 것 같긴 해요. 지금 작업도 몸이라는 매체로 무용하는 허경미 감독과 디지털 테크놀로지를 기반으로 하는 제가 함께하니 뜨거운 매체와 차가운 매체의 콜라보레이션이나 조화와 균형에 대해 생각을 많이 하게 되고 그와 관련된 작품들은 더 유심히 보게 되는 편입니다.

Q: 첫 작품인 <쿰바카>에는, 이후 작품들에도 활용되는 여러 기술의 원형 같은 게 많이 담겨 있다는 느낌이 듭니다.

홍석진: 그렇게 볼 수도 있습니다. 당시의 저는 기술적으로는 완전 초짜였어요. 처음으로 그린 스크린을 활용해서 사람을 복제하고 무용수의 신체도 확장해 봤죠. 개인적으로는 기술에 함몰되지 않고 아주 초보적인 기술만 가지고 개념을 잘 융합시킨 작품이라고 생각해요. 사실 이런 영역의 작품 중에는 기술이 과잉이거나 기술에 함몰된, 기술만의 향연인 작품들도 많은데 그런 것에 대한 경계심이 좀 있는 편입니다. 돌이켜보면 그때는 기술이 별로 없었기에 오히려 개념적인 고민을 더 많이 할 수 있지 않았나 싶어요. 그래서 작품도 더 좋게 나왔고요. <쿰바카>는 제 작품 인생의 분기점 같은, 뭔가 다른 방향으로 처음 걸음을 내딛게 한, 저에게는 아주 중요한 의미를 갖는 작품입니다. 허경미 선생님과의 파트너십이 시작된 작품이기도 하고요.

Q: 2014년의 <쿰바카> 이후 10년이 지났고 가장 최근 작품이 <부식풍경 2>입니다. 그런데 왜 2인지, 1도 있었나요.

홍석진: 있었죠. 2022년이었는데 팬데믹 상황이라 제대로 하지 못했죠. 공연 하루 전날 스태프 중 한 명이 코로나에 걸려 공식적으로는 공연이 취소됐어요. 하지만 궁금해하는 지인들이 있어서 하루 4회 방역 수칙을 지키며 비공식적으로 공연을 했어요. 이후로 컨셉과 개념을 계속 발전시켜 왔던 거죠. 그리고 올해 3D 프린팅이나 모션캡처 같은 걸 추가해서 새롭게 선보인 게 <부식풍경 2>였습니다.

Q: 이 작품은 착상의 계기가 있나요.

홍석진: 2018년 <감만기억> 작품을 마치고 예술적 방법론을 활용한 아카이빙에 관심이 많아졌는데 그 연장선상 위에 있는 작품이랄 수 있죠. 재개발로 없어지는 마을을 예술적으로 기록해 감만동의 연속성을 부여하는 거죠.

Q: 왜 감만동인가요.

홍석진: 일단 제 작업실이 감만동에 있습니다. 자연스럽게 많이 돌아다니면서 관심이 생겼죠. 사실 이전에는 재개발 이슈에 크게 관심이 없었어요. 또, 재개발을 주제로 한 다른 작품들과 달리 저는 큰 이야기를 주제로 삼지는 않는 편이에요. 사회구조나 부조리를 파고드는 건 제 능력 밖이기도 하고 저에게는 그냥 마을에 살았던 사람들의 기억, 또 떠나가는 사람들이 느낄 감정 같은 것이 더 와닿았죠. 그 사람들의 역사, 그 사람들이 기억하는 마을 같은 미시사(微視史) 말입니다.

Q: 그런 작품들을 본 주민들의 반응은 좋았나요.

홍석진: <감만 기억>이 예상외로 너무 좋은 반응을 얻었어요. 그래서 용기도 얻었지만, 시간이 갈수록 부담도 커져서 다음 작품을 구상하는 게 너무 힘들었죠. <감만기억>이나 <부식풍경> 같은 작품들은 사실 여러 미디어와 기술적 실험이 중첩된 작품이라 예술적 경험에 익숙하지 않은 주민들에게 쉽게 다가갈 만한 작품들은 아니에요. <부식풍경> 같은 경우는 멀티미디어 퍼포먼스라는 생경한 장르에다 관객 4명, 무용수 4명이 일대일로 함께하는 공연인데 이런 건 형식 자체부터 일단 좀 난해하잖아요. 관객과 무용수의 수가 같고 또 무대와 객석이 중첩되고 이머시브하게 360도로 시각적 체험을 하게 되는 데다 관객들이 일부 공연에 참여하기도 하는......

Q: 저도 전시나 공연을 꽤 많이 본 편인데 그러고 보니 어떤 면에서는 계통 없는 형식이란 생각도 들더군요. 이런 형식에 대한 발상은 어디서 나온 겁니까.

홍석진: 그냥 만들다 보니 나온 겁니다. 지원사업이 좋은 건 실패해도 좋을 만한 여러 시도를 다양하게 해볼 수 있다는 거니까요. 사실 이렇게 해보면 어떨까, 저렇게 하면 또 어떨까, 하면서 이것저것 막 해보는 편입니다. 영향받은 레퍼런스 같은 것도 거의 없어요. 현실은 점점 가상이 되고, 디지털이 일상의 거의 모든 부분을 차지하고 있는데 이런 상황에서 정보가 아날로그에서 디지털로 바뀌면 그때 무엇이 빠지고 무엇이 보존될까, 뭐 그

런 공상도 많이 해보는 편인데 그때 빠져나가는 것들을 무용수의 움직임과 몸의 온기로 채워볼 수 있지 않을까 생각해 보게 된 거고요. 예를 들어, <부식풍경>의 경우 제가 개인적으로 가장 클라이맥스라고 생각한 지점이 VR을 끼고 있는 관객들에게 무용수들이 다가가 '손을 내밀어주세요'라고 하는 순간인데 시각은 가상에 있고 촉각은 현실에 있는 순간이죠. 관객은 무용수의 손을 잡게 되고 그때 무용수가 당기면 가상에서 현실로 빠져나오게 되죠.

Q: 형식적 난해함은 약간 부담이 될 수도 있지 않나요. 일일이 설명해야 할 일도 생길 텐데 시각과 체험을 위한 작품을 설명하는 것 자체가 좀 사족 같기도 하고요.

홍석진: 별로 부담은 없어요. 물론 어떻게 설명 없이 시선을 유도하고 행동하게 만들지 연구도 많이 합니다. 처음에는 안내문 같은 걸 생각했는데 구차하다는 생각이 들었어요. (웃음) 흐름으로 알아차려야 하는데 모든 관객이 그 흐름과 감을 인지하는 건 아니니까요. 하지만 그냥 어떤 부분은 할 수 없다고 생각합니다.

Q: 그래도 작품이란 것이 절대 공간에 고립되어 홀로 존재할 수 있는 게 아니라면 사회적 맥락이나 당대의 어떤 흐름 같은 걸 의식 안 할 수는 없지 않나요? 예를 들어 공공미술도 그렇고요. 작가님의 작품이 감만동이라는 특정 장소의 맥락과 결정적으로 연동된다는 점에서 현대미술의 중요한 특징 중 하나인 '장소특정적 site-specific' 면모도 보이는데 정작 작가님은 그런 걸 크게 의식하지는 않으면서 작품 활동을 하는 것 같다는 느낌이 듭니다.

홍석진: 글쎄요. 개인적으로 장소특정적 미술의 흐름을 좋아하긴 하지만 제가 그런 당대의 흐름이나 공공적 측면까지 염두에 두면서 작업하는 건 아닙니다. 그보다는 이런 생각을 해봅니다. 일반 전시장에서 영상 작품이 있을 때 관객들이 그걸 처음부터 끝까지 감상하나요? 사실 끝까지 보는 사람은 거의 없잖아요. 하지만 <부식풍경> 같은 제 작품들은 끝까지 볼 수밖에 없죠. 그리고 퍼포먼스와 영상과 기타 시각적 체험들이 단선적으로만 이어지는 게 아니라서 오히려 관객 입장에서는 더 집중하게 되고 영상과 퍼포먼스에 대한 맥락도 잘 이해하게 되지 않을까 생각해 봅니다.

Q: 작가님의 작품은 대체로 일회성이고 소장할 수 없으며 이번 <부식풍경 2>의 경우는 회당 4명만 관람할 수 있었습니다. 의도하신 건 아니겠지만, 상당히 비효율적이고 반자본주의적 시도라는 느낌인데요. (웃음) 작품들을

어떤 기존의 카테고리로 소급할 수 없다는 점이 매력적이기도 하겠지만 약점이 될 수도 있지 않을까요.

홍석진: 반자본주의 같은 무서운 이야기는 하지 마세요. 전혀 의도한 게 아닙니다. (웃음) 다만 퍼포먼스라는 이름처럼 일회성이고 그 순간에 함께하는 분들과의 상호작용이 중요한 요소이긴 합니다. 그 순간이 지나고 나면 작품의 온기는 사라지고 흔적만 남게 되죠. 허경미 감독님과 함께 가끔 그런 자조적인 이야기도 합니다. 우리가 하는 게 공연이나 전시냐, 지원을 받는다면 어떤 장르에 넣어야 하느냐, 문화회관에서 해야 하느냐 현대미술관에서 해야 하느냐 등등. 하지만 그런 장르적 애매함은 양날의 칼날 같은 거라고 봅니다.

Q: 형식 이야기는 이 정도로 하고 주제 이야기로 넘어가 볼까요.

홍석진: 제가 좋아하는 주제는 이런 겁니다. 우리 일상생활 속에 스며있는 스마트폰, 프로젝트 매핑, VR 등 뉴미디어, 디지털 기술을 발굴해서 디지털 랜드스케이프를 만들어보고, 그 위에서 아날로그적인 인간은 어떻게 살아야 하는가를 고민해 보는 것, 그런 생각이 제 모든 작품의 밑바탕에 깔린 핵심이라고 봅니다. 무용수와 늘 함께하기에 아날로그와 디지털의 접점, 갈등, 융합이 중요한 주제가 되고 디지털과 아날로그가 만나면서 무엇이 보강되고 무엇이 누락 되는지에 대해 추적해 보는 거죠. 예를 들면 우리가 통화할 때 아날로그적 목소리가 디지털을 거쳐 다시 아날로그적 목소리로 나오잖아요. 그사이에 얼마나 많은 단계와 미디어를 거치는지, 또 그사이에 무엇이 누락하고 압축되고 증감되는지 같은 것에 관심이 많은 거죠. 그런 공통 인식 위에서 재개발과 같은 주제가 얹어지는 겁니다.

Q: 그 주제에는 이전과 달리 사회참여적, 혹은 사회비판적 성격도 엿보입니다.

홍석진: 글쎄요, 스스로 아직 그런 이야기를 하는 데는 자신이 없습니다. 자격이 있는지, 평소에 그 문제에 대해 그만큼 절실하게 고민하며 살고 있는지 자문하게 되는데 저는 사실 기술과 미디어 기반의 여러 실험에 더 관심이 많은 편이거든요. 다만 제 주변에서 발견되는 것들, 제가 일상에서 느낀 것들을 솔직하게 반영해 보려고 할 뿐입니다.

Q: 다원예술이라는 실험적이고 도전적인 작업을 해 온 지 올해로 10년입니다. 느낀 점들도 많을 것 같고 그사이 어떤 변화도 있었을 것 같은데요.

홍석진: 처음에 <쿰바카>를 할 때는 기술이

오히려 소박했기 때문에 개념적으로 좀 더 집중할 수 있었어요. 지금은 디지털 기술의 변화가 너무 빠르죠. 10년이 지난 올해 <부식풍경 2> 공연에서도 사실 아주 기본적인 기술들로만 구성했습니다. VR 속 이미지들도 전부 실제로 제가 스캔한 거거든요. 화려한 고급 기술은 없고 제가 전부 어탁 뜨듯 동네를 돌아다니며 건진 이미지들로 구성했어요. 예전에는 기술의 발전에 관심이 많았지만 요즘은 그런 것보다는 기본적인 기술들을 가지고 어떻게 개념과 잘 맞아떨어지게 연출할 수 있을지에 더 관심이 많습니다. 이제는 제가 구현 못 하는 기술도 더 많아졌는데 그런 건 필요하다면 다른 사람과 협업하는 방식으로 풀어가겠죠. 그리고 지난 10년 동안 복합 미디어 퍼포먼스들을 만들면서 습득한 기술과 개념들을 따로 활용해서 소품처럼 비디오 아트 작품들로 만들어보고 있기도 합니다.

Q: 좀 거창할 수 있지만 가치관이나 세계관, 작업관 같은 것에 변화는 없었나요.

홍석진: 없을 수 있나요. 많이 변했겠죠. 무엇보다 사회적 관심이 많아지긴 했는데 다만 앞서 말한 것처럼 주객이 전도되지 않도록, 제가 할 수 있는 선에서 오버하지 않고 스스로 진실하다고 생각하는 만큼만 작은 걸음으로 걸어가 보려고 생각하고 있습니다.

Q: 하지만 사회참여나 사회비판을 어떤 자격이 있어야만 하는 건 아니잖아요.

홍석진: 그렇긴 하지만 제가 평소에 재개발에 관심이 있었느냐 하는 건 진정성 측면에서 중요한 문제죠. 정치나 사회, 기후나 젠더, 계급이나 인종 같은 문제에 평소에는 관심 없다가 그런 게 유행하고 먹힐 것 같으니까 건드리면 안 되는 거잖아요. 재개발, 도시계획, 철거, 그리고 그런 일들 속에서 일어나는 자본의 흐름, 젠트리피케이션, 소외된 계급의 목소리… 이런 부분에 평소에 관심이 없었다면 저는 그런 문제를 다루는 게 마음에 걸려요. 오버하는 것처럼 느껴져서 마음이 무겁죠. DMZ 한 번 가보지도 않고 비무장지대 얘기할 순 없는 거잖아요. 대신 저는 재개발로 많은 것이 사라지면서 동시에 공동체의 어떤 기억도 사라지고 그렇게 사람들과 기억들이 떠나가는 가운데 느껴지는 슬픔이나 쓸쓸함 같은 것에 깊이 공감합니다. 그러니 그런 감정과 정서를 작품에 담아보려 노력하는 거죠.

Q: 오히려 그게 더 좋은 태도인 것 같다는 생각도 듭니다. 모든 게 너무 과잉인 시대잖아요. 다 책임질 것처럼 너무 뜨거운 작품들은 부담스럽더군요. 너무 과시적이기도 하고요.

홍석진: 다른 작가들의 작품에 대해서는 제가

뭐라고 할 수 없을 것 같습니다. 다만 저는 허경미 감독과도 의식적으로 그렇게 작품 이외의 것들이 더 커지거나 무거워지지 않도록 하자는 이야기를 많이 나누는 편입니다.

Q: 작품 구상할 때 가장 중요하게 생각하는 지점이 있다면 무엇일까요.

홍석진: 전체적인 흐름이랄까요. 디테일이 중요하다는 말들을 많이 하는데 저는 솔직히 사소한 것들에는 별로 신경 안 쓰는 편이에요. 그냥 전체적인 느낌과 흐름을 중요하게 여기는 편이죠. 스태프들에게 물어보면 아마 저만큼 디테일에 별로 신경 쓰지 않는 연출도 없을 거라고 얘기할 지도 모르겠습니다. 개인적으로는 환상적인 공간 만드는 걸 좋아합니다.

Q: '환상적'이라는 말의 뉘앙스가 좀 튀는 것 같습니다. 판타지 같은 게 먼저 떠오르네요.

홍석진: 비일상적 공간이라고 해도 좋겠네요. 비현실적이고 뭐랄까, 자기반성적인 공간이랄까요. 저는 그런 공간 만들어가는 과정을 즐기는 것 같아요. 관객이 있을 때도 좋아하지만 관객이 없을 때 그런 공간 구축해 나가는 걸 더 좋아하는 것 같기도 합니다. 그러면서 내가 지금 작품을 하고 있구나, 하고 생각하곤 합니다. <쿰바카>도 그런 환상적인 공간을 만들어서 사람들을 초대했던 거였고 감만동 연작들도 일상적인 공간을 비일상적 공간으로 바꾸는 작업이었죠. 좀 다른 이야기인데 사실 저는 촬영할 때를 제일 좋아하기도 해요. 촬영할 때 무아지경 비슷한 느낌을 받거든요. 계속 좋은 각도를 찾아다니니까 바빠지면서 다른 고민과 걱정들이 다 사라집니다. 오늘 안에 내가 생각하는 그 이미지를 찾아내야 해, 하면서 계속 뛰어다니다 보니까 끝나고 소주 한 잔 마실 때 오늘 내가 뭘 하긴 했구나 하면서 만족하죠. 푸티지 보면서 스스로, 이건 잘 찍었네, 뿌듯해하기도 하고요.

Q: 평소에는 작품 활동을 위해 어떤 일들을 하면서 지내나요.

홍석진: 저와 친한 미술 작가 중에는 현지에 가서 지역조사를 하고, 또 여러 인문적이고 역사적인 맥락을 조사하는 등 작품 활동을 위해 다양한 사전 작업을 하는 분들이 있습니다. 그런 관점에서 볼 때 제 사전 작업은 기술조사라고 할 수 있을 것 같아요. 예를 들어 유튜브 들어가면 새로운 기술과 그와 관련한 여러 튜토리얼(tutorial)들을 볼 수 있습니다. 그런 것들을 따라 해보기도 하고 그중 마음에 드는 걸 발견하면 이 기술로 무엇을 표현할 수 있을지 생각해 보기도 하죠. 아이디어는 산발적으로 여기저기서 연결됩니다.

Q: 그럼 새 작품을 구상할 때 새 기술들도 조사하고 이것저것 활용해 보기도 하겠군요.

홍석진: 보통 작가들이 먼저 어떤 아이디어를 떠올리고 그것을 어떻게 구현할 것인지 생각한다면, 저는 반대로 구현할 수 있는 도구를 먼저 찾고 그걸로 뭘 할 수 있을지 구상하는 편입니다. 어떤 요리를 하겠다고 생각하고 장을 보는 게 아니라, 냉장고를 열어보고 거기 있는 재료들을 확인한 다음 그걸로 만들 수 있는 요리가 무엇일지 고민하는 식이죠. 그러니까 새 작품을 곧바로 새로운 기술이나 프로그램들과 연결하지는 않았던 것 같아요. 잘 다룰 줄 아는 익숙한 프로그램만으로도 활용할 경로가 무궁무진하니까요. 다만 특수 효과, 2D 모션 그래픽, 인터랙티브, 프로젝트 매핑, 그다음에는 AR, VR 이런 식으로 계속 새로운 것들을 조금씩은 추가하다 보니 매번 어려운 점도 있긴 합니다. 이전과 같은 방식으로 하면 스케줄을 짜거나 구상하기도 편하지만 매번 새로운 걸 해야 한다는 압박감이 분명히 있고 그러다 보니 매뉴얼을 만들기도 어려운 거죠.

Q: 그래도 주어진 조건 안에서 생각한다는 건, 어떤 면에서는 훨씬 영리하고 실용적인 접근법이라는 생각도 듭니다.

홍석진: 사실 돈이 있다면 기술 문제는 고민하지 않아도 되죠. 기술자를 고용하면 되니까요. 돈이 없으니 이렇게 할 수밖에 없는 측면도 있습니다.(웃음) 그래도 요즘엔 더 많이 안 쓰던 기술들을 사용해 보고 매체도 바꿔볼까, 생각하고 있습니다. 아무래도 관성이 좀 생긴 것 같다는 느낌이 들고 어떤 작품을 구상하면 제일 먼저 영상이나 모션그래픽 같은 게 떠오르는데 설치나 조각, 혹은 연극 같은 다른 매체나 장르로도 발상을 확장해 보려고 노력 중이죠. 올해 겨울 동구문화플랫폼에서 전시한 <감만정원> 같은 작품이 그런 시도의 일환으로 나온 결과입니다.

Q: 돈이 있다면 더 많은 기술을 활용할 수 있겠지만 대신 지금처럼 그 기술에 대해서는 속속들이 알 수 없을 테니 '주인과 노예의 변증법'처럼 지금 같은 방식에 오히려 더 많은 장점이 있지 않을까요?

홍석진: 네, 분명히 그런 점도 있습니다. 진짜 중요한 건 그 기술의 구성원리, 구조 같은 거니까요. 그걸 알아야 개념도 구현할 수 있는 거죠. 그걸 모르면 다른 걸로 보완해야 하는데 그러다 보면 철학적, 사회적 의미가 과잉되기도 하죠. 그래도 할 수 있는데 안 하는 것과 어쩔 수 없이 이렇게 할 수밖에 없는 건 좀 다른 문제이기도 하죠. 다만 저는 기술 기반

작업을 많이 하지만 그럴수록 기술에 함몰되지 않으려고 의식적으로 많이 노력하며 작업하기는 합니다.

Q: 개인적으로 어떤 작품을 좋은 작품이라고 생각하십니까.

홍석진: 레이어가 많은 작품. 중층적이고 해석의 여지가 많은 작품을 좋아합니다. 주제와 결과물이 너무 가까우면 너무 뻔하고 너무 멀면 논리적 개연성이 떨어지는데 그사이 적절한 거리를 만들어내는 데 성공한 작품을 좋은 작품이라고 생각해요. 그런 작품은 곱씹을수록 새롭고, 한눈에 직관적으로 나를 건드리지만 계속 생각해 볼 여지도 줍니다. 제 작품들의 경우에는 돌아보면 오히려 기술의 숙련도가 낮았을 때 작품은 더 좋아졌던 것 같기도 합니다. 숙련도가 낮을 때는 개념이나 야성, 날 것의 어떤 직관적 느낌 같은 것에 좀 더 에너지가 많이 분배될 수 있었던 것 같아요.

Q: 작품마다 주민들이 많이 등장하고 또 그 비중도 상당합니다. 그렇게 만들 때 어려움도 있을 것 같습니다.

홍석진: 주민들의 일상 자체가 작품의 중요한 재료가 되는 경우가 많아 오히려 고마움을 느낍니다. <부식풍경>을 비롯해 여러 작품에서 주민들이 만든 몸짓과 춤을 무용수의 몸에 모션캡처했고, <감만기억>에서도 주민들을 여신처럼, 거인처럼 만들어서 전면에 내세우고 싶었죠. 다만 주민이나 무용수는 제가 원하는 만큼 통제할 수 없으니 에고를 버려야 하는 건 있어요. 디지털은 어떤 의미에서는 엄청 디테일한 것까지 제 의도대로 모두 통제가 가능하잖아요. 기계니까요. 하지만 주민들이나 무용수는 그렇지 않죠. 거기서 생기는 어긋남 같은 게 있습니다. 하지만 그런 어긋남이 갈등보다는 제가 미처 생각하지 못한 걸 주는 좋은 경우로 더 많이 작용하죠.

Q: 10년을 돌아볼 때 가장 기억에 남는다거나 애정이 가는 작품이 있다면요.

홍석진: 다 애정이 가는 작품이라 고르기 어려운데... 물론 <쿰바카>나 <감만기억>, <부식풍경>처럼 의도한 만큼 잘 나온 작품들도 있지만 안 그런 작품도 있죠. 그래도 저에게는 모두 기억에 남고 애정이 가는 작품들이에요. <폴링감만>이나 <다이얼로그> 같은 건 분명히 기술적으로 좀 과한 측면이 있었고 <스트리밍 시티>도 제가 개인적으로 특별하게 좋아하는 작품인데 자료가 많지 않고 촬영도 어려워서 힘들었던 기억이 나네요. <부식풍경>은 가장 최근 작품이기도 하지만 너무 많은 사람이 공연을 보며 울어서 놀랐습니다.

저는 작품을 만들면서 사람들이 울 거라는 생각은 정말 조금도 하지 못했거든요. 관객의 반응은 정말 예상할 수 없는 것 같고, 또 예상해서도 안 되는 것 같습니다. 사람들이 무용수와 손을 맞잡고 서로를 만지면서 느낀 따뜻함에 대해서도 많이들 이야기했어요. 그런 감동은 디지털 기술만으로는 전달할 수 없는 거죠. 무용수들도 특별한 공연으로 기억하며 자기들도 감동을 느꼈다고 해서 인상적이었고요.

Q: 다원예술, 미디어아트 등은 여전히 많은 관객들에게 쉽게 다가가기 어려운 대상입니다. 이와 관련해 한 말씀 부탁합니다.

홍석진: <감만기억> 공연할 때를 비롯해, 어떤 작품을 선보이다 보면 꼭 예상하지 못했던 반응이나 장면과 마주칠 때가 있습니다. 초자연적이라고 해도 좋을 그런 마법적인 순간을 좋아하죠. <감만기억>의 예를 들면 공연 중에 옆 건물 아저씨가 그냥 나왔는데 관객들은 그 아저씨가 계산된 엑스트라인지 아닌지 헷갈리고 그 와중에 공연의 그림은 훨씬 좋아졌죠. 제가 연출이지만 제가 연출하지 않은 것들이 작품 곳곳에서 마법처럼 힘을 발휘해요. 그런 의도하지 않은 순간들과 마주칠 때 사고라는 생각보다는 정말 아름답다고 생각하게 됩니다. 그래서인지 요즘에는 이전과 달리 테크놀로지와는 멀어지고 대신 나무나 꽃 같은 걸로 작업하는 게 재밌어지고 있습니다. 미디어아트라는 말을 사람들은 어려워하지만, 미디어나 기술은 도구일 뿐입니다. 일상에서 쉽게 마주치는 뮤직비디오도 비디오 아트라고 볼 수 있거든요. 그보다는 그 속에 담긴 작가가 사랑하는 것, 작가가 말하고 싶은 것이 무엇인지 조금만 더 헤아려보고 함께해주시면 좋겠습니다. 저도 제가 사랑하는 것이 무엇인지 더 명료하게 깨닫고 싶다는 생각을 많이 하는 요즘입니다.

Q: 인터뷰를 마칠 때가 됐습니다. 그럼 마무리 말씀 부탁합니다.

홍석진: <쿰바카> 이후 10년 동안 한 해도 쉬지 않고 거의 매년 작품을 해왔습니다. 그 이전에 저를 알던 사람들은 저에게 게으르다고 뭐라도 좀 하라고 많이들 다그쳤던 기억이 납니다. 그런데 지난 10년을 돌아보면 운 좋게도 제가 있어야 할 자리를 좋은 사람들 덕분에 잘 찾은 것 같고 이렇게 많은 작품도 쉬지 않고 해 올 수 있었다고 생각합니다. 저에게는 운이 좋은 시간들이었습니다. 이렇게 10년을 정리하는 책까지 내게 되었으니 정말 고마운 일입니다. 좋은 작품들을 만들어왔는지는 모르겠지만 정말 쉬지 않고 성실하게 열심히 해 오긴 한 것 같아 스스로 조금 대견하기도

합니다. 최근까지도 <감만정원> 전시를 막 끝냈는데 앞으로도 더 멋진 작품들로 인사드릴 수 있도록 열심히 해보고 싶습니다. 많이 응원해 주시면 고맙겠습니다.

Film& Video

2024 <부식풍경 2> | 미디어 파사드 | 비엔날레 문화콘서트-ACC 초청전

2024 <부식풍경 2> | 멀티미디어 퍼포먼스 | 부산문화재단 다원예술지원사업 | 부산시민공원 다솜관 | 연출/영상

2023 <초량비트> | 댄스필름| 천안무용영화제, 최우수상 | 연출/영상

2023 <어반쉘> | 멀티미디어 아카이빙 프로젝트 | 한국문화예술위원회 지원사업 | 웹페이지 | 연출/영상

2023 <워킹감만> | 멀티미디어 아카이빙 프로젝트 | 부산문화재단 다원예술지원사업 | 웹페이지 | 연출/영상

2022 <부식풍경> | 멀티미디어 퍼포먼스 | 부산문화재단 다원예술지원사업 | 해운대 문회회관 전시실 | 연출/영상

2022 <트레이스> | 싱글채널 비디오 | Portrait 전 | CICA | 연출/영상

2022 <룸> | 싱글채널 비디오 | 리-커넥트 아트 페스티벌 | 프라하 비엔날레 | 연출/영상

2022 <초량비트> | 댄스필름| 서울국제대안영화 페스티벌 | 연출/영상

2022 <초량비트> | 댄스필름| 서울미디어아트페스티벌 | 연출/영상

2021 <초량비트> | 댄스필름 | 서울국제무용영화제 베스트10 수상 | 연출/영상

2021 <부식공간 >| 비디오아트 | 광주아시아문화전당 미디어월 콘텐츠 4*4WALLS 공모선정 | 연출/영상

2021 <갈매기 스텝> | 댄스 필름 | 프로젝트 051 | 부산문화재단 | 연출/영상

2021 <드림 퍼레이드> | 교육 | 문화예술 직업체험 교육 프로그램 지원사업 | 영화의전당

2020 <메모리 메들리> | 커뮤니티 아트/ 비디오아트 | 한성1918 | 연출/영상

2020 <혼종_메이드 인 부산> | 비디오아트 | 통의보안여관 단체전

2020 <피난 2020> | 다큐멘터리 | KNN 방송국 | 협업 아티스트

2019 <트레이스>| 단채널 비디오아트| 서울미디어아트페스티벌 | 연출/영상

2019 <룸> | 단채널 비디오아트| 서울미디어아트페스티벌 | 연출/영상

2019 <1분> | 미디어아트 그룹 <이창> 그룹전

2019 <콜링감만> | 멀티미디어 퍼포먼스 진홍스튜디오 | 연출/영상

2018 <감만기억> | 멀티미디어 퍼포먼스 진홍스튜디오 | 연출/영상

2018 <걋걋걋 프로젝트> | 멀티미디어 퍼포먼스 |진홍스튜디오 | 연출/영상

2018 <무효율의 효율> | 멀티미디어 퍼포먼스 |부산 거리 춤 축전 | 연출/영상

2018 <룸> | 단채널 비디오아트 | 광주국제미디어아트페스트벌| 연출/영상

약력 및 작품 리스트

2018 <룸> | 단채널 비디오아트 | 광주국립아시아문화전당 ACT 쇼케이스 |연출/영상
2017 <새벽시장> | 무대 프로젝션 맵핑 | 내드름 연희단 연극 | 영상, 프로젝션 맵핑
2017 <적> | 무대 프로젝션 맵핑 | 허경미 무용단 무무 개인춤전 | 영상, 프로젝션 맵핑
2017 <진화> | 무대 프로젝션 맵핑 | 거리춤축전 유체도시 참여 작품 | 영상, 프로젝션 맵핑
2017 <스트리밍 시티> 멀티미디어 퍼포먼스 | 연출/영상
2017 <인간은 타인의 욕망을 욕망한다> | 무대 프로젝션 맵핑| 부산무용제 무용공연 영상 | 영상
2016 <Dialogue> 멀티미디어 퍼포먼스 | 진홍스튜디오 | 연출/영상
2016 <RGB LANDSCAPE> 프로젝션 맵핑 비디오아트 | 진홍스튜디오 | 연출/영상
2016 <Man in the Box> | 무용+영상 멀티미디어 퍼포먼스 | 진홍스튜디오 | 연출/영상
2016 <휴먼 유닛> | 프로젝션 맵핑 | 진홍스튜디오 | 연출
2016 <스페이스 스펙트럼> 프로젝션 맵핑| 공동연출
2016 <토르소> 프로젝션 맵핑 | 공동연출
2016 <Trosan Horse> 프로젝션 맵핑 | 공동연출
2015 <풍문으로 들었소> | 무용+영상 멀티미디어 퍼포먼스 | 진홍스튜디오 | 연출/영상
2015 <투원룸> | 무용+영상 멀티미디어 퍼포먼스 | 진홍스튜디오 | 연출/영상
2014 <Transition> | 다큐멘터리 | 연출
2014 <숲> | 비디오아트 | 연출
2014 <I+me(s)> | 비디오아트 | 연출
2014 <쿰바카> | 비디오아트 | 연출
2013 <조연희의 방랑콘서트> | 비디오아트 | 연출
2013 <뇌외장기> | 비디오아트 | 연출
2013 <몽> | 비디오아트 | 연출
2012 <회춘프로젝트> | 다큐멘터리 | 공동연출
2012 <Re-Circling Images> | 실험영화 | 연출
2011 <강가> | 독립영화 | 촬영감독
2009 <누가 금붕어를 죽였나?> | 단편영화 | 연출
2009 <BookEnds> | 단편영화 | 조연출
2009 <Maybe> | 밴드 로맨티스코 뮤직비디오 | 연출
2006 <흡혈귀는 김치를 먹지 않는다> | 단편영화 | 연출
2006 <날아라 저기로> | 독립영화 | 조연출

Community Art, Performance & Education

2021 <드림 퍼레이드> | 교육사업 | 문화예술 직업체험 교육 프로그램 지원사업 |영화의전당

2020 <메모리 메들리> | 커뮤니티 아트/ 비디오 아트 | 한성 1918 | 연출/영상

2019 <섬_섬> | 멀티미디어 퍼포먼스 | 신나는 예술여행 특별공연 | 공동연출/영상

2018 <감만기억> | 멀티미디어 퍼포먼스 진홍스튜디오 | 연출/영상

Commercial

2022 부산비엔날레 기록영상 촬영/편집 | 부산비엔날레 조직위원회

2022 서드네이쳐 버티컬 무용공연 <묵언> 티저 및 공연영상 | 서드네이쳐

2022 신초량아카이브 티저 및 전시 기록영상 | 플랜비

2021 부산바다미술제 홍보 영상 및 기록 영상 촬영/편집 | 부산비엔날레 조직위원회

2021 서드네이쳐 버티컬 무용공연 티저 및 공연영상 | 서드네이쳐

2021 영도문화도시 홍보 영상 | 영도문화도시센터

2021 영도 만인보 | 영도문화도시센터

2021 동구 예술정원 <최정화 작가 워크숍> 영상 | 플랜비

2020 <빈방의 서사> | 부산문화재단

2019 <꿈다락> | 부산문화재단

2018 <일상> | 한성 1918

2018 깡깡이 예술마을 <깡깡이 바다 버스> | 플랜비

2018 <깡깡이 예술마을> 영상 | 플랜비

2018 깡깡이 예술마을 <선박체험관> | 플랜비

2018 <모이다 아트 마켓> | 모이다 아트 마켓

2018 부산 문화예술교육 인력 연수 <ABC SCHOOL> | 부산문화재단

2017 문화다양성 주간 홍보 영상 | 부산시

2017 팔도 수영 시장 홍보 영상 | 팔도시장

2017 아트마켓 아마존 <3355> | 도모

2017 <비메이커스> | 일맥문화재단

2016 초량1925 영상 | 일맥문화재단

2016 깡깡이 예술마을 홍보 영상 | 플랜비

2016 <벽사유희> | 플랜비

2014 LIG 김지애 무용가 특별공연 다큐멘터리 <트렌지션> | LIG 아트홀

2014 무빙트리엔날레 편집

2014 <꿈키움 음악교실> | CJ 문화사업부

2013 바다미술제 홍보 영상 | 바다미술제

2013 안산거리극축제 <사운드 피크닉> 영상 | 안산거리극축제

2013 부산 문화 나눔 캠페인 <문화나눔 작은

음악회> | 부산문화재단

2013 부산문화재단 문화나눔사업 <달달한 벌집> 홍보 영상 | 부산문화재단

세상 모든 것에 감탄하는
지혜로운 사람들의 공간
호밀밭

냉탕 · 온탕 · 바나나우유
홍석진, 다원예술 10년

초판 1쇄 2024년 12월 30일

지은이 홍석진
필 진 강 건 강동환 강민아 강정윤 고윤정 권명환
김기석 김성연 김일훈 김재환 김태만 김태희
김프로 박병민 박소윤 박소희 송교성 천명실
엄효빈 이성철 이세윤 이연승 이일래 이재은
장현정 정재형 창 파 최예송 최찬열 텐진 잉셀(Tenzin Ingsel)
하영신 하은지 허경미 허성준 허소희 허종원

펴낸이 장현정
편집 정진리
디자인 김희연
마케팅 최문섭, 김명신
경영지원 김태희

인쇄제작 영신사
종이 세종페이퍼

펴낸곳 (주)호밀밭
등록 2008년 11월 12일(제338-2008-6호)
주소 부산광역시 수영구 연수로 357번길 17-8
전화 051-751-8001
팩스 0505-510-4675
홈페이지 homilbooks.com
전자우편 homilbooks@naver.com

ISBN 979-11-6826-156-3 (03680)

Published in Korea by Homilbooks Publishing Co, Busan.
Registration No. 338-2008-6.
First press export edition December, 2024.

Author Hong, Suk-Jin

※본 사업은 2024년 부산광역시, 부산문화재단 <다원예술지원사업>의 지원을 받았습니다.